认知语言学基础上的
语言衔接

◎ 袁德玉 著

电子科技大学出版社
University of Electronic Science and Technology of China Press

图书在版编目（CIP）数据

认知语言学基础上的语言衔接/袁德玉著. -- 成都：
电子科技大学出版社，2017.12
ISBN 978-7-5647-5404-4

Ⅰ.①认… Ⅱ.①袁… Ⅲ.①认知语言学－研究
Ⅳ.①H0-06

中国版本图书馆CIP数据核字（2017）第288903号

认知语言学基础上的语言衔接

袁德玉　著

策划编辑　　李述娜　卢　莉

责任编辑　　卢　莉

出版发行　电子科技大学出版社
　　　　　成都市一环路东一段159号电子信息产业大厦九楼　邮编　610051
主　　页　www.uestcp.com.cn
服务电话　028-83203399
邮购电话　028-83201495

印　　刷　北京一鑫印务有限责任公司
成品尺寸　170mm×240mm
印　　张　15.75
字　　数　245千字
版　　次　2017年12月第一版
印　　次　2017年12月第一次印刷
书　　号　ISBN 978-7-5647-5404-4
定　　价　57.00元

前　言

　　20 世纪 50 年代，在欧美国家发生了一场"认知革命"，诞生了一门新兴学科——认知科学。认知科学是研究人类从感觉到思维信息处理过程的科学，包括从感觉输入到复杂问题的求解、从人类个体到人类社会的智能活动，以及人类智能与机器智能的性质。认识语言学大师莱考夫和约翰逊进一步阐明认知科学是研究概念系统的科学，是以经验为依据对心智进行研究的科学。因此，20 世纪 90 年代这 10 年也被称为"脑的 10 年"。目前，世界各国认知神经科学领域里的专家普遍赞同：认知是一种生物学现象，与身体的其他系统共同进化，并且源自人类与环境的交互作用。智能体的生物属性以及智能体所处的物理环境与社会环境都会对认知起到至关重要的作用。因此，语言、认知与思维（心智）不仅根植于智能体的身体性，而且根植于智能体的感觉运动系统。

　　开始于 20 世纪 70 年代末的认知语言学，是继结构主义语言学和转换生成语言学只重抽象语言系统研究的语境消解潮流之后，在世界语言学发展出现语境重置趋势的过程中，与将意义融入语法研究的系统功能语法和将词汇融入语法研究的词项语法理论等一起出现的语言学理论。认知语言学以语义研究为重心，认为语义即人的概念化，是人类关于世界经验和认知事物的反映，与人类对事物的认知方式及其规律相一致。在语义方面，认知语言学既不区分语义，也不区分语用，它探讨意义在人脑中是如何建构的，研究原型理论、范畴化、概念形成的过程及其加工机制；在语法方面，认知语言学认为对同一真值事件的表达，由于观察者的角度、注意焦点、详细程度的不同，在头脑中形成不同的意象，反映不同的认知。相似的意象抽象出图式，构成完形，并且不断地、隐喻性地被引申而形成相似的概念。不同的图式和意象表现出不同的句义，概念结构体现为语义结构，语义结构进一步促使词法和句法结构的生成。因此，当代语言学的研究大有语义化的趋向，当代语义学的研究享有"时代的标志"之美称。

　　语义是思维的体现，是客观事物经人们体验和认知后在头脑中的概括反映，是言语交际过程的中心所在。当我们与别人进行交际时，最主要的是做到的让自己的思想为别人所理解；而当阅读别人的作品或是与别人交谈时，最关心的也是他在说些什么，他想表达什么意思。因此，语义是人们得以交换信息、互相理解的中心所在，没有语义，也就没有交际。认知语言学家莱考夫和兰格克也认为，句法是语义的一部分。

既然语义如此重要，语义学又是解释语言的关键所在，那么语义研究便成为语言研究的重中之重，包括越来越多的认知语言学家都知道，要真正了解语言的表层结构、性质和功能、发展规律及其与思维和行为的联系，就必须深入地研究语义，全面描写语义与认知规律、语言衔接、概念结构、人类知识等的关系。学习外语要靠死记硬背，还是要尽力寻求语义理据、掌握语言衔接规律，这是外语教学中常被问及的一个重要问题。可在传统外语教学中，不少教师一直沿用语法翻译教学法，把了解句子的结构和将它们翻译成母语作为语言学习、特别是外语学习的目标，对于句子如何组合成篇则注意或研究较少。然而，语言交际的基本单位是语篇，组成语篇的元素是词汇，是词汇和语篇表达了人们在交际中的整体意义，而且词汇和语篇能够与语境系统地结合起来，使语言在语境中起作用。所以，在语言教学和学习中，除了要以语法规则为主外，更重要的是建构起以词汇语义为基础的范畴理念，掌握语言的衔接技巧和语篇的组篇机制，了解语言衔接成篇的过程。

基于以上认知，笔者以语义学研究作为认知语言学和语言衔接的契合点，以服务于英语教学中的语言衔接、词汇和翻译教学为目的，将本专著安排为理论分析和实践运用两大块内容，并佐以大量实例进行分析解说。理论分析部分涉及认知语言学、语义学和认知语言学基础上的衔接，以前四章的内容呈现；实践运用部分重点介绍了语境和语用学中语义的运用、认知研究中英语语言的构式与组块教学、英语词汇及翻译教学的认知研究，主要分布在本专著的后三章。本书的特色是从中国学习者的角度研究认知语言学基础上的语言衔接问题，并将研究所得用于解决中国人在英汉语言学习中的问题，其中包括大量对语言、语义和思维关系的分析，对诗句和幽默话语的欣赏，也包括对教学问题的认知研究，力求做到简单明了、通俗易懂，有些较专业的术语和例句都提供英汉对照的译文，用于分析的语言实例比较生动有趣，并且有很多都是在教学及日常生活中经常碰到的实际问题，有较强的实用性和针对性。

希望大家读了这本书后会感到语言的教与学并不枯燥乏味，并发觉语言研究是妙趣横生的。在最后，热诚希望语言学者和教学工作者可以就本专著给予指导、批评和支持，在此不胜感激。

作　者

2017 年 8 月

目 录

第一章　认知语言学概念解析

第一节　认知语言学的哲学基础

一、理性主义的天赋观

受到笛卡尔理性主义思想的影响，形式语言学创始人乔姆斯基认为，人的智能结构和认知能力是人类大脑生物结构所固有的，语言能力从根本上来说是人类所具有的生物属性。人类大脑中存在着普遍语法（Universal Grammar），普遍语法是人类共有的、先于经验的、由遗传所赋予的一套基本原则系统，它先天地规定着人类语言的组织原则和特征，一定的语言事实可以触发并生成相关的具体语法。例如，汉语为母语的环境触发生成了汉语语法，英语为母语的环境触发生成了英语语法。这都是不同参数设入同一普遍语法的结果。因此，人类的语言能力独立于其他认知能力，是一种天赋的能力，它一部分基于天赋原则和普遍语法中提供的参数，一部分则基于某一特定语言的触发。

形式语言学采用现代数理逻辑的形式化方法，利用有限的公理化规则系统和演绎的方法生成无限的句子，以此来解释人类的大脑结构和语言能力。以形式派的典型代表生成语言学为例，其研究目标是人脑的语言系统、人类的语言能力或人类赖以获得语言能力的语言习得机制和反应语言生物学遗传属性的普遍语法。石毓智认为，普遍语法所谓的"依据"既经不起逻辑推理的检验，又与认知心理学的实验结果相违背，他提出语言能力和其他知识一样，是后天习得的。认知语言学就是在对语言的天赋观及其相关问题的反思中发展起来的。认知语言学坚持体验哲学观，以身体经验和认知为出发点，以概念结构和意义研究为中心，着力寻求语言事实背后的认知方式，并通过认知方式和知识结构等对语言做出统一解释，是一门新兴的、跨领域的学科。

二、体验哲学的互动观

哲学取向是语言学理论的灵魂，任何语言学流派都有其哲学渊源，认知语言学的体验哲学取向、语义取向和认知取向使之与别的语言学派区分开来。乔姆斯基语言学派坚持理性主义的语言天赋论，认为语言是自治的系统，语言符号或语言形式本身没有意义，形式和意义的匹配具有任意性，概念、范畴、句法和语篇都独立于人类的心智活动，与人类的经验和体验无关。

首先对语言天赋论提出质疑的是瑞士心理学家皮亚杰，他受洛克和斯宾塞等古典经验论的启发，提出认知起源于主客体之间相互作用的说法，强调认知结构和意义的后天建构性。1999 年，莱考夫和约翰逊出版的 *Philosophy in the Flesh*: *The Embodied Mind and its Challenge to Western Thought*（《体验哲学——体验心智及其对西方思想的挑战》），对乔氏理论提出了尖锐的质疑。体验哲学（Embodied philosophy）反对理性主义和客观主义，属于经验主义的范畴。它强调体验和经验在人的认知和语言中的重要性，人类的经验源于人与现实世界以及人与人之间的相互作用，具体来说，源于人类自身的感觉动力器官、心智与自然环境的相互作用以及人与人之间的交往。但大脑不是像镜子一样一成不变地反映客观世界，人类认知参与并影响语言的生成。换句话说，思维世界和语言世界基于人类的体验和经验，它们与现实世界之间始终存在着一定的差异。"概念是通过身体和大脑对世界的体验而形成的，并只有通过它们才能被理解"。概念、范畴和意义都是基于人类对现实世界的体验，不能独立于人类的心智，是主客体相互作用的结果。语言结构和人类的身体结构、现实世界结构以及人类在现实中的经验和体验密切相关，反映了客观物体与事件、物体的形态与性质、事件的类型与过程等。

认知语言学是基于体验哲学的"对乔姆斯基革命的革命"。针对形式语言学的语言天赋观，认知语言学提出语言的主客互动观，认为语言不是人的头脑中固有的，而是人类对其在客观世界中通过感觉器官和心智不断体验所获得的经验的认知加工产物，是主客体相互作用的结果。语言具有主客观一体性，既有体验性，又有认知性。很明显，这种主客互动观念是对皮亚杰发展的相互作用论的继承和创新。基于体验哲学的认知语言学的核心观点是：人类的范畴、概念以及语言是基于身体经验形成的，遵循着"现实—认知—语言"的认知程序。国内语言学家石毓智也认为，语言是"现实规则—认知能力—语言系统"三要素相互作用形成的。

三、现实—认知—语言原则

"现实—认知—语言"这一模式对句法具有强大的解释力。其实，该模式或原则不仅对句法具有解释力，它还可以说明所有的语言现象，包括语音、词汇等的生成。

基于以上理解，对于语言的产生，我们尝试着用图 1-1 进行描述。

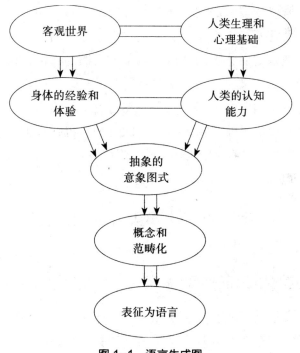

图 1-1　语言生成图

客观世界，包括万事万物及其状态和关系，事件及事件类型、过程等与人类所具有的生理和心理机制（感觉和知觉等），共同提供了语言产生的认知现实基础。在自身的活动过程中，通过感觉和知觉，人类获得在客观世界中的经验和体验。人类特有的认知能力对这些经验和体验进行处理，在大脑中形成抽象的意象图式，对这些意象图式进行概念化和范畴化后，获得意义，用语言（包括语言的形式、意义和功能）表征出来。可以看出，认知在现实世界和语言表达之间架构起一座桥梁，即人类社会的存在和发展，必须利用认知能力把对现实世界中的事物、事件、情景、状态的感知和体验用语言的形式表达出来，形成语言中的词、短语、句子和段落。例如：tree，love，jog，attractive，quickly，hello，let alone，in spite of 等都有意义，具有指称、修饰或辅助的功能，而对事物 tree（树）和动作 jog（慢跑）的感觉，对情感 love（爱）的知觉和体验，对事物性质 attractive（有吸引力的）和事物间的逻辑关系 in spite of 的经验和体验，为语言交际提供可能，尽管有些语言形式的意义具有模糊性或依情境而定的动态性。

总而言之，语言的创造和理解都建立在生理或心理对客观世界的直接（身体力行，感觉器官的切身体验）或间接经验（在一定的直接经验的基础上，通过人的联想、想象、类推或推理感悟到的，如看到恋爱中人的笑脸，感受到幸福的滋味）的基础上。莱考夫明确指出，认知语言学的哲学基础是经验现实主义，这一哲学观点旨在通过对进行认知活动的生物体的身体构造和经验的研究来理解意义。在这里，经验不是指狭义地发生在某个个体身上的事件，而是指人类经验的总和：包括人类的身体构造、基因遗传、在客观世界中的物理运动、社会组织等。

第二节　认知语言学的语言观

一、对客观主义语言观的质疑

认知语言学基于体验的经验主义语言观是在反对客观主义语言观的过程中逐渐建立起来的。客观主义割裂感知和理性的联系，是一种主客体分离的哲学观，其语言观可以归纳如下。

第一，有关语言结构和规则的知识构成一个具有完全自主性的自足系统。语言能力有别于其他认知能力，如注意、概括、分类、推理、联想等，是一种天赋的能力。人类大脑中有专司语言的普遍语法，普遍语法尤如电脑软件，包含了一套运算系统和原则，使语言的生成和规范得以实现。这样一来，语言独立于其他认知能力，可以用数理逻辑的方法，进行形式化的描述。

　　第二，语音、句法和语义分别是独立的语言结构。句法或语法范畴以形式特征为基础，不受语音和语义的影响，语言规则是公理化的系统，对其描述无须参照人类的认知。而且，深层结构相同的句子即使表层结构不同，其意义都是一样的。

　　第三，作为语言分析的一个层面，语义是语言内部的问题，每个词语的意义都由一定的语义元素构成，可以用基于客观的真值条件来描述。意义是基于指称或真值的，语义研究就是研究语言符号的客观意义。语言符号与客观世界之间是由大脑中的概念相连接，而概念的连接只是一种纽带连接（概念是符号与事物之间的自然联系），是客观世界的镜像反映，独立于人的认知世界。

　　信奉客观主义的形式语言学宣称试图通过语言的描述揭示大脑结构的秘密，揭开人类认知的面纱，然而，在描述语言的过程中却抛开认知的影响，这似乎有点自相矛盾。而且，对语义的客观的、穷尽式的描述也是无法实现的，语义的真值观因此受到认知语言学家们的强烈质疑，最为经典的例子就是对"单身汉（bachelor）"语义的描述。客观主义认为，"单身汉"由语义元素 MALE、ADULT、HUMAN 和 UNMARRIED 构成。换句话说，利用这些元素就可以对"单身汉"的语义进行客观的描述。事实上，从我们运用语言的语感来看，上述元素之和根本不足以表达"单身汉"的意义，因为要理解"单身汉"，还需考虑社会、文化和语境的因素。"教皇""人猿泰山"等是否可以称为"单身汉"？一个结了婚的男人也可能说"我活脱脱一个单身汉"。由此看来，语言的意义离不开社会和文化的制约，离不开人类认识事物的方法和方式。

二、经验主义语言观

　　在对前人的研究成果进行了深入思考和进一步研究之后，莱考夫和约翰逊等学者开始对传统的客观主义哲学产生了怀疑，他们选择了一条基于人类体验和经验的研究路径，提出了全新的经验主义哲学，或称体验哲学理论，认为隐喻思维是人类普遍的认知机制，并以此着手厘清概念结构和语言意义的关系，形成了与客观主义不同的语言观。

　　经验主义强调语言源自人类与现实的相互作用，既是认知的产物，又是思维的工具。语言既有任意性又有象似性特征，语言结构是对大脑中概念结构的编码。语言不是客观世界的镜像反映，不是自足的封闭体系，语言结构反映经验世界结构，同时，语言的编码和解码过程又离不开人类认知的参与。其具体的语言观归纳如下。

第一，与客观主义的天赋观相反，经验主义认为语言能力是人一般认知能力的一部分，是以更基本的认知能力为生理基础，以现实世界中的实践为契机，逐步发展起来的。语言是主客体相互作用的产物，具有主观性属性，用数理逻辑的方法来研究必然具有明显的不合理性，因此无法解决语言的本质性问题。

第二，语言分析的各个层面密切相关，句法不是一个自足的系统，语音影响着句法结构，语义更是语法的基础。语法结构本质上是符号的，是概念内容的符号化，不同的表达形式具有不同的意义。语义、形态和句法形成一个符号单位的连续体，对其中任何一个层面的分析都离不开其他层面的参与，也离不开对其他认知过程的参照。

第三，语义不仅仅是客观的真值条件，还是人类主观识解的结果。毫无疑问，自然语言自身蕴含了一定的语义元素，但运用中的语言意义的理解必须参照社会和文化的因素，语义具有百科知识性。语言的意义根植于人与客观世界的互动，根植于使用者对世界的体验和理解，根植于大脑对信息处理的概念化过程。

任何语言观的形成离不开对现实世界、认知和语言三者关系的探讨。在具体的研究中，对语言系统内部各个层面以及语言作为认知能力与其他认知能力关系的认识至关重要，语义与语法的关系也是当今语言研究的热点话题，接下来我们将深入探讨认知语言学为解决这两个问题而形成的语言非模块和语言构式观。

（一）语言的非模块观

形式语言学认为，语言作为一种认知能力是独立于其他认知能力的自足模块，而语言系统内部，语法与语义和语音也是相互独立的结构。从某种程度上来说，在语言研究中，他们将语言系统这个总模块细分出语音、词汇、句法、语义等子模块。每个子模块具有各自概括性的规则和限制，仅用于描写句子特征的某一维度。认知心理学和认知语言学的研究发现表明，这种语言的模块观存在诸多问题。认知语言学借鉴和吸收哲学、逻辑学、心理学、神经科学等学科的成果，提出语言的非模块观。语言的非模块观主要表现在两个方面：语言运用的原则蕴含了更为一般的认知原则；对语言的解释势必要跨越不同的语言分析层面。

认知语言学更多地关注语义，认为语义问题本质上是一个认知问题，语义在很大程度上决定语法，语法和语义密不可分。认知语言学模糊或忽略了语言知识与百科知识的界限，进而提出语义具有百科知识性，语言意义的理解离不开对百科知识的参照。因为离开语境和百科知识，在很多场合下仅从句法角度无法判别语句对错，另一方面，即使句法符合规则，有时我们仍难以对语义做出准确的推断。因此有学者甚至认为，语义比起句法来更为重要。

传统的语素、词、短语和句子都是符号单位，形成一个连续体。高柏也认同语言的非模块观，提出从词项到句式是由凝固性不同的各种构式（construction）组成的连续体。这个连续体一端是词素、词和合成词，另一端则是概括的能产性很强的双宾结构、被动结构，处于中间的是各类习语。纪云霞提出，语言的非模块观主要表现在构块式语法研究中的每个语法构块都是形式与意义或用法的结合，都要统一起来研究；它并不严格区分语用和语义；也表现为一个句式本身就是一个整体，句式的意义常常不等于其各个部分意义的相加。可以说，非模块观和构式观共同构成了认知语言学语言观的核心内容。

（二）语言的构式观

要了解语言的构式观，首先我们需弄清楚什么是构式。菲尔莫尔、莱考夫、泰勒认为，传统的结构式——形式意义对应体，即构式，包括不为形式语言学所关注的习语、成语、熟语等。构式是语言的基本单位，构式是形式与规约意义的配对，二者之间的象征性具有内在联系。迪塞尔则认为构式就是一个特定形式与一个特定功能或意义的结合体，其中形式指音系、形态和句法特征，功能指语义、语用和语篇特征。构式作为形式和意义或功能的统一体，应该以整体的配对形式储存在人类的大脑中。语言的构式观不是把语法分解为具有自身特有规则系统的语音、句法、语义的独立模块，而是把各个语法分析层面看作是构式的有机组成部分，它们之间构成一个连续体，在其语言研究过程中，对构式的内在和外在联系进行了多维的描述。正如严辰松在图 1-2 中表示的那样。

图1-2 语言构式图

不同的语言表达，即使如形式语言学所认为的那样，深层结构相同，它们的意义也不可能完全一样，即形式上的差异是不同"认知识解"的结果，会导致语义或语用上的差异。菲尔莫尔分析了以下两个表达意义上的差异：

① Bees are swarming in the garden.（蜜蜂在花园里成群结队地飞舞。）

② The garden is swarming with bees.（花园里到处都是成群结队飞舞着的蜜蜂。）

以上两个表达式的构成成分相同，具有形式语言学认为的深层结构，然而，例句①的表达式以蜜蜂为关注焦点，表明花园中可能只有某些地方有蜜蜂，例句②的表达式则以花园为关注焦点，表明整个花园里到处都是蜜蜂。与①相连的意象是：很多蜜蜂在花园里飞舞，凸显的图形是数量很多的蜜蜂，花园是作为蜜蜂飞舞所处的场所，即背景。与②相连的意象有所不同，花园作为突显的部分成为关注的焦点，蜜蜂处于注意的次要地位。

构式及构式义与人类经验有关。语言的构式观遵循"整体大于部分之和"的完形原则，主张从大量的经验事实上归纳语言结构，概括语义值。一个构式就是一个概念，一个完整的认知图式，即一个完形，是整体大于部分之和，语言表达的整体意义不等于各组成部分的简单相加，构式自身具有相应的构式义。例如：

He bought me a bunch of flowers.（他买了一束花给我。）

从例句表达的组成部分来看，所有单词和短语的语义元素中都没有"给予"成分，这种大于部分之和的语义成分就是英语双及物构式（VN1N2）自身具有的"有意地给予"意义。整个表达式的语义就是其组成成分和双及物结构式意义的融合。

构式是语言研究的最基本目标，通过构式对某一语言的语法做出统一的描述和阐释，可达到经济省力的目的，实现构式最简方案。其本质在于它是人们对客观世界经验和体验的结果，是抽象的语言表征，反映了现实世界中的事物和结构，概括了语言的基本特征。语言的构式观坚持语言的形式和意义及功能是密不可分的结合体。这些形式和意义的匹配正是语言使用过程中的一个重要问题，也是语言教与学领域中一个必须要面对和解决的问题。

第三节 认知框架的理论构建

一、语篇的认知结构

（一）认知结构术语

近年来，在包括篇章语言学在内的整个语言学界发生了一种"认知转向"，越来越多的学者倾向于从心理学角度来解释语言过程，这种认知转向无疑会对语篇和语篇连贯研究产生影响。认知语言学中的各种认知结构术语都被借用来解释语篇或语篇连贯，如框架（frame）、图式（schema）、脚本（script）、域（domain）、背景预设（background assumption）、整体模式（global pattern）、模拟文本（pseudo-text）、认知模式（cognitive model）、经验格式塔（experiential gestalt）、陈规化模式（stereotype）、基底（base）、图景（scene）等。这些术语的使用场合、频率以及影响力各不相同，如兰格克用"基底"，菲尔莫尔用"框架"，甚至还存在用哪个术语更好的争论。

认知结构术语的乱象是由不同学者看待事物的方式和角度不同造成的，甚至同一学者在不同时期或不同文献中使用的术语亦有差别，如兰格克就曾用"域"或"基底"指称类似菲尔莫尔的"框架"。于屏方指出，认知结构的术语还存国别的差异：俄罗斯学者惯常使用"图景"表示经验意义的组织方式，还区分出"概念图景"与"语言图景"；欧美学者则多采用其他概念。国别差异在国内学界则导致俄语界学者常用"图景"，英语界同仁用"框架"或"图式"的区分。认知结构术语繁多，不仅展现了认知语言学本身的吸引力，而且还明示了这门学科发展的不确定性与跨学科性质。

认知语言学尚未形成一个统一的理论框架，所以确定一个认知结构的术语是很有必要的。本小结根据框架语义学，结合语篇分析的特点，筛选出"认知框架"（简称"框架"）来泛指上述各种类似概念。文中凡提到"域""图式""脚本""图景""场景"等术语时，都可用"认知框架"替代，凡用简称"框架"的地方亦可用全称"认知框架"。这样做是基于如下考虑：

第一，虽然认知结构的名称不同，但它们的实质都是对语言中的认知意义的突显，是理解所涉及的背景知识，是认知主体的经验世界与语言符号发生关联的组织方式。

第二，作为认知框架概念的提出者，菲尔莫尔在论述框架语义学时就指出，其所用的"框架"术语涵盖了自然语言理解中的"图式""脚本""情景""观念框架""认知模式""民俗理论"等。无论从其外延还是内涵来看，"认知框架"这个概念的包容性都非常强，覆盖面广，符合本专著对"认知框架"的定义。

第三，本专著的落脚点在于探讨语言的衔接，衔接的本质就是认知意义之间的关联。语言衔接意在理解，意在探讨其背后的概念认知机制。"认知框架"或"框架"是探索认知结构时使用频率"最高"的术语，便于读者接受。认知框架为语篇连贯理解提供了微观、中观和宏观三种认知结构。

第四，框架语义学理论虽已广泛用于词典和大型网络词典 Frame Net 的编撰，但如菲尔莫尔所言，框架语义学从诞生之日起就可用于语篇分析。

语言衔接是读者把各种认知结构或框架知识运用于语篇中各种意义与意义关系的结果。只要框架知识符合理解语篇的条件，就能构成语篇连贯。换言之，语篇连贯是各种知识在语篇中的综合体现，是运用知识的结果，因此探索语篇连贯必须以认知框架或框架知识为基础。

（二）认知框架与语义结构

语篇是意义的建构体，理解语篇意义必然与编码这些概念结构的语言单位或语义结构有关。理解语篇可以联系语篇中的语言单位或语义结构本身，也可以联系语言单位所激活的概念结构或心理结构。概念结构与语义结构不能截然分开，两种结构是相互补充的。克鲁斯认为，语义结构通过意义关系确定，而心理结构通过联想、启动特征以及言语错误模式来确定。语言结构在使用中得到反应，因此必定具有心理现实性。但是，这两种结构毕竟是语言意义的两种表征，即心理表征和语言表征。心理表征是认知意义，而语言表征是语言意义。认知框架作为一种概念结构，若用于研究语言，既可对语篇意义进行构建又可对其意义进行解读。语篇意义的构建和解释都需要语境的参与，语篇解释尤其离不开语境的参与。巴萨卢曾经指出，解释层面所依存的框架是"动态的、变化的、对语境高度敏感的"，这种框架与人类的认知有关，因而称为"认知框架"。

本专著视认知框架为一个从微观、中观到宏观的概念结构，相当于菲尔莫尔的"原型背景框架"、莱考夫的"理想化认知模型"、兰格克的"域"、弗柯尼尔的"空间语法"，都指突显意义所需的认知结构。这种认识与菲尔莫尔对"理解语义学"（U-semantics）与"真值条件语义学"（T-semantics）的区分不无关系。由于本小结侧重语篇的理解和框架的认知层面，因此侧重"理解语义学"。

认知框架与语义结构虽然密不可分，但二者并非同一关系。于屏方从四个方面指出了这种区分：首先，认知框架与语义结构的研究目的和对象不同，前者解释特定语言单位的意义在识解过程中所产生的变异以及其背后所隐藏的认知机制，强调即时识解语言单位的动态意义和解释变异意义，而语义结构的目的则是从同一义位在不同语境中的意义变体所形成的"义系"，抽象出静态的常规意义，关注语言系统内义位相对稳固的系统意义，强调对意义的静态描写；其次，认知框架与语义结构的闭合程度和稳定性不同，认知框架是动态的、变化的、甚至是即时生成的，语义结构是静态的，能在较长时间内保持相对稳定的状态。巴萨卢指出，框架表示的是一种具有时间性的、动态的、类似脚本的关系，而语义场则类似一副静物画。

再次，认知框架与语义结构的词汇化程度不同。语义结构包含的诸要素一定是词汇化的、并在语言系统中已取得相对稳定地位的。认知框架则是一种概念结构，概念结构可能被词汇化也可能没有。理解"星期一"

对应于"星期"框架，此时认知框架与语义结构合二为一。但在大多数情况下，两者并非合二为一的。如果概念结构没有被词汇化，则仍处于动态的、不稳定的心理状态。此时有两种情况：第一种情况指概念结构的一维性，如理解"审判""辩护""上诉"等概念，其对应的认知框架则为法制社会中的司法程序；第二种情况指概念结构的多维性，即概念结构是多个认知域认知框架的理论构建相互交叉、相互作用的集合，或者说是一个族群模型（cluster model）。莱考夫对"mother"的理想化认知模型分析就包括基因域、抚养域、谱系域、家庭域和出生域等多个认知域。认知结构的这种多维性和动态性，使得以它为参照所突显的认知意义亦具有多维性和动态性。最后，认知框架与语义结构的载体不同。认知框架以心理词库为载体，属于认知语言学和心理语言学的研究对象；语义结构以语言系统为载体，是结构语义学的研究对象。

上述区分似乎把认知框架与语义结构对立起来，但在语篇解读中这两者都是必要的。例如，在讨论概念结构与语义结构时，认知语言学的认知框架与结构语义学的语义场都是同等重要的概念。认知框架与语义结构都是作为原型范畴而提出的，它们的边界是模糊的、弥漫的、相互渗透的，共同作用于语篇连贯。

本专著所讨论的语义结构是一个大概念。语言单位本身可以分为以词素、词、小句为中心的基本语言单位，以句子和段落为中心的较大语言单位两类。我们认为，前者表征"微观认知框架"，后者表征"中观认知框架"，语篇连贯受制于认知框架与语义结构的双重制约。语篇是多维的，微观、中观和宏观认知框架亦是相互渗透、相互作用的，它们是相互对立而又相互联系的整体。微观认知框架突显词素和词的认知意义，是概念的词汇化部分。中观认知框架是即时情景或微观语境与语言单位结合的产物，突显话语建构者为达到目的而使用的各种概念逻辑关系，如因果关系、邻近关系、相似关系等。宏观认知框架则是语篇需要突显的信息，是语篇要表达的总体目标，体现作者的意图性和语篇的语类特征。

二、认知框架的特征

（一）认知框架的动态性

认知框架的动态性可以从其定义中得到论证，这是因为要给"框架"

或"认知框架"下一个明确定义并非易事。但从下面例句的经典故事中，可以找到"什么是框架"的部分答案：

Sue caught a plane from London to Madrid. After she had found her seat she checked whether the life vest was beneath it, but she could not find it. So she asked the flight attendant to find one for her.（苏乘坐一架从伦敦飞往马德里的飞机，找到座位之后，她检查了救生衣是否在座位底下。她没找到，于是让空服人员给她找一个。）

在例句中，作者两次用定冠词 the 激起了读者的兴趣。根据英语语法规则，第一次提到某人或某物通常用不定冠词 a 或 an，如果用定冠词 the 则表明前文已经提到过相关对象，或描写的人或物是作者和读者双方都知道的，可在这个故事中，"the life vest"和"the flight attendant"在文中都是第一次出现就使用了定冠词"the"。在人工智能研究中，这个问题非常重要，因为无论计算机的运算速度多么快，它都无法从所存储的信息中找到与"the life vest"和"the flight attendant"匹配的前指对象，因此会产生计算机的理解问题。但是，作为英语语篇，人们理解这段话却非常自然。为什么英语语法规则无法解释的现象而人类理解却非常自然呢？解释这一问题的根本原因在于，理解有定指称需要世界知识参与推理，而计算机不能进行推理，因此无法理解。坐过飞机的人都知道，飞机上有空乘人员，座位下面放有救生衣，阅读这个故事时，读者读到第一句话中的"飞机"时，就激活了此类背景知识或世界知识。若读者具备此类背景知识，则无需费力就能正确理解这个故事。

为了使计算机更好地存储此类必备的世界知识，人工智能专家明斯基采用"框架"概念来指称这种"常规的、典型情景的数据结构"。在上一例句中，认知范畴"飞机"激活了"乘坐飞机"框架下的其他认知范畴，如飞行员、空乘人员、安全带、救生衣、头等舱、经济舱、安全提示等。范畴与范畴之间的关系（如范畴 X 包括范畴 Y，范畴 X 不包括范畴 Y，范畴 X 是范畴 Y 的一部分）也是这个框架的组成部分。这些范畴和范畴关系都需要置于计算机系统中。明斯基根据日常情景的复杂性，甚至建议采用"框架系统"概念。由此可见，框架与框架内各成分之间的关系被预设为认知主体已知的共享背景信息，即便是第一次提到认知框架上位概念的词汇亦会激化其下位概念，因此可以使用定冠词。

这个经典例子说明，"框架"是理解世界的知识，是认知的前提。一个框架是一个心理知识结构，抓住了世界的典型特征。从历时角度来看，早期的"框架"或"认知框架"概念可以追溯到康德的"图式"（schema），即为纯概念提供图画的功能，或者说是架起知觉与认知的"桥梁"。巴利特则用"图式"来表征这种记忆结构。"图式"，特别是康德对"图形"与"背景"的区分，对德国格式塔心理学和语块知识表征产生过深远影响，而格式塔心理学对20世纪的"场语义学"和认知科学（尤其是框架理论）产生过重要影响。例如，文化和人类学家利用"场语义学"理论分析亲属关系和生物物种时，就采用过场景和框架概念；对儿童故事理解与言语理解的关系、视觉识别与知识表征的关系、人类理解的脚本研究等都使用过"框架"概念。

从"认知框架"的发展史来看，它首先在哲学和心理学中使用，随后在人工智能、社会学、语言学等领域开花结果。虽然不同学科使用的术语不同，且相同术语具有不同的内涵，但"框架"在物理世界是个空间概念，类似"画框"等物理实体占据的空间。"框架"也是观察事物的方式，已成为认知语言学研究的一个重要范式。认知语言学所采用的"框架"概念常常与背景知识、意向图式、理想化认知模式、心理空间等概念相关。❶实际上，莱考夫就利用了菲尔莫尔的"框架"概念来判断"命题理想化认知模式"，兰格克的"抽象域"亦指类似的结构。认知语言学中有许多学者都使用过"框架"概念，举几例为证：

框架是某些基本概念的常识性知识，是一种普遍模式。

框架是与某个特定语言单位相关、由多个域组成的知识网络。

框架是有关人类知识或概念空间的一个合乎逻辑的、连贯的区域。

框架是一种知识模型，用以表征某一具体和反复出现的情景中的知识和信仰。

确定无疑的是，菲尔莫尔是在语言学界首先使用这个术语的人，并在此基础上建立了框架语义学，使之成为认知语言学的一种典型研究方法。

---

❶ 这些概念虽然容易产生融合，但"背景知识"是一个比较概括的术语，其他概念则相对具体。例如约翰逊提出的"意向图式"常被定义为对空间概念的抽象化；莱考夫提出的理想化认知模式包括了框架、意向图式、隐喻和转喻映射，弗柯尼尔的心理空间则是为认知操作临时构建的小概念包，可以说是理想化认知模式的一部分。

菲尔莫尔明确分享过"框架"概念的形成与发展过程：截止 20 世纪 80 年代，他把框架概念的发展分成五个阶段，即 20 世纪 50 年代、60 年代早期、60 年代后期、70 年代早期和 70 年代中期。前三个阶段以 1968 年的《格辩》为代表，主要从句法层面对英语动词进行句法分类研究。从 70 年代开始，其研究突破了语法范畴，开始研究词义的认知结构，如对"孤儿"的意义分析必须联系相关背景知识，一般情况下，孩子需要父母照顾，如果父母双双早亡，无人照顾，则孩子成为"孤儿"，这种背景知识就是孤儿的"原型背景框架"，这是被广泛接受的菲尔莫尔的早期观点。此时的"框架"类似明斯基的"缺省推理"、莱考夫和约翰逊的"经验完形"、兰格克的"基底"、伯格兰德和德雷斯勒的"普遍模式"、尚克和阿尔比恩的"脚本"等概念。

20 世纪 80 年代中期，菲尔莫尔把"框架"概念扩大至句子或语篇层面，认为理解文本中各个词项的意义，必须依赖隐含的框架知识。语篇能够激活框架，突显解读者的背景知识。若要解读"We never open presents until this morning"，解读者会自动把 present 视为"圣诞礼物"。若要理解一个语篇片段，必须包括解析出其中并未提到的一些因素，推断出语篇中尚未提到的"新所指与命题之间的隐含关系"。"框架"的作用就是要求解读者把字面显性信息与非字面隐性信息联系起来，这一阶段的"框架"概念对应于语篇理解的"图式"概念，主要指大脑中较高层次的复杂知识结构，即具有意识构架功能，可用于组织和解释经验的知识结构。

从 20 世纪 90 年代开始，菲尔莫尔把研究重点转向描写词典意义，把语料库与框架语义学结合起来，用于词典编纂，如对"risk"框架所展开的大规模语料库研究就是一例。分析"risk"不是分析"risk"一个词，而且还要分析 risk, danger, peril, hazard, venture 等构成的词族，还包括 gamble, invest, expose 等相关词或派生词。

下面是菲尔莫尔在不同时期单独或与他人合作时对"框架"的定义，这些定义奠定了菲尔莫尔"框架"概念的认知基础：

（A frame is）any system of linguistic choices—the easiest cases being collections of words, but also including choices of grammatical rules or linguistic categories—that can get associated with prototypical instances of scenes.

（框架是语言的选择系统，最简单的情况就是词汇汇集，也包括对语法规则或语言范畴的选择。框架是与典型情景实例相关的概念。）

By the term "frame" I have in mind any system of concepts related in such a way that to understand any one of them you have to understand the whole structure in which it fits; when one of the things in such a structure is introduced into a text, or into a conversation, all of the others are automatically made available.

（框架术语在我脑海里建立起了某种概念系统。理解概念系统中的任何一个概念，必须以理解适合它的整个结构为前提。当这个概念结构中的某个概念被置于一个文本或一次交谈时，该概念结构中的其他所有概念都被自动激活。）

... specific unified framework of knowledge, or coherent schematizations of experience, for which the general word frame can be used.

（使用框架这个概括术语，指的是特定的统一知识框架或经验的连贯图式化。）

... the cognitive structures (or frames), knowledge of which is presupposed for the concepts encoded by the words.

（框架是一种认知结构，是词语编码概念所预设的背景知识。）

Semantic frames [is] schematic representations of the conceptual structures and patterns of beliefs, practices, institutions, images, etc. that provide a foundation for meaningful interaction in a given speech community.

（语义框架是指概念结构的图式表征，是信仰、实践、制度、意象等的模式，是特定语言社团有意义的互动交流基础。）

Frame (semantic frame) [is] a schematic representation of a situation involving various participants, props, and other conceptual roles, each of which is a frame element.

（框架是对一个场景的图式表征，这个场景中包含不同的参与者、支撑者，以及其他概念角色，它们都是框架中的一个元素。）

I distinguished cognitive frames from linguistic frames, the idea being that cognitive frames are those background understanding needed for making sense of things that happened around us, and linguistic frames are those that are specifically coded in—or "evoked by" —lexical units or other features of linguistic form ... frames as providing the conceptual structures underlying the meanings of linguistic entities.

（我区分了认知框架和语言框架。认知框架就是理解发生在我们周围之事件的背景知识，语言框架则是词汇单位的具体编码或语言的其他形式特征……框架是为语言实体的基本意义提供的概念结构。）

从上述对"框架"的定义来看，菲尔莫尔本人对"框架"的理解也因时而变。由此可见，"框架"是一个动态概念，其动态性说明语言符号与认知主体构建概念系统的相互关系，理解语篇意义需要首先启动并运行其概念程序。从 20 世纪 90 年代起，菲尔莫尔的研究重点转向了词典编撰，但他对理解意义的主要观点并未有太大变化，他仍认为，理解词义或语篇必须以"人类的经验、信仰和行为背景等概念系统"为参照，而这些概念系统是理解的先决条件。说话人只有理解语言单位所携带的概念框架才可以说是真正的理解。由此可见，框架可以说是一种背景知识、知识模型、特定知识或常识性知识。随着对框架概念的深入研究，人们开始认识到框架的更多特征。

（二）认知框架的典型性

上一小节对"框架"概念历史溯源的回顾揭示了这个概念的动态性。认知框架在不同时期的研究重点不同，突显的层面和功能亦不同。由于对"框架"的理解存在差异，相关文献中便出现了一些容易混淆的术语。究其原因，不外乎是不同学科使用了相同的"框架"术语，或同一学科使用了意义相同的不同术语。

自 20 世纪 80 年代，人们开始视"框架"为广义的世界知识，具有"典型"的心理知识结构。虽然仍无统一的术语、定义或理论模式，但认知"框架"这个概念已经得到语言学界的普遍认可，并被用于词典编纂、框架与意义关系的研究中，"框架语义学"亦成为一种重要的语言学理论。贝德纳雷克从研究人员、术语、定义、结构、特点等方面对比分析了各种框架术语，表 1-1 和表 1-2 展现的分别是不同学科与语言学内部的异同。

纷繁复杂的术语确实会为描写和理解框架概念带来诸多不便。情节、图式、脚本等强调的重点各不相同，本专著仍视"框架"为理解自然语言的概括术语，包括图式、脚本、情节、意义支架、认知模型或民俗理论等理论。

表1-1　不同学科的框架术语表

代表研究人员	明斯基 1975，1977	菲尔莫尔 1975，1977	菲尔莫尔 1982	坦嫩 1993	坦嫩和瓦拉特 1993
定义	"表征陈规情景的数据结构"	"与场景的典型事例相关的语言选择系统"	"覆盖图式、脚本、情节等不同术语的上位概念"	"期待结构"	"指所从事的活动，讲话人如何表示他想说的意义"
结构	终端（slots空位）的上层和下层充满着默认任务分配	有空格（blanks）的图式框架	具有角色、目的、事件顺序等抽象的期待结构	以期待形式表征的有组织的知识	由言语和非言语行为构成
典型特征	认知的、心理的	语言学的	认知的、心理的	认知的、心理的	互动的、语用的
类型	句法、语义、主题、叙事框架	词、语法选择、语言范畴的集合	互动框架（讲话人和听话人如何概念化发生的事情），认知框架	事件、目标、人物、层次：语境，交际活动，内容	例子：社会遭遇、医学检查、咨询

表1-2　语言学内的不同框架术语表

术语	场景（scene）	图式（schema）	脚本（script）	情节（Scenario）
代表研究人员	菲尔莫尔 1975，1977	坦嫩和瓦拉特 1993	尚克和艾贝尔森 1977	桑福德和加罗德 1977
定义	人类信念、行为、期待或想象的任何类型	关于世界的期待和假设模式	用于定义著名的情景的先确定的陈规性行为序列	一个扩展的所指域具体情景
结构	由实体、关系、物质构成	没有给出具体的结构	由空格和填充这些空格的要求组成	一个情节激活某些角色空位

续　表

术语	场景（scene）	图式（schema）	脚本（script）	情节（Scenario）
典型特征	心理的、认知的	心理的、认知的	心理的、认知的，但目的是提供书面脚本	心理的、认知的
举例	"写作"	"健康"	"餐馆"	"餐馆"

　　如前所述，语言学中的框架一般与源于明斯基的人工智能研究有关。明斯基的目的在于让计算机完成一些不能完成的工作，但他对"人类思维理论"同样感兴趣，他对"框架"的定义可以说是语言学界引用最多的定义——框架理论的实质是这样的，当我们遇到一个情景时，人们从记忆中选择叫作框架的结构。这是一个记住了的框架，用于在现实中进行匹配，如有必要可以改变一些细节。框架是一个数据结构，用于表征常规情形如客厅场景或参加儿童生日晚会等。与每一个框架相关的是几种信息，有些是人们期待接下来所发生的情况。

　　从明斯基的定义来看，框架是人类世界知识的一种心理表征，是人类记忆的一种数据结构，可以根据需要进行选择或提取。框架是不同层次上结构化的"节点和关系网络"；框架有固定的上层，其表征总是真实的情景成分；框架还有较低的层次，有终端或"必须用具体事例或数据填充的空位"。这些具体事例或任务分派本身还可以分为更小的亚框架。明斯基强调指出：一个框架的终端通常已经充满了"默认的"任务分派。……这些默认任务分派与终端松散地联系在一起，以便使它们易于被更好适合当前情景的新项目所取代。……一旦提出某个框架来代表某种情景，匹配过程就试图把值分派给每一个框架的终端，与每一个位置上的标记语一致。

　　从论述中不难看出，某些任务是必须的，另一些则是可选择的。知识是以框架、框架系统或"框架集合"等方式存储在人们的记忆中的。"卧室""医院""学校"等框架都具有典型特征，例如，"卧室"框架由床、灯、床头柜等组成，当人们遇到新情况（如进入某个卧室）时就开始选择进行匹配：首先根据部分证据或期待"唤起"一个框架，然后把新经历（如某个具体的卧室）与所选的"卧室"框架进行对比，把新经历的特征（具体的床、灯、床头柜等）分派给框架的终端。

明斯基的框架理论非常"模糊"（fuzziness），这是其理论的最大问题所在。大多数情况下，明斯基都是依靠自己的假设和读者想象得出的结论，他自己也承认其理论的不完整性与零碎性："这里提出的方案在诸多方面是不完整的。我常常提出表征，却未详细说明其使用过程。有时我仅描述了应该显示的结构特征。当我谈论标记和任务分派时，似乎它们之间存在明显的关联，实则并非如此。"

明斯基的框架概念虽有不足，但不能忽视其理论所产生的作用，整体上讲他的理论能够解释大量的语言现象，这已成为话语分析的重要工具。语言学中的"框架"被认为是一种认知概念、心理现象或知识结构。框架知识结构被认为是一种社会化习得过程，亦即从"体验"中构建的，具有历时和文化双重依赖性。从历时依存性来看，框架是社会化的必然产物，"手机"等电子产品发明之前不存在类似的框架。一旦某个框架确立之后则变得相对稳定，因此某些框架可能比另一些框架更稳定、更不易发生变化。关于情景和对象的框架通常是稳定的，几个世纪以来它们的特征都相同，在不久的将来也不可能发生较大变化。"卧室"是比较稳定的框架，而"人的角色"框架则易发生变化，因为人的角色是动态的。

认知框架的社会化总涉及个体与社会两方面。对生活的体验总是人类个体的主观感受，但人们对世界的解释亦存在天生知觉，这种知觉或多或少源于对某种文化的体验。认知框架与交际关系总是约定俗成的，具有典型性特征。

语言学界没有原创的框架结构证据，亦无简单的、观察详细的框架结构方法，因此语言学家不愿探讨这个问题。若有人愿意涉足该领域，大多会回到明斯基的框架结构。昂格雷尔和施密德的范畴与关系构建、贝德纳雷克的特征与构成成分定义、明斯基的必要特征与可选特征区分等，都是基于认知框架的"典型性"而提出的。昂格雷尔和施密德指出，范畴就是根据"类典型"提供默认任务指派或期待。人们不能直接观察认知框架的结构，所以采用这种观点似乎有相当道理。贝德纳雷克认为，框架中的某些特征（成分）比其他特征更重要。例如"床"是"卧室"框架中非常重要的典型特征，其期待值非常高。相比之下，"电视"和"镜子"虽然可以是"卧室"框架的组成部分，但并不一定会出现在该框架之中。明斯基所提出框架的必要特征与可选特征亦类似。

在表达认知框架的典型特征时，贝德纳雷克倾向于用中心与边缘特征，采用等级量表加以区分，因为判断必要特征与可选特征并非易事。例如，搬进还没来得及配床的新家，人们只能睡在地上，此时"卧室"仍是卧室，此时卧室的"功能"则成为中心特征。有时，某个特征本身也可以构成一个亚框架（sub-frame）。如"飞行"框架还包括"飞行员""空姐""安全带"等亚框架。亚框架能够捕获飞行过程中如"吃饭""看电影""上厕所"等具体情景。框架与亚框架构成一个（静态的）默认等级关系。

由此可见，认知框架是由"典型"特征或组成成分之间的关系构成的。一个特征或组成成分本身就是一个亚框架，而这些特征以中心到边缘的等级关系而存在，它们通过类典型提供默认假设，与中心特征有关的期待高于与边缘特征相关的期待。如果某个特征是框架的中心特征，那么当这个框架被激活时，讲话人当然期待包含这个特征的实际例证。

三、认知框架的分类

对认知框架进行分类的研究并不多见。菲尔莫尔早期从语言学的角度提出，一门语言既有"认知框架"又有"交互框架"，后来他重申了这种区分。交互框架与讲话人期待发现在语境中选择恰当的语言形式等互动因素有关。在某些文化中，社会地位高的人首先发起会话，而在另一些文化中则是社会地位低的人首先发起会话。在某种语言中，打招呼的表达方式是确定的、有限制的。如有多种表达方式，则与所论话题的语境有关。学习语言就包括识别和学习大量类似的交互框架知识，了解符合该语境的语言形式。

当然，也有学者断然否定所谓的框架概念，认为仅存在某个概念和概念家族"共享"的一些基本特征，其他方面则是不同的。不过，坦嫩根据社会语言学的研究方法，把框架区分为"知识结构图式"和"交互框架"。前者是对先前事物、事件和场景的经验期待；后者是关于谈话能做什么、需要哪些活动、讲话人如何表达其思想等的上位定义，可视为解释框架。知识结构图式和交互框架都位于大脑中，两者相互影响。一个人独自待在房间里时，各种知识结构图式充斥其大脑，此时没有交互框架，除非他在想象与另一个人互动。自言自语是自己给自己说话，因而属于交互框架。

知识结构图式无时间性，而交互框架只存在真实时间中，随时间的变化而变化。交互框架总体体现为两种逻辑类型：具体的讲话方式和抽象的表示文化重要性的交互目的。

还有人把框架分为"先天框架"和"后天框架"。先天框架可进一步划分为"知识框架"和"交互框架"。人的脸部特征是先天框架；后天框架则通过日常体验或学习而获得。同理，菲尔莫尔以人的脸部特征知识为例，说明某些框架也是天生的，而另一些框架则需要根据经验或培训等后天因素的努力才能学到，如有关艺术品和社会制度的知识，当然，还有其他一些分类方式，如从形式上区分为一般框架与特殊框架、事件框架与对象框架，等等。

从广义上讲，知识框架和交互框架能涵盖大多数学者的研究内容，但这种分类方法有点泛化，难以用于语篇分析实践。下文有关框架的分类主要以构建本专著的工作定义和语篇分析实践为目的。

（一）词汇框架

词汇框架通常涉及个体词汇，是与个体词汇相关的框架，其主要内容在菲尔莫尔的框架语义学中已有讨论。词汇框架亦可称为概念框架，即围绕这个词汇所产生的一套概念或角色，这些概念或角色之间的关系非常紧密，以至于要定义每个概念都涉及其相关的框架。换言之，理解框架中某一个词蕴含着的含义要获取整个框架，例如理解"买"或"卖"涉及整个"商业框架"，理解"死亡"涉及整个"死亡框架"，理解"破"（broken）涉及"折断框架"，理解"母亲"的角色涉及典型的家庭框架。词汇框架的典型特征涉及许多词汇，它们都与同一个认知框架有关，如"买""卖""买家""卖家""花销""支出""收入""价格""货品""价值"等都与商业框架有关，也可以说是这些词联合起来组成了一个共同的"语义场"。

（二）知识框架

从语篇的互动性或者交际性来看，框架就是组织和使用知识的概念，因此被称为"知识框架"。理解明斯基的如下例子，需要知识框架的参与：

Mary was invited to Jack's party. She wondered if he would like a kite. （杰克邀请玛丽参加他的生日晚会，她想知道他是否喜欢风筝。）

在例句中，大多数人会把"风筝"视为玛丽送给杰克的生日礼物。正常人都能迅速做出这样的推理，即便文中未提及"生日礼物"，而计算机目前还无法实现这样的推理。在这个语篇中，我们还可以推导出其中的"晚会"为生日晚会，杰克和玛丽都是小孩，代词"She"指玛丽，代词"He"指杰克，玛丽考虑给杰克送一个风筝作为礼物，等等。

这些推理结论虽然属于常识，但要得出这些结论则需要极快的推理速度，通常在读完句子之前就已经完成。把风筝视为礼物是基于这些背景知识所做出的推理：参加生日晚会涉及所送的生日礼物，玩具是比较适合儿童的生日礼物，风筝则是合适的玩具。本例的语言符号虽未提及这些背景知识，但人们都能迅速聚集这些推理结果，从而实现语篇连贯。这种解读与弗柯尼尔和斯威策的理解有异曲同工之妙：人类可以从知觉或认知模型中提取并利用知识框架，"框架允许人们充分利用所拥有的一些关键数据"，如提到"前门"，人们一般不会问什么前门，因为我们知道可能存在一个说话双方都了解的"前门"。

从认知模型中提取的框架也称"图式"或"脚本"，它们被广泛应用于认知语言学、人工智能、认知心理学等重要领域。框架就是描写和理解连贯知识，表征和理解世界知识的结构。语言学中，框架用于描写和概念有关的复杂语义关系。在人工智能方面，框架用于开发高效的智能数据库，使之能够像人一样进行数据处理。在认知心理学中，框架用于解释知识存储、知识提取，解释理解过程与知觉过程中所用的知识。毫无疑问，框架理论最强大的功能在于能够解释知识的连续输出。有了知识框架，人类无须输入全部数据，就能在知觉过程和理解过程中产出连贯的话语。例如，看到大树后汽车的前部就会把它视为一整辆车。

在语篇分析中，人们利用框架或日常惯例可以填补预设等隐性知识。在"我进入房间，窗户是开着的"一句中，易于把"窗户"视为"房间"框架的组成部分，因此可以根据"房间"框架知识解读其连贯性。由此可见，理解语篇无须提供所有相关信息，虽然文本本身提供的信息是不足的，但知识框架有助于把这些信息补充完整，构成连贯语篇，实现语篇的实时构建与恰当解读。

（三）交互框架

如前所述，交互框架在菲尔莫尔的论述中是与语言密切相关的交际知识，其中最重要的交互框架属交际情景本身。语篇类型、语篇结构、话语惯例、语类等都是交互框架。交互框架属于指示人们行动与话语的期待知识。例如，电视辩论节目中人们总希望出现双雄交锋的情况，因为电视辩论节目包括两个或两个以上的辩手，辩手们就某个话题根据自己的立场轮流提出的观点，试图驳倒对方。不仅如此，电视辩论中还有节目主持人，常位于辩论者的中间。电视辩论节目一般围绕某个话题展开，主持人控制辩论的进程。

在语篇分析中，语篇具有交际功能，体现一种人与人之间的互动关系，类似人们在日常交际中希望自己的思想与行为能够被人理解。在话语交流中，人们还希望预测彼此的行为，从而产生框架的交互作用。日常会话中，需要"情景解释或语境制约"因素参与推理，评估对方的意图并做出相应的"回应"。甘柏兹用'共同期待'概念来指交互框架知识，他说："会话是熟悉的社会文化活动，我称这种判断为'语境化'过程。……评估信息或评估与信息表层结构相关的序列模式称之为'语境化提示'。与这些步骤相匹配的语言学基础就是'共同期待'，也是在过去的经历中学到并形成习惯的本能语言学知识。共同期待使我们能够把讲话风格与语境预设联系起来，并在日常生活中定期使用这种匹配。尽管人们很少或只有在出错时才注意到这一点，但如果没有这些共同期待，人们不会把所听到的内容与先前的经历联系起来。"

甘柏兹虽然未使用"框架"这个概念，但他把会话看成是"熟悉的社会文化活动"。"熟悉"就意味着可以随时提取存储的正常信息，"共同期待"蕴含默认的连贯知识结构。这些都是知识框架的核心，交互框架因此可以视为知识框架的一种具体表现形式。交互框架是那些属于在不同社会情景中互相讲话时所做的行为框架。

交互框架也是一种言语活动，如开玩笑、模仿、闲谈、讲座等都是话语人种学中的主要活动类型。从认知语言学角度来讲，"框架"是概念整合的一个"场景"或"心理构建"，是一个或多个框架被组合的心理过程。概念整合取决于语言使用者从框架中获取信息、以框架为基础进行推理、根据信息输入转换框架的能力，也就是两个概念空间之间的概念连贯"缺省性"指望值的对接，是人类根据常理对言语交际中的概念具有连接贯通特性的预设要求。这种预设要求所起的作用就是交互框架所起的作用。

由此框架，框架不仅是知识性的，还是文化性的。认知框架既是知识框架的体现，又是交互框架的体现，其区别在于前者属于心理学，而后者属于社会学。从语篇理解的角度，交互框架还可以进一步区分为"文本类型框架""社会框架""视觉框架""情景框架"（脚本）等。其中，"社会框架"和"文本类型框架"在语篇连贯解读中非常重要，因为前者体现了语篇是人类意义建构的产品与过程，后者则是实现语篇意义的最后保证，它们都是宏观认知框架的重要内容。

（四）社会框架

社会框架是组织社会知识的认知结构，社会框架的种类繁多，基本上都指统领社会行为和期待的东西。社会框架可以小到家庭，大到学校、医院等社会机构。社会框架强调常规，把人置于某种（理想化和普遍）的社会框架模式中，具有典型的行为或外貌特征。维加把社会框架区分为表示人的"类属框架"和根据目标进行预测的"主题框架"，"男子汉""害羞的人""宠坏了的儿童"等是表示人的类属框架。主题框架还可进一步分化为角色主题、人际主题和生活主题，角色主题指"作家""诗人""心理学家"等具有明确社会角色的人的行为和目标；人际主题涉及社会情感关系，如"情人""父辈与子女""朋友"等。生活主题指一个人所希望的总体地位和目标，如希望富有、希望出名、希望为和平而战等。再如"生活奢侈"包含丰富的物资和钱、朋友也富有，同时还包括为实现这个目标而采取的方法，如拼命赚钱、别浪费、努力工作等。

社会框架可以进一步范畴化为地理框架、社会地位、人际框架、意识形态、宗教信仰等更复杂的框架知识。"地理框架"是讲话人外在的东西，人类把先前的社会经历组成框架知识，再用来解释话语。如说"阿拉"则可以判断这个人来自上海或宁波等地；反过来，如果我们激活了上海人或宁波人的某种框架，那么有关他们的一些典型信息就会在我们头脑中生成，这种信息或许会归咎于讲话人。社会地位框架与地理来源框架都是关于种族、地理和社会经济多元化等方面的知识。社会地位框架包括反映社会地位标记的语音、词汇、句法和语义等，它们都会在读者心中激活相关人物的社会经济地位。

人际框架反应某一个社会文化情景中的社会和情感关系，包括熟人、朋友、家庭等之间的关系。与这些关系相关的有一些固定的词汇和表达方式，还可以区分正式与粗俗语言等。口语和惯用表达会激活读者熟悉的语言。大多数习惯表达方式都包含惯例化的隐喻，反映社会所创造的、用于谈论现实的意象，象征某个社区成员共有的习惯、信仰和文化。谚语、骂人的话、禁忌语等都属于社会认知框架在语言中的表现。

社会框架不仅涉及物质文化还涉及制度体制等。制度框架指为满足社会团体的需求而创造的社会制度，如政治和经济制度、教育制度等。物质文化包括房间的物品、饮食习惯、服装、交通工具、大众传媒等，它们不仅为读者创造出一种现实主义感觉，还能够识别对社会的描写。不同国家在非物质文化方面的教育制度、行政管理体制、政治体制等可能各不相同，中国和英国体现了不同的政治制度框架。

（五）文本类型框架

文本类型框架是金茨和范迪克在语篇理解模型中提出的概念，属引领话语产出与理解的宏观结构。阅读一个故事总有一个整体图式结构，读者凭借这个总体图式总期待文中所叙故事会出现一些人物、故事发生的时间、地点、事件起因、过程和结局等。哈蒂姆和曼森指出，读者会根据自己的经验来认识文本的"宏观模型"。读者总希望能在论辩语篇中读到作者反对的对象、论据和结论等。读者不仅拥有文本结构方式的知识，还有组织文本结构的"心理实体"。话语类型是普遍知识的一个亚类，也是某个文本的具体组织模式，如一般与特殊的关系。不仅如此，读者还能够在阅读中推导出文本中省略掉的典型结构，因为不同文本类型有不同的框架或图式，阅读心理学实验报告与阅读哲学论文的期待就不同。

（六）其他框架

除上述框架之外，在语篇分析中还常常区分出视觉框架、情景框架、意象图式、文化模式、专门领域框架、事件框架，等等。

"视觉框架"是明斯基在人工智能研究中首先使用的概念，指参与视觉中的物体和场景构型的解释结构，例如，典型的"房屋"框架包括屋顶、地板和墙以及餐厅、厨房、卧室等范畴和表示规模大小的特征等。

情景框架又称"脚本"，指与传统情景相关的信息块，如"餐馆脚本"所包括一系列因果依存行为（顾客走进餐厅，找个位置坐下，面向餐桌等），也可以指不同文化中的典型情景。在美国与中国就医看病的典型模式不同。在美国，病人看医生先要脱掉外套，然后与护士交谈，最后才能见到医生；在中国，病人是先见医生，然后解释病症。这种"框架"能够把人类经历的常规情景以整体图式组合起来，即把语言、情景与文化信息整合起来，用相关的公式化语言（formulaic language）来表达。当然，人类解释现实不会用边界清晰的范畴，而会用边界模糊的辐射范畴来表示。大学里最典型的事件就是师生上课或做研究，但也有大学教授成天飞来飞去开会、讲学，此时旅行框架成为其生活的焦点。

意象图式是简单而基本的认知框架，是连接语言与思想的中介，是人类感知世界的经验，或人类经验的抽象产物。意象图式通常包含在一些表示基本空间关系的介词中，图 1-3 就是英语介词 "in" 的意象图式所表达的基本空间关系与意义。

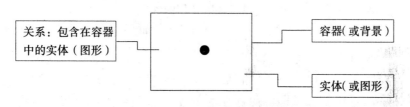

图 1-3　英语介词 in 的意象图式

文化模式并不是普遍的认知框架，因为它涉及具体文化，与某种具体文化相关。一些文化模式可以视为脚本。英语作为一种国际语言，涉及众多文化，但某些英语词或表达方式仅能在某个具体英语文化中使用，如 "killer litter" 和 "weekend car" 是新加坡英语中独特的概念。"killer litter" 专指从高层建筑上扔下的、危及行人生命的东西，扔东西的人就如同杀手；而 "weekend car" 专指能在非高峰时段（工作日的下午 7 点到上午 7 点以及周末）开的车，与任何时段都能开的车相对。

某些概念属于某个专门领域，也就是某个具体的话题域，专门领域框架与主流认知框架不一样。murder 和 innocent 在法律领域具有特殊的含义，murder 指故意杀人，与非故意杀人的 manslaughter 相对；在法律领域之外，人们不会这样区分。同理，innocent 和 guilt 在法律领域可以突显不同的"判断"标准，两个词意在说明即使犯了罪也可能是无辜的；在法律领域之外，则说明相关人士已经卷入到犯罪活动之中。

事件框架不仅具有角色关系和静态特征，而且指事件之间的动态变化。"死亡"框架与"break"框架都涉及动态变化过程，因此属于事件框架。大多数脚本都属于事件框架。

四、认知框架模型

（一）认知框架与语篇分析

上文对认知框架的分类并不能穷尽所有类型。由于标准不同，存在各种不同的分类方法，甚至关于框架的位置也有不同的答案。认知科学家说框架在人们心中，是指导和组织人类思维和经验世界的方式，而社会学家说框架在社会空间中，是组织人类思维和经验世界的文化过滤器和指导者。例如，莱考夫指出，框架在我们的心中，是指导我们思维的方式，同时也是某种文化中所有成员共享的知识和世界观。

认知框架的主要作用在于意义理解，即构建意义的心理过程。菲尔莫尔把认知语言学称为"理解语义学"，在理解过程中，认知主体根据不同的语境参数，利用内化于心理词库的背景知识，对处于认知层面的可能"意义范围"进行搜索、选择并最终确定。这种意义理解过程与概念息息相关，只要语言符号所激活的概念框架是连贯的，则能把握语篇意义，实现语篇连贯与语言衔接。

语篇意义是语言所体现的关于世界的知识框架，语篇理解就是激活框架所存储的知识结构，知识结构是语篇解读必须激活的、镶嵌在概念网络中的。在语篇分析中，"认知框架"作为概念结构是个比喻说法，主要有两个方面的意思。其一，框架是时间结构而不是空间结构，如舞台表演中幕布打开与关闭就体现为时间先后顺序而不是空间的上下左右等关系。其二，把框架比喻为认知空间，如果某个具体或抽象事物与其他事物相关，那么我们就能找到它在认知空间中的位置，这与弗柯尼尔和斯威策所说的人类建立"框架的能力"类似。

认知框架是人类的思维方式，而语篇是人类思想交流的载体，因此二者构成一种相辅相成的关系，两者互相支持互相利用，彼此无法分离。一方面，解读语篇需要框架的指导，语篇构建和解读本身需要各种框架知识的参与。例如利用交互框架就是一种惯例，语篇交流不能没有概念框架的参与。讲话人或作者通常预设读者能够获取语篇激活的框架，因此他们一般不会在语篇中明确表达这些隐含信息，因为语言的不充分表述是语言使用的基本特征。语篇的不充分表述符合言语表达的认知经济原则，认知经济原则就是采用最少量的语言材料，来实现语篇的简洁性，而同时不损害语篇底层的概念连接性。我们认为语篇中每句话语都是不充分表述，因为我们不可能把理解句子的方方面面都用语言表达出来。兰格克指出，语言单位对于所编码的概念来讲几乎总是不完整的，塔尔米也指出，事件框架中概念材料的缺口是语法上必需的，如在因果事件中，人们通常把注意力集中在最终结果上，因此在表达原因事件时通常从中间把次事件与原因分开，用一些表达方式来陈述最终事件或倒数第二个次事件。换言之，在一段持续的话语中，语言表达激活大量的背景知识，因为理解"不希望也不需要"完全充分的语言表述。餐馆就餐和乘飞机事件可使用定冠词表述一些无须在文本中明确表述出来的信息，这是利用框架进行预设的典型例子。由此可见，由于语篇中存在的不充分表述，人们必须利用认知框架来理解语篇。通过认知框架填补这种缺失信息，实际上就是寻找语篇连贯关系。如果能找到这种连贯关系，那么就能顺利实现语篇连贯。

另一方面，认知框架分析也必须利用语篇或话语的语言才能发挥其作用。框架分析是话语分析的一种策略、一种劝说工具、一种向人们头脑中灌输世界观的工具，是理解信息、交换具体思想等言语活动的普遍现象。框架分析发生在语言中，分析语篇语言或话语是框架分析的首要方法。分析词汇框架和语篇中的隐喻来解读语篇就是一例。词汇框架就是通过词汇的选择来表达事物本身，选词过程就是一种有效的框架分析方法。莱勒在论述"框架"与结构语义学的关系时指出，语言学尤其是人类语言学的框架被视为意义解释的手段，可以用于解释特定语境中的一个词。

① a. He is thrifty.（他很节俭。）

　　 b. He is stingy.（他很吝啬。）

② a. You're accusing me of stealing？（你控告我偷窃？）

　　 b. I am merely suggesting that you may have accidentally placed it in your purse.（我只是不经意间说你把它放进钱包了。）

③ a. America, stop murdering our unborn children！（美国，请停止谋杀我们未出生的孩子！）

　　 b. Religious communities differing have differing ideas on the definition of "person" or when abortion is morally justified. In the Canadian courts, however, a fetus has consistently been found not to be a person with legal rights.（宗教团体对于"人"的定义，或者堕胎在道德上是否合理的观点各不相

同。然而，在加拿大法庭胎儿一直都没有人的合法权利。）

例①中的两个句子形成"thrifty"与"stingy"的框架对立。"thrifty"强调节俭、不浪费的美德，是褒义选词；"stingy"则突显小气、吝啬、不大方，是贬义用词。例②中"accusing"与"suggesting"构成框架对比；前者预设"已经犯了偷盗罪，需要诉诸法律"，而后者一般不会引起法律纠纷，是个中性选词。例③中"unborn children"虽然是未出生的孩子，其含义仍然是"孩子"，有作为人的基本生存权，而"fetus"仅仅是胎儿，还不是"人"，因此没有人的基本权利，更谈不上作为人的生存权。从这些例子中可以得出，在话语中通过选择不同的词汇框架，能够反映话语构建者的意图，甚至达到自己的政治目的。因此，词汇框架分析本身就是话语分析的一种方法。

（二）认知框架模型的构成

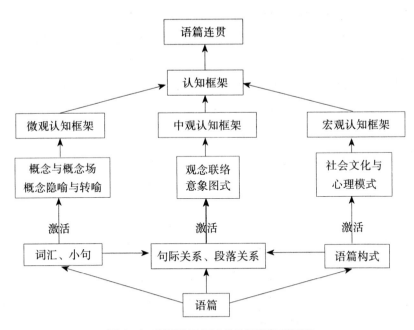

图1-4　语篇连贯解读的认知框架模型图

到目前为止，大多数人虽然同意把认知框架分成知识框架和交互框架，但这种分类对语篇分析的作用并不大。根据语篇的语言结构，本专著把认知框架范畴化为微观、中观和宏观三位一体的认知模型，每一类型都对应于不同层次的语言单位。词素、词、小句激活的概念与概念场属于微观认知框架讨论的范围，句子之间和段落之间的观念联络和意象图式是联系思维与体验的中间纽带，是中观认知框架讨论的话题。个人与社会视角变化等所揭示的社会文化认知因素，是宏观认知框架讨论的范畴。本专著用于解释语篇连贯的认知框架模型如图 1-4 所示。

根据图 1-4，语篇研究实际上就是语篇意义的探讨。语篇分析是一门跨学科研究，它涉及研究说话人或语篇结构为一方，信息存储和提取为另一方之间的认知关系。汤姆林等人认为，语篇语义学就是要理解讲话人构建文本表征背后的概念大厦，指导解读者获取这些概念大厦的方法。探索语篇意义是语言学的职责，也是心理学、神经科学和哲学的任务。从表层来看，语篇由各种层次组成，而实际上，各表层结构都会"激活"相应的认知结构，从而形成相应的认知框架。根据图 1-4，语篇由词（包括词素）和小句等词汇组成的微观层次、句际之间和段落之间的中观层次以及语篇构式组成的宏观层次三部分组成。这些表层语言现象在适当的语境中能激活读者的认知心理结构，使得各种认知结构相互关联，从而构成语篇连贯。

语篇连贯需要从微观语篇层次出发激活微观认知框架。微观认知框架由词素、词和小句等词汇单位激活而成。微观认知框架包括词汇框架、专门领域框架、视觉框架和人物角色框架、人物类属框架和地理框架、部分社会框架等。在这个层次，最关键的因素仍然是词，因为词的意义非常灵活和开放，对语境非常敏感。语境的任何变化必然导致词汇意义的变化，所表征的语篇意义亦会随之而变。即便如此，这并不是说我们无法把握语篇中的词汇意义。词一旦与语篇结合其意义就是确定的，词的核心意义并不会随着语境的变化而发生根本改变，我们仍然能够把握并确定核心意义及其所表征的概念和概念网络。

在过去几十年中，社会心理学、认知心理学、互动社会语言学、认知语言学和计算语言学都把词和词汇构成看成是固定的、独立于语境的，可以用成分分析法模拟其意义构建。对词汇意义的这种认识虽有局限性，但许多认知语言学家都持这种观点。例如，克罗夫特认为，语篇意义是确定的，如果此时计算某个词，那么这个词的意义就会持续建构，并由语篇意义所决定。因此，在语篇连贯解读中，要确定某个词的意义，首先需要确定其在语篇中的整体意义，然后才能确定这个词的成分意义。

我们认为，词汇是语篇意义的语言构成单位，词汇所表征的概念可以称之为"词汇概念"。词汇概念本身具有四方面的基本特点。第一，词语概念是语言形式与概念意义的结合体，词汇概念的形式是具体的。第二，词汇概念的形式有显性和隐性之分。显性形式如"猫"等词有明确的语音形式，隐性形式没有这种明显的语音形式，类似 SUBJECT VERB OBJ1 OBJ2 等结构式所表征的、抽象的隐性概念形式。黏着语素、派生词、复合词、成语和短语等都是词汇概念的显性形式，主语和宾语等语法关系、动词或名词等都是隐性形式。第三，虽然词汇概念的形式是具体的，但一个词汇概念与其他词汇概念可以存在不同程度的关联，如多义关系、同音关系、反义关系、上下义关系，等等。这些关系构成的语义网络可以用于模拟词汇概念，一个词汇概念因此具备表征相关词汇概念的可能性。如果词汇概念 B、C、D 等与词汇概念 A 同处一个语义网络中，那么词汇概念 A 就是某个具体概念的语义网络的突显。第四，任何词汇概念都有某个独特词汇的突显。

词汇概念是获取"认知模式"的相对通道，认知模式与框架、语义框架和基底等概念类似。认知模式实际上就是本专著的认知框架，是一个丰富而具体的概念实体，是语篇连贯的非语言知识结构。菲尔莫尔指出，任何一个给定概念都是与其他词汇概念相关的，没有其他概念，也不能理解这个词汇概念，这些概念共同构成知识结构或语义框架，而这个词汇概念是整个框架中的一部分。兰格克说，某些词的意义是知识结构或词所预设的基底，没有"胳膊"的知识就难理解与"手肘"相关的词汇概念，这是理解"手肘"的性质和功能必备的。

我们认为，词和小句等语言符号所激活的概念框架和概念网络非常重要。从微观层面上看，语篇连贯就是激活词素、词、小句代表的概念和概念关系，词和小句等是语篇连贯的第一步，也是最基础的一步。如果没有这一步作为基础，就无所谓中观认知框架和宏观认知框架。换言之，语篇连贯最基本的步骤就是从概念和概念网络中获取连贯关系，必须把词和小句等语言符号作为启动资源，只有利用这些启动资源，人们才能把它们激活的概念和概念场纳入自己的思维范围，也才能体会语篇中大量存在的概念隐喻或概念转喻关系。

中观认知框架是语篇连贯自下而上的中间层次。微观层次是语篇连贯的基础、宏观层次是语篇连贯的整体性和最高要求，从微观认知框架到宏观认知框架并不是一蹴而就的，而是存在较大的心理距离，有必要在二者之间设立一个中间层次。程琪龙曾经指出，系统整体性和微观构件之间存在比较大的距离，因此很有必要在两者之间"设立一些中间组织"。程琪龙的观点与本专著观点不谋而合。我们认为，词素、词和小句等微观语言单位所激活的仅仅是一些零散的、孤零零的概念和概念关系，如何把这些零散的概念和概念关系组合起来，这与人类的思维有关。其中最重要的因素就是意象图式和观念联络，它们在语篇中表现为句际和段际之间的因果关系、并列关系、总分关系等认知模式，都是一种心理与思维关系的反映，是语篇连贯的中间环节。在本专著中，约翰逊在《心中之身》中提出的意象图式和休谟在《论人类的理解》中的观念联络是语篇连贯的中观认知框架哲学根源。中观认知框架包括情景框架、意象图式、意识形态、人际关系等社会认知框架。

宏观认知框架是语篇连贯的整体性因素，是实现语篇连贯的最高要求，是检查读者理解是否符合实际认知需求和语篇构建者意图的最后关口。宏观认知框架需要说明何时、何地、针对哪些参与者做出合理解释的认知因素，是思想观念的最后归属，是作者意图的真实体现。宏观认知框架包括话题、认知推理、主体意识、文化认知等因素，它们都是超越语言符号但又与语言符号密切相关的认知因素。换言之，语篇的语言符号所激活的微观认知框架与中观认知框架是宏观认知框架的前提，而宏观认知框架是正确理解语篇的保证。语篇连贯的宏观认知框架因素或原则包括不同社会文化、民族认知心理等文化因素，在语篇中以"语篇构式"的形式存在。从语篇连贯解读来说，宏观认知框架包括语篇类型框架、事件框架、文化模式、超结构和政治经济制度等社会框架知识。

不同社会文化结构就是不同的社会认知框架，对语篇连贯产生不同的心理指导。当不同文化的人们面对同一个话题时会产生不同的理解，其语篇连贯的方式也会随之发生变化，如不同文化的读者对战争或婚姻话题存在不同的理解。反之，一个人如果面对同一个语篇，在其人生的不同阶段亦有不同的感悟，体现为不同的认知框架。可以说，同一个人或同一批人在不同的时间或地点面对同一语篇会产生不同的理解，因为作者构建的文本本身是不充分表述的，读者需要根据自身的知识结构和认知视角来识别连贯关系，总会产生不同的理解。例如，在文学翻译中，原文与对应的不同译文，就是读者根据各自的认知视角而产生的不同连贯关系。这就是认知框架转换或认知视角的变化，体现了认知框架的动态性。

行文至此，我们给出的"认知框架"定义如下：认知框架（简称"框架"）是建立在人类经验的基础上的、与场景相关的系统的概念结构，是信仰、社会实践、制度、意向等的图式表征，是语篇编码概念所预设的背景知识，是特定言语社团成员交流的认知基础，是语篇解读所依赖的微观、中观和宏观三位一体的认知结构。

这个定义说明了认知框架本身是建立在人类经验的基础上的认知概念，同时也是语篇解读所依赖的背景知识。在语篇连贯解读中，微观、中观和宏观认知框架服务于语篇中的相应语言单位或层次，语篇连贯就是解读者在微观、中观和宏观认知框架指导下，通过激活语篇中的语言符号所携带的概念与概念关系，在其心智中建立相应的概念关联，寻求符合逻辑的语篇理解的结果。

第二章　简析认知语言学中的基本理论

第一节　隐喻、转喻与借代

一、Metonymy：转喻与借代

Metonymy 这一术语有人译为"转喻、换喻"，亦有人译为"借代"。《英汉大词典》《新英汉词典》《英华大词典》等许多重要辞书和目前我国认知语言学界许多学者都将 metonymy 译为"转喻、换喻"。然而，也有许多学者将 metonymy 译为"借代"。他们认为，metonymy 是一种基于邻接关系的修辞格，是"用一种名称代替另一种名称的方式"，"大体上相当于汉语修辞格借代"。《英语修辞格词典》（文军编著，1992）将 metaphor 译为"隐喻"，归入"喻类辞格"，将 metonymy 译为"借代"，归入"代类辞格"。李国南始终将 metonymy 译为"借代"，并认为："众所周知，'metonymy'或'借代'是'基于邻接关系的修辞格'（the Figure based on Contiguity），属于'接触性转义'（Contact Trope）。不管是'Metonymy'还是'Synecdoche'，也不管是'旁借'还是'对代'，其心理基础都是'邻接联想'，并非'相似联想'，应该跟'比喻'一类辞格严格区分开来。国内有些英汉双语辞书把'Metonymy'和'Synecdoche'分别译为'转喻'或'换喻'和'提喻'，实是一种概念上的混淆。此为'代'而非'喻'。"《认知语言学和语言教学》一书的"导读"中也都将 metonymy 一词翻译为"借代"。

由此可见，国内学者对 metonymy 的译名存在不同看法。欲分清 metonymy 究竟是"转喻"还是"借代"，或者说何种 metonymy 是"转喻"，何种 metonymy 是"借代"，首先应该分清楚两个问题：第一，metonymy 究竟有没有"喻"，或者说何种 metonymy 有"喻"，何种 metonymy 无"喻"；

第二，是否所有 metonymy 都有指代性，或者说除了指代性 metonymy 还有没有非指代性 metonymy。

（一）区分三类 metonymy

1. 线性 metonymy

这类 metonymy 无喻。例如：

Different parts of the country don't necessarily mean the same thing when they use the same word.

将 different parts of the country 这一词组置于例句中，在与句中其他成分横组合后所构成的语境中，可以看出它是一种线性 metonymy，显然无"喻"（non-figurative）。这种 metonymy 只能称为"借代"，不能称为"换喻""转喻"。

"different parts of the country"这一借代还不能用"People in different parts of the country"这一非借代的表达式替代，因为此处说的是"不同地方"，而不是"不同地方的人"。这样讲可能比较抽象，笔者试举一例加以说明：在中国大陆，目前大家都不再将女子直接称为"小姐"，因为这一词常会让人想到"三陪小姐""坐台小姐"；而在中国台湾地区，"小姐"一词仍是对女子的尊称。因此，大陆游客到台湾餐馆叫"服务员"会没人理睬，仍然要叫"小姐"，而台湾游客到大陆的餐馆则不能将服务员称为"小姐"。这就是说，"小姐"一词在中国的大陆地区和台湾地区使用起来意思有所不同。这应该可以是对例句中"这个国家不同地方使用同一个词表达的意思有所不同"很好的诠释。

2. 连接性 metonymy

这类 metonymy 在保持原义的同时还蕴含了此原义之必要和系统的延伸意义，有的有"喻"，有的无"喻"。因此，还应该再细分为无喻连接性 metonymy 和有喻连接性 metonymy。

（1）无喻连接性 metonymy

Tea was a large meal for the Wicksteeds.

例句中"茶"的词义从茶树、茶叶、茶水、相聚喝茶一直延伸到午后的茶点（afternoon tea），直至英国人傍晚 5～6 点钟吃的傍晚茶（high tea），这种茶点常有肉食、糕饼和茶等。香港人请人"饮茶"其实是请吃大餐。句中"茶"的意义延伸靠的是一种并列连接，即在单一领域矩阵

（domainmatrix）内各个子域（subdomain）之间呈并置（juxtaposition）关系。"茶"用来借代"餐"（Large meal），靠的是"喝"与"吃"的邻接，开始时喝茶加吃些糕饼，后来越加越多，逐渐发展到有些地方将其当作整顿的傍晚餐。值得注意的是，茶与餐之间的关系根本无"喻"，所以不是"转喻"或"换喻"，而只是纯粹的"无喻连接性借代"。

"茶"（tea）一个词可以借代"茶树、茶叶、茶水……"，这种无喻连接性借代对人的思维和语言的使用至关重要。笔者曾见到有人在很重要的宣传册上将"茶叶"画蛇添足地译为"tea leaves"，殊不知 tea leaves 是"泡过的'茶渣'"。*Oxford Advanced Learner's Dictionary of Current English* 对 "tea-leaf *n*.（usu *pl*.；–Vves）"的释义为 "one of the leaves in a teapot after tea has been made，or left in a teacup。"

翻译时译者若具有这种借代能力，就可以避免很多误译。例如，有人可能以为人们喝的细颗粒咖啡是磨碎的，而英语"磨碎"的动词是 grind，其过去分词是 ground，就将 coffee grounds 译为"细颗粒咖啡"。其实，不管是咖啡树、咖啡豆、磨细的咖啡还是咖啡饮料，都可以用"咖啡"（coffee）一词直接借代，而 coffee grounds 则是"咖啡渣"。此处 grounds 是渣滓、沉淀物（dregs，sediment）。

（2）有喻连接性 metonymy

The Crown has not withheld its assent to a Bill since 1707.

例句中用王位标记（regalia）之一的王冠（crown）转喻（英国）君主政体机构。王冠、国王和王权都是君主政体机构的组成部分，它们相互间呈一种横向连接性 metonymy 关系。

无喻到有喻是一个呈渐进关系的连续体（continuum），作为王位标记的"王冠"是具体物体，与由国王或女王所代表的君主政体的抽象概念距离非常大。在两个领域、次域之间，概念距离大到一定程度，就会有"喻"（figurative meaning）。因此，我们可以认为例句中的 crown 是一种有喻连接性转喻。

3. 包含性 metonymy

这种包含性 metonymy 有喻。例如：

He's got a good head on him.

例句中的 "get a good head on him" 显然喻指"聪明"（be intelligent）。

The Concise Oxford Dictionary 就 将 head 释 义 为 "seat of intellect or imagination；natural mental aptitude or talent"。用一个具体的、有形的"头"转喻抽象无形的"才智"，跨度非常之大。"头"和"才智"两者不是并列关系，而是一种包含关系，即有形的"头"包含了无形的"才智"。这种 metonymy 属于包含性 metonymy，显然有"喻"。

值得一提的是，"头"与"才智"的关系跟"头"与"头发"的关系截然不同，"头"指"才智"时有喻，而"头"指"头发"时则无喻。荷兰语中人们可以说 Hij Kamde zijn krulhaar（He combed his curly hair），也可以说 Hij Kamde zijn krullekop（He combed his curly head）。实际上，在汉语中我们也用"剃头"泛指"理发"，用"梳头"指"用梳子整理头发"。此类例子其实不胜枚举。例如，英语的"blow one's nose"意为"擤鼻涕"，用"鼻子"（nose）代"鼻涕"（nasal mucus）。这些都是无喻 metonymy。又比如，head 和 hair 同处一个有形的"身体域"，是一种简单的线性整体代部分关系，而 head 与 brain 是一种包含关系，brain 和 head 分别属于"人"这一领域下属的两个次域，即"神经/精神次域"和"身体次域"。包含性 metonymy 还有一个明显特征，即转喻链（metonymic chain）。例如，head 的转喻链由以下成分构成：头（head）、脑（brain）、（脑的）灰质（grey cells/grey matter）、思维过程（thinking or thought processes）、智力（mind）、思想和才智（thoughts and intelligence）等。

如前所述，用"头"代表"头发"是借代，因为"头"与"头发"跟"The kettle is boiling"（壶烧开了）一句中的"kettle"（壶）与"water"（水）一样都是一种邻接关系，而用"头"代表"才智"则是转喻，因为"头"处于转喻链之首，"才智"处于转喻链之末，用具体之物转喻抽象概念。汉语中我们也用"不长脑袋"转喻"不会思考、不聪明"。然而，用"头"代表"首脑、首领、主任、长"，如 heads of state（国家领导人）、the head of the English Department（英语系主任）、the head of the school（校长）等，则是隐喻。

4. 无"喻"和有"喻"

思维可分成两大类：原义（literalness）和非原义（non-literalness）。原义显然无喻，非原义则又可进一步分为无喻（non-figurative）和有喻（figurative）两类。

这就是说，线性 metonymy 和无喻连接性 metonymy 既非原义又无喻，是 non-literal non-figurative metonymy；有喻连接性 metonymy 和包含性 metonymy 非原义又有喻，是 non-literal figurative metonymy。典型的无"喻"metonymy 为线性 metonymy，典型的有"喻"metonymy 为包含性 metonymy。连接性 metonymy 中有些无"喻"，如用 tea 代表 large meal；有些则有"喻"，如"a representative of the British Crown"（《英汉大词典》译为"不列颠王国政府代表"），用 the Crown 代表王国政府，这里 Crown 的两个词义"王冠"和"王国政府"差别很大，是有"喻"连接性 metonymy，"王冠"和"王国政府"之间由戴王冠的国王（或女王）连接起来。

（二）Metonymy 的指代性与非指代性

1.Metonymy 思维方式

隐喻涉及不同现象之间的相同点，是一种跨域映射，metonymy（借代/转喻）则是基于邻接关系或涉及同一域结构内部的映射。认知语言学家从广义上理解 metonymy，认为 metonymy 是比隐喻更为基本的一种意义延伸过程，在进行从始发域向目的域的跨域映射前，在同一个概念域中往往要先进行借代/转喻映射（metonymic mappings）。泰勒指出，metonymy 最为本质的一点在于它可能会在同现于某一特定概念结构中的两个独立存在体之间建立联系，这两个独立存在体的邻接关系不一定要像传统修辞学家那样从空间意义上来理解，metonymy 也不局限于只起指代作用。

莱考夫和约翰逊指出，虽然 metonymy 主要具有指代功能，即让我们可以用一种实际存在物去代（stand for）另一种实际存在物，但它并不仅仅是一种指代手段。Metonymy 还为人们提供了一种理解功能，它跟隐喻一样都不仅仅是一种语言修辞手段，而是人们日常说话、思维和行动的一种方式。

莱考夫用集合模式组（cluster models）对 mother 一词进行了精辟的分析。莱考夫认为，诸如"a woman who has given birth to a child"的释义远远无法涵盖 mother 一词的丰富内容。因此，他提出 mother 具有五个模式特征：生殖模式（the birth model）、遗传模式（the genetic model）、养育模式（the nurturance model）、婚姻模式（the marital model）、谱系模式（the genealogical model）。同时具备上述五个模式特征的 mother 当然就是最全面属于 mother 范畴的原型。然而，现实生活中的 mother 往往会偏离这一集合模式组。"生母"是母，"养母"亦是母。人们谈到 mother 时，有时只是选择了上述五种模式中的一种。

莱考夫认为，这种用子范畴（subcategory）或子模式（submodel）来代表整个范畴的情况就是一种 metonymy。社会的陈规套见都用家庭主妇母亲（housewife mother）这一子范畴来代表整个 mother 的范畴。当家庭主妇的母亲是比不当家庭主妇的母亲更典型的母亲。这种 metonymy 是类典型效应（prototype effects）的来源和基础。

莱考夫提出的这一观点脱离了传统的 metonymy 理论，大大深化了人们对 metonymy 的认识。根据传统理论，metonymy 只是一种"现实世界"中的邻接联想，而莱考夫对 metonymy 所持的抽象观将"邻接"（contiguity）视为在一个概念模式中的"接近"（closeness）。

转喻 / 借代的"邻接"关系或"邻接"联想都并不一定是实物间的邻接。笔者曾读过一个不太令人笑得出来的笑话，这"笑话"说的是农村的老家有个规矩，谁家的老人要是死了，办丧事的时候都要放映一场露天电影。一天，一群活泼可爱的小朋友放学回家，看着蹲在墙根晒太阳的一排老头，边走边数：一场电影、两场电影、三场电影……在这个"笑话"中，不懂事的小孩子们将老人的死与电影联想到一起了。他们竟然用电影来代表老头的去世。显然，"一个老头去世"和"放映一场露天电影"并不是在空间意义上的两个具体实物的"邻接"。

2. 非指代性 metonymy

门多萨和韦拉斯科认为，从现时文献资料看，非指代性（non-referential）的 metonymy 与指代性（referential）的 metonymy 例子出现频率大致相同。他们指出，metonymy 可以做表语，如 She is just a pretty face. 可以做谓语，如 She was able to finish her dissertation. 意为 She finished her dissertation. 可以是施为性（illocutionary）的，如 I don't know where the bath soap is. 意为 Where is the bath soap？亦可以是命题性（propositional）的，如回答 "How did you get to the airport？" 时说 "I waved down a taxi." 意为 A taxi took me there.（即 I got to the airport by taxi.）。

国外学者拉登等人给 metonymy 下了一个这样的定义：Metonymy 是一个认知过程。在这个过程中，一个概念实体"喻体"（vehicle）在同一个域或同一理想化认知模式内为另一个概念实体"目标"（the target）提供心理通道。

门多萨和韦拉斯科评论道，此定义的有趣之处在于它根本没有提及 metonymy 的指代作用。他们接着将 Mary is just a pretty face. 归于非指代性（non-referential）metonymy，并指出，此句中的 face 一词不但为在同一个 ICM（理想化认知模式）的实体提供了概念通道，而且还突出了该词的相关特征——"漂亮"（beauty）。诸如 Mary's just a pretty face. 的非指代性 metonymy 与诸如 John is a lion. 的隐喻之间的区别在于：后者涉及不同概念域（"人"和"动物"）间的映射，而前者只涉及一个域（"脸"是"人"的一个次域）内部的映射；metonymy 不但涉及域内突出，还涉及对领域进行扩展（domain expansion operation）的认知操作，在上例中"face"被映射到"person who has a（certain kind of）facial characteristics"这一更广的概念上。

3. "喻"与"代"的组合

"喻"与"代"可构成四种组合：无"喻"无"代"、无"喻"有"代"、有"喻"无"代"、有"喻"有"代"。

第一，无"喻"无"代"和无"喻"有"代"。无"喻"无"代"的说法，如"吃饭"，显然不是 metonymy，当然也不是 metaphor，而只是一种直义（literal）说法。无"喻"有"代"的 metonymy 显然只能译为"借代"，不宜译为"转喻"。如"吃食堂"，只能是用"食堂"借代"食堂中的饭菜"，而不是用"食堂"转喻"食堂中的饭菜"。

第二，有"喻"无"代"和有"喻"有"代"。一般说来，有"喻"无"代"的 metonymy 应译为"转喻"，而非"借代"；有"喻"又有"代"的 metonymy 则译为"转喻"或"借代"皆有一定道理。

然而，有"喻"无"代"和有"喻"又有"代"的 metonymy 的问题还比较复杂。因为 Metonymy 的指代性还主要取决于它充当何种句子成分，甚至"隐喻"也有这种情况，有时隐喻也有指代作用。门多萨和埃尔南德斯指出，虽然隐喻的典型特征是非指代性，但是具有单一对应关系（one-correspondence）的隐喻（如 My tender rose abandoned me.），从本质上看偶尔也可能有指代性。多方对应关系（many-correspondence）的隐喻（如 She is a tender rose.），在句中只能当表语，没有指代性。根据定义，metonymies 是一种单一映射，通常具有指代性。然而，非指代性的 metonymy 却也确实可能出现。如 She is a real brain. 或 She's just a pretty face. 或在包含基于动词的 metonymies 的表达式内，如 "'Oh dear,' she giggled." 句中用 giggle 代表 "to say something while giggling"。这类非指代性的 metonymy 应译为 "转喻" 而非 "借代"。门多萨等学者认为隐喻和 metonymy 是一个连续统（continuum），当表语的具有多方对应关系的映射为一端，明显具有指代性的 metonymy 为另一端。具有指代性的隐喻、基于动词（做表语）的 metonymies 以及用作表语的基于名词的 metonymies 则介于上述两者之间。

实际上，"借代 – 转喻" 也只是这个连续统中的一部分。具有单一对应关系、无 "喻" 且具有明显指代性的 metonymies 是典型的 "借代"；有 "喻" 且无指代性的基于动词或基于名词的当表语的 metonymies 是 "转喻"；有 "喻" 又有指代性的 metonymies 居于两者中间，译为 "借代" 或 "转喻" 都有一定道理。

因此，无 "喻" 有 "代" 的 metonymy 只能是 "借代"。如在 "The pot is boiling."（壶烧开了。）一句中，我们只能说句中以 "壶" 借代 "壶中的水"，而不宜说以 "壶" 转喻 "壶中的水"。有 "喻" 无 "代" 的 metonymy 显然只能译为 "转喻"。如 "他这个人很有头脑" 转喻而非借代 "他善于思考，有主见"，"做人要有良心" 转喻而非借代 "做人内心要对（特别是跟自己的行为有关的）是非有正确认识"。

至于有 "喻" 又有 "代" 的 metonymy，如在上述句子 "The Crown has not withheld its assent to a Bill since1707." 中，the crown 喻指英国君主政体机构，是一种有喻连接性转喻。同时 the crown 又是句子的主语，由于英国只有唯一的一个君主政体机构，因此它是具有单一对应关系（one-correspondence）的有指代性的 metonymy。因此，译为 "转喻" 或 "借代" 皆可。

二、隐喻与转喻 / 借代

人们一般都认为区别 metaphor 和 metonymy 并不困难。传统修辞学告诉我们，metaphor 基于相似联想，metonymy 基于邻接联想。认知语言学家兰格克说 metaphor "基于抽象的相似"（based on an abstract similarity），metonymy "基于联想"（based on association）。Metaphor 和 metonymy 两者似乎泾渭分明，然而并不尽然，有时要对这两者进行区分有相当难度。本

节将从"直义 – 借代 – 转喻 – 隐喻"连续统的视角对 metonymy 和 metaphor
进行进一步分析。

（一）概念隐喻与概念转喻 / 借代之区别

关于隐喻和转喻 / 借代（metonymy）的区别，莱考夫曾清楚地说明，
隐喻映射（metaphoric mapping）涉及始发域和目的域，而转喻 / 借代映射
（metonymic mapping）则出现在由一个 ICM（理想化认知模型）建构而成
的单一的概念域之内（within a single conceptual domain）。莱考夫和特纳又
对隐喻和转喻 / 借代的不同之处进行了更为详细的阐述：

——在隐喻中有两个概念域，其中的一个概念域要从另一个概念域的角
度得以理解。

——在隐喻中，一个整个的图式结构（含有两个或更多的实体）被映射
到另一个整个的图式结构。

——在隐喻中，始发域结构的逻辑被映射到目的域结构的逻辑。

转喻 / 借代则完全不是这样。

——转喻 / 借代（metonymy）涉及的只有一个概念域。转喻 / 借代映射
仅在一个域中出现，不会跨域。

——转喻 / 借代（metonymy）主要用于指称：这就是说，通过转喻 / 借
代（metonymy），人们可以靠提及一个图式中的一个实体（entity）来指同
一图式中的另一个实体。

——在转喻 / 借代（metonymy）中，一个图式中的一个实体被当作代表
同一个图式中的另外一个实体，或代表整个图式。

拉登将上述区别归纳为，"在认知语言学中，隐喻通常被定义为两个
概念域的跨域映射，而转喻 / 借代则是单一概念域内的映射。"

（二）直义、借代、转喻、隐喻之连续统

从定义上看，隐喻和转喻 / 借代（metonymy）的区别似乎是泾渭分明
的，然而，从一些具体实例看并不尽然。经典范畴理论认为范畴之间的界
限是固定的，一个事物要么在这个范畴内，要么就不在这个范畴内，二者
必居其一。因而，不照字面解释的言语，要么是隐喻，要么是转喻 / 借代
（metonymy）。现代原型范畴理论则认为，从一个范畴到另一个范畴是一
个连续统，范畴没有明确界定的边界，范畴内成员之间在范畴属性、特征
上存在差异，范畴具有"中心"（典型成员）和"边缘"（非典型成员）

的内部结构。因此，用原型范畴理论的观点来看，从直义到借代／转喻，再到隐喻，呈一种连续统关系，它们之间的边界是模糊的。

拉登在根据莱考夫和特纳的论述总结出 metaphor 和 metonymy 的区别时指出，要对 metaphor 和 metonymy 两者做出区分一直是很困难的。

例如，莱考夫在讨论 MORE IS UP 时指出，这一隐喻是基于经验的——人们很普通的经验就是将更多的液体倒进容器就看到容器中的液面升高，将更多东西加到一堆东西上，这堆东西就变得更高。然而，泰勒在讨论这一问题时则不认为这是隐喻，他提出，高度与量直接相关，这种对量和垂直高度的自然联想严格说来应该是 metonymy。只有当这种上下图式（up-down schema）脱离了往上堆高的意象而用来指更抽象的增多的例子时，才算是隐喻，例如，讲到"高物价"（high prices）时。

拉登将这种对量和垂直高度的自然联想称为 UP FOR MORE METONYMY，与 MORE IS UP 隐喻形成鲜明对照，并列出表 2-1 解释"直义－借代／转喻－隐喻连续统"（literalness-metonymy-metaphor continuum）：

表2-1 直义-借代/转喻-隐喻连续统

literal		metonymic		metaphoric
（a） high tower	（b） high tide	（c） high temperature	（d） high prices	（e） high quality

（a）high tower（高塔），指的是塔的垂直高度，因而是"直义"（literal）。（b）high tide（高潮位），应该是"部分"或弱的 metonymy，因为此处 high（高）既指潮位的垂直高度又指潮水的水平扩展度，这是 UP FOR UP AND MORE METONYMY。（c）high temperature（高温）中的 high（高）是完全的 metonymy，因为此处的 high（高）替代了同一概念域中的一个实体（entity）：垂直高度的标度代替了温度的度数。（d）high prices（高价格）中的 high（高）在转喻解释和隐喻解释之间摇摆，有人将"高价格"或"上涨的价格"（rising prices）与股票走势图上升的线条联想起来，价格走势图与价格应在同一概念域内，因而将其理解为 THING FOR ITS REPRESENTATION 转喻；亦有人将高价格与所花的钱的数量联想起来。在

此情况下，人们可以将价格的"高度"与钱的"量"视为属于同一概念域并将"高价格"理解为 UP FOR MORE 转喻，即用"高"来代表"多"；也可以将其视为属于不同概念域，将"高价格"视为 MORE IS UP 隐喻，因为（钱花得）多就是（价格）高。（e）high quality（高质量）中的 high（高）指的是评价的级别，高级就是好。由于质量评价与垂直高度并不属于同一概念域，"高质量"就应视为纯粹的 GOOD IS UP（好就是高）隐喻。

因为转喻 / 借代（metonymy）是比隐喻更为基本的一种意义延伸过程，隐喻之前往往先有转喻 / 借代，所以转喻 / 借代甚至比隐喻更为基础。

拉登指出，在喂婴儿时婴儿就会看到，将更多的液体装进容器，容器中液体的液面就会升高，这种经常出现的基本场面（primary scene）使婴儿体验到了 MORE IS UP 这一基本隐喻（primary metaphor）。其实，婴儿先直接体验到的应该是更为明显的 UP FOR MORE 转喻，而不一定会是 MORE IS UP 这一基本隐喻。因此，MORE IS UP 这一基本隐喻的直接基础是 UP FOR MORE 转喻。拉登在文章中将"基本隐喻"（primary metaphor）称为"基于转喻的隐喻"（metonymy-based metaphor），并指出诸如 high prices（高价格）和 rising prices（上涨的物价）的 MORE IS UP 隐喻要被视为基于一种 up for more 的转喻关系。因此，以转喻为基础的隐喻会比那些没有转喻基础的隐喻更为基础、更自然。如果说"soaring prices"（飞涨的价格），隐喻的程度就要比说"高价格"和"上涨的价格"深，因为"soaring"（飞）可能会产生滑翔机或鸟在空中高飞的意象。

古森斯讨论了 metaphor 和 metonymy 的互动，并杜撰了 metaphtonymy（隐转喻）一词作为文章标题，提醒人们注意 metaphor 和 metonymy 作为比喻性语言时的互相盘绕关系。古森斯在文中用收集到的以某一身体部分来进行隐喻或转喻的语料对 metaphtonymy 进行语料分析和研究。在他的 109 个例子中，42 个属于纯隐喻，8 个属于纯转喻，59 个属于隐喻和转喻的混合。古森斯将这些混合的例子分为四个类别，下面介绍古森斯所举的属于这四个类别的例子和所进行的分类，并结合一些汉语的例子进行讨论。

第一类，来自转喻的隐喻（metaphor from metonymy）。

有些隐喻来自转喻，即这些隐喻是从转喻发展而来的。例如，beat one's breast，相当于"捶胸顿足"，隐喻在大庭广众前闹腾，（可能有点虚假地）表示自己很懊悔。此隐喻的转喻基础为：宗教仪式中在公开认罪时要捶打自己的胸膛。

再例如，人们看到或想到好吃的东西时可能会流口水，汉语中夸张点说是会"垂涎三尺"。因此，在食物前"垂涎三尺"应该是转喻"贪吃"，后来这转喻就发展为隐喻"贪婪"。如果对别人的钱财或别国的领土等非食物垂涎三尺则应该是隐喻。

第二类，隐喻内包含借代/转喻（metonymy within metaphor）。

有些隐喻内包含着借代/转喻。例如，catch someone's ear 意为"catch someone's sympathetic attention or notice"（得到某人的倾听）。"She caught the minister's ear and persuaded him to accept her plan."一句就用正在跑的动物或正在飞的鸟或昆虫来隐喻"the minister's ear"，所以要"catch"。这就是说，在始发域中，"the minister's ear"要隐喻性地被重新解释为正在动的东西；在目的域中，"the minister's ear"借代 the minister 或转喻 the minister's attention。因此，我们说 catch someone's ear 这一隐喻中包含着借代/转喻。

同理，汉语中我们用"吸引眼球"隐喻"引起人们的注意"。例如，"漂亮的脸蛋能吸引眼球，但是好的人品能吸引人心"。这个句子在用"吸引眼球"隐喻"引起人们的注意"时，句中的"眼球"也是借代"人们"或转喻"人们的视线或注意力"，隐喻中同样包含着借代/转喻。

第三类，隐喻中的非转喻化（Demetonymisation inside a metaphor）。

有时，人们理解隐喻时要将其中的转喻先非转喻化。例如，"pay lip service"的意思相当于汉语的"对……口惠而实不至"，即只在口头上答应给别人好处，而心里根本没这么想，实际的利益到不了别人身上。"pay lip service"是个隐喻，这一点从 pay 字可以看得出来：话一旦说出口就要履行，跟还债一样，都要"pay"。在理解"pay lip service"这一隐喻时，我们不仅要看到 lip service 意为 service with the lip（s），此处 lip（s）代表 speaking，是转喻，而且要将 lip service 解释为"service as if with the lips only"，这个过程就是非转喻化的过程，这是理解"pay lip service"这一隐喻的关键。

同理，出自《礼记·表记》的"口惠而实不至，怨灾及其身"一语，指的是讲的是一套，做的是另一套，这样的人不可能有真正的朋友，到头来吃亏的还是自己。理解"口惠"二字的关键也是要知道"口"转喻"说话"，因此"口惠"指"许人好处、空口答应给人好处"。

第四类，转喻／借代内包含隐喻（metaphor within metonymy）。

有些转喻中包含着隐喻。例如，"be/get up on one's hind legs"是一个包含着隐喻的转喻。座位上的人"两条腿站了起来"（be/get up on one's legs）转喻"站立起来对公众说话"（standing up in order to say something in public）。在"legs"前面加了一个"hind"，成了"hind legs"（后腿），即"两条后腿站了起来"，显然把这个人隐喻成了四条腿的动物。因为人只有双臂和双腿，猪狗等四条腿的动物才有后腿。

同理，汉语歌曲所唱的"帝国主义夹着尾巴逃跑了"，也可以认为是一个包含着隐喻的借代。歌中"反动派，被打倒，帝国主义夹着尾巴逃跑了"一句中，前半句说的"反动派"显然指人，因而后半句的"帝国主义"应该指的也是人，即"帝国主义者"。如果此处仅说"帝国主义逃跑了"，只是借代，即用"帝国主义"借代"帝国主义者"。然而，句中还有"夹着尾巴"一语，显然"帝国主义夹着尾巴逃跑了"这一句除了借代还有隐喻，即把帝国主义者隐喻为有尾巴的四足动物。

（三）直义与借代的区别

如前所述，从直义、借代、转喻到隐喻是一个直义（literal）的成分逐渐减弱，比喻义（figurative）的成分逐渐增强的连续统。

直义（literal）和借代（metonymy）两者的区别相当重要，混淆了有时就会闹笑话。请看下面这则笑话：

大二时，全宿舍的女生都喜欢周华健的歌，一盘磁带被大家借来借去的。一日，上铺的女生问：我的周华健呢？下铺的女生答：在我床上呢！两秒钟寂静无声，然后全体翻倒在床。

上下铺两位女生一问一答中的"周华健"，显然是指"周华健歌曲磁带"，即用"周华健"借代"周华健歌曲磁带"。全宿舍的女生之所以全体翻倒在床，是因为她们不将其视为借代（metonymy），而是照字面意义（literal meaning）解释"周华健"。由此可见，"周华健"既可能要按照字面意思解释为指人，也可能要按照借代意义解释为指磁带。究竟应做何种解释，要视具体语境而定。

这一问一答，若译成英语，且用上代词，成了"—Where is my Zhou Huajian？—It is on my bed."宿舍内的女生们大概就不会翻倒在床，因为说的是"It"，而不是"He"，所以"周华健"显然是借代他的歌曲磁带。汉语"它在我床上"，当然也有别于"他在我床上"。然而，只有书面写出来时可以显示此区别，口头说出来"它"与"他"却同音。因此，加上汉语代词后口头说出来，对区分此句中的借代和直义毫无作用。

门多萨和韦拉斯科曾相当深入地讨论了这类问题。从他们提供的例子，我们可以在一定的语境中看出"直义"和"借代"的边界有时也是模糊的。

对于"Shakespeare is easy to read"（莎士比亚读起来容易）一句，我们都认为这是用作者代表作品的"借代"（author for work metonymy），即用"莎士比亚"借代"莎士比亚的作品"。然而，"Shakespeare is easy to read because it is not outdated."（莎士比亚读起来容易，因为它没有过时）一句用"莎士比亚"借代"莎士比亚作品"，因而用"it"（它）来代"Shakespeare"（莎士比亚），却被认为是病句。这句话应说成"Shakespeare is easy to read because he is not outdated."（莎士比亚容易读，因为他没有过时）才是正确的句子。这个正确的句子前半句"Shakespeare is easy to read"（莎士比亚读起来容易）仍然将"莎士比亚"视为借代，而后半句则将"莎士比亚"视为直义，指他本人，所以代词用"he"。

"借代"问题有时还颇为复杂。在"Shakespeare is on the top shelf."（莎士比亚在书架的最上一层）一句中，"莎士比亚"不是借代莎士比亚的文学作品，而是借代莎士比亚作品中的一本，即还有一个"部分代整体"的"第二借代"（second metonymy）。门多萨和韦拉斯科将这种由第一借代和第二借代构成的借代称为"双重借代"（double metonymy）。

这个"双重借代"的句子再接上后半句，以下两种情况皆有可能，"Shakespeare is on the top shelf and he is a basic reading."和"Shakespeare is on the top shelf and it is a good quality edition."都是正确的句子。

门多萨和韦拉斯科在注释中还分析道："Shakespeare, who is difficult to read, is on the top shelf."违背了"域有效原则"（Domain Availability Principle），然而却是正确的句子：关系代词 who 指第一个矩阵域（matrix domain）"Shakespeare"，因为"who"在句中出现时第二个矩阵域还未激活。

第二节　原型范畴理论

范畴化是一种对事物进行类属划分和主观概括的心智过程，范畴是范畴化的产物和结果。范畴化是人类认识世界的一种基本认知方式，人们要进行思维和正确使用语言，必须具有范畴化能力。本节主要讨论范畴化问题，重点在于对原型范畴理论进行研究。

一、范畴化

人类发展的历史是一个给万事万物分类、从本质上去认知世界和改造世界的过程。婴儿呱呱坠地后，睁开眼睛看到这个美丽的世界，竖起耳朵听听各种美妙的声音，动动鼻子嗅嗅芬芳的大自然，从这一刻起，他们就开始在脑海里对所见之物进行"范畴化"。到了能开口叫"爸爸""妈妈"时，婴儿已经能从声音和形态上区分男女。但接下来会有尴尬之时，即见到男人都叫爸爸。这时大人会告诉他们，"爸爸"只有一个，不能乱叫。英语中对与爸爸年纪相仿的人就称"uncle"，非常容易掌握。汉语则还要区分"叔叔""伯伯""姑丈""姨丈"，这么复杂有时连大人都会出错。小孩有时还会感到很困惑，"爷爷"应该也是只有一个，那为什么对跟自己亲爷爷年纪相近的人，都可以称"爷爷"？这些问题，虽然并不太难，但也要从文化、语境、认知等多方面进行分析研究。

俄国化学家门捷列夫对元素周期律的重大发现，也是基于对已发现的元素进行范畴化。这就是说，从婴儿开始辨认"爸爸""妈妈"，到科学上的重大发现，都离不开范畴化，即将事物归为各种范畴和类别。人类如果不具备范畴化能力，根本就无法生存。不具备范畴化能力，人们就无法辨别可食之物和不可食之物，到图书馆就很难找到自己要借的书，到超市也找不到欲购之物。

在范畴化方面，属于不同文化的人在使用语言时有时会有不同的表述方式。霍姆指出，法语不像英语那样能区分"like"（喜欢）和"love"（爱），法语"aimer"一个词就等于英语的（to love/like）。当然，法语可以加上"bien"来表示程度更强。例如，Je t'aime bien就表示比 Je t'aime更为喜欢。

泰勒指出，俄语中没有"blue"（蓝色）这个词；英语"brown"（棕色）这个词在法语中没有单一的对应词，"brown"这一颜色范围在法语中要用brun、marron甚至是jaune来描述。其实，我们的汉语中也有类似情况，"青"这种颜色可能是"蓝"也可能是"绿"（blue or green），在英语中也找不到单一的对应词。"青天"就是"蓝天"（blue sky），"青草"则是"绿草"（green grass）。

然而，不同语言文化在范畴化方面的差异也不宜过分夸大。霍姆就指出，沃夫说在因纽特人（Inuit）［即爱斯基摩人（Eskimo）］的语言中有大量的词表示"雪"（snow），其实后来的研究证明根本没有这回事。

范畴化，即对事物进行属性划分，有着多种方法和理论。

二、经典范畴理论与原型范畴理论

经典范畴理论认为范畴是由一套必要和充分的条件来界定的；特征是二分的，一个事物要么属于某一个范畴，要么属于另一个范畴，范畴与范畴之间的边界是清楚的，范畴内的所有成员地位相等。莱考夫用"经典范畴是容器"隐喻（CLASSICAL CATEGORIES ARE CONTAINERS metaphor）来说明这一问题。按照这种传统的思维方式，人们将范畴视为有界的范围或容器，一个东西要么在这一容器中，要么不在这一个容器而在另一个容器中。

认知语言学的原型范畴理论则认为，人类建立的范畴其实都是典型范畴，范畴是凭借它的典型特征，而不是什么必要和充分条件建立起来的，范畴与范畴之间的边界是模糊的，人们对某个范畴的理解要围绕该范畴的原型进行，然后再由这个原型逐步展开。一个范畴的成员具有"核心"和"边缘"之分，各个成员的地位并不相同，某一事物如果表现出与该原型的相似性，那么它就可以被视为该范畴的成员。核心成员具有特殊的地位，被视为范畴的典型成员，边缘成员则根据其与典型成员的相似程度被赋予不同级别的非典型成员地位。一个范畴的边缘成员可能会被视为另一个范畴的边缘成员，一个范畴到另一个范畴之间有一个逐渐过渡的连续统。

用这一观点来分析元素周期表，我们可以看到：元素周期表根据元素共同的物理和化学性质将其分为金属元素（metals）、非金属元素（nonmetals）和类金属（metalloids）。元素周期表中简单地用线条将各个类别隔开，一种元素要么归于金属，要么归于非金属或类金属。其实，实际情况并非如此简单，我们并不能真的把表上的这种线条理解为严格的分界线，因为同一类别的各元素的金属性或非金属性并不一致，而且在靠近金属和非金属边界处的有些元素的特征会有所重叠。在元素周期表中靠近金属和非金属交界线处的金属就属于较难丢失电子的弱金属，非金属性的强弱也有类似的情况。这说明，原型范畴理论比经典范畴理论看问题更为客观辩证，更符合实际情况。

对一个范畴的原型和边界成员进行区分的一种方法是列出属性清单，能满足清单所列的所有属性之物为原型（或称"典型"），只满足清单中个别属性之物为边界成员，该边界成员可能还满足了另一范畴的一些属性。从一个范畴的原型到边界成员再到另一个范畴的成员是一个连续统，两个不同范畴的边界线是模糊的。

三、家族相似性

根据昂格雷尔和施密德对"games"一词的分析，棋盘游戏（board-games）、纸牌游戏（card-games）、球赛（ball-games）、奥运会（Olympic games）、单人玩的牌戏（patience）等中的"games"并没有可以同时满足各例的共同之处：如果说 games 是有输赢的，那么单人玩牌戏或儿童把球扔到墙上弹回来以后再把它接住之类的 games，就没有输赢可言；如果说 games 是娱乐，那么奥运会这种竞技体育比赛只有非常激烈的竞争，并无多少娱乐成分。对此，维特根斯坦用"家族相似性"（family resemblances）来隐喻这种现象。家族相似性是按 AB，BC，CD，DE 这种分布方式排列的项目集合，每个项目与一个或多个其他项目，有至少一个，也可能是几个共有的成分，但是没有，或者很少几个成分是为全部项目所共有的。

语言学家陈原在 2005 年发表了一篇文章——《神奇的"打"字》。"打"字之所以神奇，是因为我们既可以"打人""打排球"，又可以"打毛衣""打酱油""打船票""打游击""打秋千""打杂""打喷嚏""打官腔""打电报""打电话""打的"等。中央音乐学院教师赵世民在中央电视台《百家讲坛》的"探秘中国汉字"一讲中提及这篇文章并进行了一些发挥。根据赵世民的讲解，将"打"字还原，它由"手"和"丁"组合而成，我们的先人是用手拿一个东西敲打钉子，将其楔进一个物体里头。因此，将

"打"字分解，不过四个动作：第一个是"举"，第二个是"挥"，第三个是"击"，第四个是"进入"。赵世民认为，"打"字所有的意思都可以被分解为这四个动作，这样的分解应该能够很好地解释"打人"的"打"是"举""挥""击"，"和群众打成一片"不是和群众打架打成一片，而是"进入"到群众中去，和群众关系太好了。然而，笔者认为，用这四个动作却很难解释"打电话""打麻将""打秋千""打官腔"等语言现象，这些词语中的"打"字根本看不出有这四个动作。

"打"字的这种神奇现象，有些可以用"家族相似性"加以解释。正如赵世民所说："最开始打电话是跟打电报过来，打电报等于手要敲击。"其实，早期的电话是靠"拨"（dial）的，根本没有"敲击"这么一回事，按键电话（touchtone）是后来才出现的。电报和电话同样是电信通信工具，具有家族相似性，电报能"打"，电话当然也就能"打"。打牌时人们可能会将纸牌拿在手里，高高举起，然后挥臂将牌甩（即击打）在桌面上。打麻将的人可能没有"举""挥"这些动作，但由于"打麻将"和"打牌"的游戏都属同一个"家族"，"扑克牌"可以"打"，"麻将"也就可以"打"了。"打秋千"应该是从"打球"过来的，正如陈原在文中所说："这都是某种运动，打它一下，就是玩它一下。"至于"打嗝""打哈欠""打喷嚏"这些生理现象也利用"打"字来构词，它们与"举""挥""击""进入"显然也没有什么关系，倒是与"出"有点关系。我们以前"打酒"就要让酒提进入缸里的酒中，将酒舀出来；"打水"就要让小水桶进入水中，然后将桶提出水面。至于"打官腔"，陈原认为，"打官腔"跟"打哈欠""打喷嚏"一样，"也算是一种生理现象——不过它已属于社会学上的问题"。这就是说，"官腔"跟"哈欠""喷嚏"一样，都属于"生理现象"这一"家族"，于是都可以"打"。现在我们提着桶到自来水龙头那儿去接水，照样说"打水"；拎着热水瓶或杯子到热水器接水也还说"打一瓶开水"或"打一杯开水"。这些说法也跟"接水"与"打水"属同一"家族"有关。

四、激进的范畴分类

莱考夫的 *Women, Fire and Dangerous Things*（《女人、火和危险事物》）一书第六章题为 Radical Categories（激进的范畴），其中介绍了两个激进地构成概念范畴（conceptual categories）的例子。

第一个例子是博尔赫斯所引述的德国著名中国文学翻译家 Franz W.Khun 所著的《天朝仁学广览》（*Celestial Emporium of Benevolent Knowledge*），书中将动物分类为：

①属于皇帝的（those that belong to the Emperor）；②防腐处理的（embalmed ones）；③驯养的（those that are trained）；④乳臭未干的小猪（suckling pigs）；⑤半人半鱼的（mermaids）；⑥赏心悦目的（fabulous ones）；⑦离家的狗（stray dogs）；⑧归入此类的（those that are included in this classification）；⑨发疯般抽搐的（those that tremble as if they were mad）；⑩不可胜数的（innumerable ones）；⑪用驼毛细笔描绘的（those drawn with a very fine camel's hair）；⑫其他的（others）；⑬刚刚打破花瓶的（those that have just broken a flower vase）；⑭远看如苍蝇的（those that resemble flies from a distance）。

莱考夫评论道，这些不可能是人类自然划分的范畴。然而，这种动物分类有点艺术性而不会仅仅令人觉得奇异古怪，这在于它接近于西方读者在阅读非西方语言和文化的描述时的印象。事实上，世人对事物进行范畴化都是以一种既让西方人头脑不敢想象又会难倒语言学家和人类学家的方式进行的。语言学家和人类学家常常认输，只能将其列出来而已。

第二个例子就是 *Women，Fire and Dangerous* Things（《女人、火和危险事物》）一书书名的来源。在澳大利亚传统的土著语言迪尔巴尔语（Dyirbal）中，讲话者每次在句中使用一个名词，都要在名词前加上 bayi，balan，balam，bala 这四个词其中的一个。女人、水、火和一些打斗的武器被归为一类，在这类名词前面都要加上 balan 一词。这种将"女人、火和危险事物"归入同一范畴的语言，显然是对女性的性别歧视。汉语自古以来也有包含对女性传统偏见的"红颜祸水"一词，而且还有将夏朝的"妹喜"、商朝的"妲己"、西周的"褒姒"、春秋的"西施"和"息妫"、西汉的"吕雉"、三国的"貂蝉"、晋朝的"贾南风"、唐代的"杨玉环"和明朝的"客氏"（明熹宗天启皇帝朱由校的乳母）称为"十大祸水"之说。

有时候，我们会发现一些被归到同一个范畴的事物似乎毫不相干，但细究一下就会发现这样归类其实是有一定理据的。莱考夫曾引述帕梅拉在未出版的著作中提及希腊神话中的海神"波塞冬"（Poseidon）是"海、地震、马和公牛之神"的问题，乍一看"海、地震、马和公牛"真的是风马牛不相及，这些东西列在一起，可能是任意的。然而，摩根观察到这些都是能对你有相当威力的大的移动物体，因此，"波塞冬"实际上应该被视为"外部事件之神"（the god of external events）。

经典理论把范畴视为有边界的区域或容器。某一事物要么在这个容器中，要么不在这一容器而在另一容器中，这样看问题过于绝对。因为世间事物千变万化，情况十分复杂，两个不同范畴各自的核心部分一般是能区分清楚的，但一个范畴与另一个范畴之间的边界经常是模糊的。认知语言学的原型范畴理论将两个范畴的关系视为连续统，这有助于我们更为客观辩证地看问题。

第三节　语言符号的象似性

一、象似性与任意性

语言符号是任意性的，还是有理据具有象似性的，这一问题在历史上早就有所争论。

"任意性"的观点早就反映在《圣经》中。《旧约·创世纪》第二章第 19 节写道："And out of the ground the LOAD formed every beast of the field, and every fowl of the air; and brought them unto Adam to see what he would call them; and whatever Adam called every living creature, that was the name thereof."上帝创造出各种鸟兽，将其拿给亚当看，亚当对每一种鸟兽任意呼出之名即是此生物之名。

在莎士比亚的作品中，我们也可以看到"任意性"的观点。《罗密欧与朱丽叶》第二幕中朱丽叶对罗密欧说道：

... 0, be some other name !

What's in a name ? That which we call a rose

By any other name would smell as sweet;

So Romeo would, were he not Romeo call'd,

Retain that dear perfection which he owes

Without that title...

（啊！换一个姓名吧！姓名本来是没有意义的；我们叫作玫瑰的这一种花，要是换了个名字，它的香味还是同样的芬芳；罗密欧要是换了别的名字，他的可爱的完美也绝不会有丝毫改变。）

（朱生豪译）

这就是说，从莎士比亚通过朱丽叶说出的话看来，花的名字或人的姓名也都是任意的。

然而，英国诗人蒲柏却持不太相同的观点。他在其 23 岁时的成名作《批评论》这首 744 行长诗的第 364 ~ 369 行这样谈论了"声音和意义"（Sound and Sense）：

Tis not enough no harshness gives offense,

The sound must seem an echo to the sense：

Soft is the strain when Zephyr gently blows,

And the smooth stream in smoother numbers flows；

But when loud surges lash the sounding shore,

The hoarse, rough verse should like the torrent roar；

诗句不仅要避免刺耳难听，

音响应该就像是意义的回声。

和风拂煦，旋律是何等轻柔，

涟漪柔滑，在柔滑的韵律里流；

但当怒涛击岸，势如雷霆，

粗犷的诗应当像激流奔腾。

（飞白译）

由此可见，蒲柏持的是"象似性"的看法：音和义之间存在着一种必然的内在联系。"The sound must seem an echo to the sense"（音响应该就像是意义的回声）是这段诗的主旨所在。接着，蒲柏用自己写的诗对音和义的和谐统一进行了示范："Soft is the strain when Zephyr gently blows, / And the smooth stream in smoother numbers flows"，这两行用了大量的摩擦音，表示"和风拂煦"与"涟漪柔滑"；在接下来的两行"But when loud surges lash the sounding shore, /The hoarse, rough verse should like the torrent roar"，则加进了一些爆破音、破擦音和发音响亮的元音，将"怒涛击岸，势如雷霆"的粗犷气势烘托出来。

自从索绪尔结构主义语言学问世以来，语言符号的任意性就被看作语言的基本特征。接下来以一些语言实例讨论任意性和象似性之争以及语言的理据性及其意义。

索绪尔在《普通语言学教程》（Course in General Linguistics）中论述"语言符号的性质"时提出的第一个原则就是"符号的任意性"，他指出："能指和所指的关系是任意性的，或者，因为我们所说的符号是指能指和所指相联结所产生的整体，我们可以更简单地说，语言符号是任意的。"索绪尔进一步解释道："任意性这个词的含义是，符号是无理据的，即符号与其含义之间的关系是任意的，在现实中符号与其含义没有任何自然联系。"他还逐一评论了可能出现的两种反对意见——人们会以拟声词和感叹词为依据认为能指的选择并不都是任意的。但他认为："拟声词和感叹词都是次要的。"

认知语言学认为语言是受认知环境和社会环境制约的，在很大程度上是有理据的，可分析和论证的。语言的构造实际上反映了人对世界的认知方式。因此，认知语言学界有些学者在研究象似性问题时，先对索绪尔的语言任意性学说进行挑战。然而，笔者认为，研究语言的象似性并非一定要向索绪尔提出挑战，因为索绪尔在提出语言符号性质的第一原则时，其实已为"象似性"留下了研究空间。

索绪尔指出："事实上，一个社会所接受的任何表达手段，原则上都是以集体习惯，或者同样可以说，以约定俗成为基础的。"这句话就为对能指和所指的关系受社会制约的研究奠定了基础。许国璋认为："'任意性'和'约定俗成'不是同义词，它们属于两个层次。'任意性'，就其严格含义讲，只能指一个人，说一个音，名一件物，或称一件事的条件下才能成立。'约定俗成'完全不是这个意思。'约'意味着一个群体的存在，意味着说话人和受话人的存在；所谓'约'即是我上文所说的'社会制约'的'约'。受社会制约的东西，是社会共议（consensus）的结果，绝不是任意的创造。"

索绪尔在《普通语言学教程》一书中还对绝对任意性和相对任意性做出了区分："符号任意性的基本原则并不妨碍我们在每种语言中把根本任意的（不能论证的）同相对任意的区别开来。只有一部分符号是绝对任意的；别的符号中却有另一种现象，可以使我们看到任意性虽不能取消，却有程度的差别——符号可能是相对的、可以论证的。"

实际上，在语言符号中我们可以找到非常典型的任意性的例子，也可以找到非常典型的象似性的例子，同时还可以找到一些介于任意性和象似性之间的例子，而且任意性和象似性这一对矛盾还相互依存，相互印证。下面我们以汉语中的六组字和"报"与"刊"为例，分析任意和象似的相对性问题，并谈谈广告如何利用声音和意义的关系，求得声情并茂的效果。

（一）汉语中的六组字

例如，有很多人认为汉语中的"射"与"矮"，"出"与"重"，"牛"与"半"，"鸭（鴨）"与"凤（鳳）"，"炊"与"烟"，"方"与"圆"每组中的两个字是"错位"了："寸身"（射）够"矮"的，"委矢"（矮）才是"拉弓射箭"；两座山叠在一起（出）应是"重"，行"千里"（重）应该是"出"门；双角齐全的"半"应是"牛"，只有半撇角的"牛"只能是一"半"；"凤（鳳）"乃天下第一鸟，应是"甲鸟（鴨）"，而"鸭（鴨）"是"凡鸟"，应是"凤（鳳）"；"欠火（炊）"则冒"烟"，因火（烟）才可"炊"；"圆"字方方正正应是"方"，"方"字形状像"元"应是"圆"。有时人们还试图以这些例子说明语言是约定俗成的，甚至是任意的：古人在造字时将这两个字混淆了，没人去改，久而久之就一直将错就错，沿用至今。

然而，人们经过考证则认为，这六组字根本没有错位。

1．"射"和"矮"

"射"字在甲骨文中是弓和箭，金文加了一只手，表示用手拉弓射箭。因此，"射"字左边的"身"是从弓上搭着箭的象形字逐渐演变而来，而右边的"寸"则是从甲骨文的"手"逐渐演变而来。中医将手腕上边切脉常取的部位称为"寸口"，汉字的提手旁"扌"的字形与"寸"相似。这些都可以看出"寸"表示"手"是有依据的。

再来看看对"矮"字的考证。汉字中左偏旁为矢的字（如"短""矬"）都有短小之意，"委"也有"曲折"之意，人一弯曲（如蹲或跪）就会变得矮人三分。"萎"和"痿"等字表示缩小或身体某一部分萎缩，字的中间也都含有"委"。还有人认为"矮"是一个从矢形、委声的形声字，这也有相当的道理。"矮"和"委"虽然在普通话中读音完全不一样，但在被称为古汉语活化石的闽南方言中，两个字的读音却非常相像。

2. "出"与"重"

《说文解字》对"出"字的解释为："出进也。象草木益滋，上出达也。凡出之属皆从出。"即"出，长进，像草木渐渐滋生，向上生长出来。所有与'出'相关的字，都采用'出'字做偏旁"。草木如果长得旺盛、茂盛，就在"出"字上头加一个头，成了"茁"。例如，"禾苗茁长""麦苗茁壮"。《说文解字》对"重"字的解释为："重厚也。从壬东声。凡重之属皆从重。徐锴曰：'壬者，人在土上，故为厚也。'""重"的最初含义是厚，"壬"是人在土上，表示厚。"重"实际上是在"壬"字中间插进一个"東"字。"東"字是声符，在闽南方言中，表示重量的"重"与"東"读音完全一样。

3. "牛"与"半"

《说文解字》上的"牛"字两角齐全，解释为"大牲也"；"半"字的字形则是在两角齐全的"牛"字上头加上一个"八"字，解释为"物中分也。从八从牛。牛为物大，可以分也。"即物体平分所得的部分。字形采用"八、牛"会意。牛是大物，因此可以分割。

4. "鸭（鴨）"与"凤（鳳）"

《说文解字》对"鸭"的解释是"鹜也。俗谓之鸭。从鸟申声。"即"鸭（鴨）"的字形采用"鸟"做偏旁，"甲"是声旁。

《说文解字》将"凤（鳳）"字的形声解释为"多鸟凡声"。《现代汉语词典（单色插图本）》将"凤"字解形为：甲骨文为象形字，模拟头上有冠的凤鸟，小篆为形声字，鳥为形，凡为声。今简化作凤，用"又"代替了繁体字鳳中的"一"和"鸟"；将"鸭"字解形为：形声字，鸟为形，甲为声。再说，如果真的像有的人那样认为"凤（鳳）"和"鸭（鴨）"错位了，将"凤凰"改写成"鸭凰"，两个字从字形上看显然不协调，因为既无法体现"凡鸟之王"，也无法表示"凤凰"的雄雌配对关系。

5. "炊"和"烟"

《说文解字》将"炊"字解释为"爨也。从火，吹省声。"这就是说，"炊"字的意思是"爨"（cuàn），即"烧火煮饭"。字形采用"火"做偏旁，以省略了"口"的"吹"做声旁。用柴草烧火时，有时还真要吹一下火才能烧起来。

《说文解字》对"烟（煙）"字的解释为："火气也。从火垔声。烟，或从因。"照此说法，"烟"是燃烧时发出的混合气体，本来写成"煙"，用"火"做偏旁，"垔"是声旁。由于"垔"和"因"发音相同，都读成"yīn"，人们就将"煙"写成"烟"。《辞海》写道，"垔"是"堙""陻"的本字，意思是"堵塞"，烧火时，风的通道若被堵塞，确实是要冒烟的。

6."方"与"圆"

《说文解字》对"方"的解释为"并船也。象两舟省、总头形。"即"相并的两只船。字形下部像两个'舟'字省略合并成的样子。"这就是说，"方"是两艘船合并在一起的形状。《说文解字》将"圆"解释为"圆全也。从囗，员声，读若员。"即"完整封闭的圈。字形用'囗'做部首，'员'做声旁，读音像读'员'"。实际上，"口"张开时就呈圆的形状，"员"的一个意思是"周围"，如"幅员"是"领土面积"之意，其中"幅"指宽度，"员"指周围。"囗"中一个"员"字，正好就是"圆"。

从上面对汉语中六组字的分析可以看出：有人认为古人造字时将各组中的两个字错位了，也有人从象形、指事、会意、形声等角度证明它们根本没有错位。对这件事情，不管人们如何论说，大家还是都认为文字符号是有象似性的，否则就不会白费工夫对这六组字的造字理据进行分析和争论。然而，我们也可以说，古人造字时若根据另一种造字理据将各组中的两个字（如"射"与"矮"）对调一下，矮人仍然高大不了，箭也照样射出。从这点上看来，造字又是任意的。由此可见，任意性是与象似性相互依存的，离开象似性，讲不出造字理据，就看不出任意性；离开任意性，也理解不了在众多造字理据中为何只选取其中一种。

（二）"报"与"刊"

一般说来，汉语中"报"指的应该是报纸，"刊"应该是刊物。然而，这两个字使用时常有混淆：我们称为"学报"的却是学术刊物，办报纸需要"刊号"（如《人民日报》的国内刊号为 CN11-0065），在报上登载文章也叫"刊登""刊载"，报纸和刊物上标出名称和期数等项目的地方都叫"刊头"，报纸和刊物开始出版发行都叫"创刊"，开始出版发行的那一期都叫"创刊号"。有趣的是，在英语中"报"和"刊"也有同样问题。英语的 journal 显然源自法语，法语的 jour 有"日子、天"的意思，相当于英语的 day，因此，法语的 journal 可以是相当于英语"daily"（日报）的意思。英语的"日报"可以是"daily"，如"China Daily"（《中国日报》）；也可以是"journal"，如"Wall Street Journal"（《华尔街日报》）。然而，英语的 journal 又可以用来表示"杂志、期刊、学报"，如《求是》杂志（*Qiushi Journal*），《北京大学学报》（*Journal of Peking University*）。法语的"杂志、期刊"却不是"journal"，而是"revue"，如"revuelittéraire"（文学杂志）。"revue"相当于英语的"review"，但"Beijing Review"却是"《北京周报》"，不说"北京周刊"或"北京杂志"。

英语中的 magazine 是"杂志、刊物"，而法语的 magasin 却主要是"商店、铺子"之意。例如，法语的 grand magasin 是"大百货商店"。这样看起来似乎非常任意，然而，查阅一下法汉词典，就可得知 magasin 一词还有"仓库、货栈、堆栈；军火库、军需仓库；（连发枪的）弹仓；（照相机的）暗盒、片盒"等几个词义，古时候也有"杂志、期刊"之意。于是我们可以发觉，其实"仓库、商店"等和"刊物"还真有些关联。前者储藏供给货物，后者储存提供知识。这应该就是该词的词义理据。

有些单词表示的几个词义虽毫不相干，但人们却也能找到这几个词义共存于一词的理据。伊万斯和格林指出，英语中指"河岸"的 bank 和指"银行"的 bank 是同音同形异义词，"河岸"的词义出现较早，其词源来自冰岛语表示"hill"（小山）的词，"银行"则借自意大利语"banca"，意为"货币兑换商的桌子"。由此，迪恩就提出了"银行"和"河岸"两个词义之间的关系为"它们分别控制钱的流动和水的流动"。

（三）广告中的音与义

在现代社会，广告为了感染读者，引起共鸣，常注意利用语言声音和意义的关系，利用语言的韵律，求得声情并茂的效果。

例如，柔性辅音的集中使用可以帮助创造一种宁静的意境。一家航空公司做广告，说他们飞机的一等舱都有"sleeper seats"，"so you'll fly relaxed and arrive refreshed"。这则广告的标题是：What a snoring success. 查遍搭配词典，有"brilliant success""great success"，哪有什么"snoring success"？然而，妙就妙在 snoring 一词！广告利用 snoring 的明指意义，以及它与 success 搭配后读起来发出的一连串柔软辅音，令人感到了飞机的平稳和机舱内的宁静。人们读着读着，仿佛差点儿要伴随广告画面上的人眼皮一合，轻轻地扯起鼾声，悄然入睡了！若标题用的是 brilliant 或 great 等以刚硬辅音开头的词，效果可就大不一样了。

刚硬辅音的集中使用则可以因一连串的爆破而增加其力量。一种 Audi 牌的小汽车做广告，说该车的功率很大，"with four five cylinders up to 100kW（136HP）"。这则广告的标题就用了一连串的刚硬辅音：Power in all its glory.Audi Coupé。

二、英汉文学文本中的文字象似性符号

（一）英语字母象似性符号

英语字母的象似符号（letter-icons）可以分为三类。

第一，明澈的字母象似性符号（transparent letter-icons）。例如，莎士比亚《亨利五世》第一幕开场白（prologue）中："Can this cockpit hold the vasty fields of France？ Or may we cram within this wooden O, the very casques that did affright the air at Agincourt？" ［这个斗鸡场能容纳法兰西之广大的战场么？就是当年使得阿金谷的空气受了惊吓的那些战盔，我们能把它们塞在这个木造的圆圈儿里么？（梁实秋译）］。这句话中的 this wooden O（木造的圆圈儿）的"O"象似圆屋，指圆形剧院。再例如，多恩在"If they are two, they are two so/As stiff twin compasses are two"一句中用大写字母 A 来作为与指南针形状象似的符号。

第二，半明澈英语字母象似性符号（translucent letter-icons）。这类英语字母须经点破才会让人明白是象似性符号。还是以莎士比亚《亨利五世》第一幕开场白为例：

The flat unraised spirits that hath dar'd

On this unworthy scaffold to bring forth

So great an object.Can this cockpit hold

The vasty field of France？ Or may we cram

Within this wooden O the very casques

That did affright the air at Agincourt？

O, pardon！ since a crooked figure may

Attest in little place a million；

And let us, ciphers to this great accompt,

On your imaginary forces work.

莎士比亚很可能有意在上述开场白内挤进五个大写字母"O"，作为"cockpit"（斗鸡场）"wooden O"（木制的圆屋）"casque"（战盔）以及"crooked figure"（指"零"）"million"（百万，使人联想到六个"零"）的象似性符号。

第三，难以觉察的英语字母象似性符号（subliminal letter-icons）。作者在写作时不一定有意要使用象似符号，但潜意识使他们不知不觉写上了这些字母或带有这些字母的词汇，读者阅读时也较难以察觉。例如，丁尼生的诗"St. Simeon Stylites"（《高柱修士圣西米恩》），是在高柱顶上苦修了三十多年的著名的叙利亚高柱修士圣西米恩的独白。诗中有这么几行：

I, Simeon of the pillar, by surname

Stylites, among men; I, Simeon,

The watcher on the column till the end;

I, Simeon, whose brain the sunshine bakes;

I, whose bald brows in silent hours become

……

这几行诗中的四个第一人称大写字母"I"表现了圣西米恩满口不离"我"，显示了"神圣的"极端自我中心癖。但由于三个"I"位于行首，一个"I"接在主要停顿之后，非常显眼，且靠近"pillar"和"column"二词，这使得"I"很像柱子。因此，这四个"I"就是"高柱"的英语字母象似性符号。

中国人说"情人眼里出西施"，英语中也有一句"Beauty is in the eye of the beholder"（观看者的眼中出美景），两句话说的都是客观美由主观审美决定，象似性也是如此。对象似性的觉察有赖于读者对符号和文本意义与其表达形式之间的联系以及两者之间相似性的洞察力。

儿童在他们真正学会读写前最容易将字母看成象似图形，因此，一个英国小孩曾把 bed 一词看作"床"这一物体的象似性符号：b 和 d 的两竖作为床柱，两个圆形"o"，一个作为枕头（或人头），另一个作为人躺在床上时伸出的脚。法语词 locomotive（与英语同义：火车头，机车）看似向左边开出的蒸汽机车："1"像火车上的烟囱，三个"o"像轮子，"tive"像火车司机的驾驶室。

字母"O"常常在英语文学作品中作为太阳、月亮、地球、星星等天体和眼睛、嘴巴等某些人体器官以及完美、循环往复等过程的象似符号。例如，莎士比亚《奥赛罗》第五幕第二场，奥赛罗因中奸人的计杀死了妻子苔丝狄蒙娜后对爱米利亚说的一段话中有这么几句：

O，insupportable！　O heavy hour！

Methinks it should be nowa huge eclipse

Of sun and moon，and that th'affrighted globe

Did yawn at alteration.

啊，难堪！啊，不幸的时辰！我想现在日月应该晦暗不明，受惊的地球看见这种非常的灾变，也要吓得目瞪口呆。

（朱生豪译）

在前三行里"O"出现了三次，从语义语境可以看出，这些"O"象似性地代表了太阳、月亮和地球，而且还有重要的一点，"O"还象似地球在地震时像裂开一道口那样把口张开（yawn）。在诗中"owl"（猫头鹰）一词经常与读作［uː］含有两个"oo"的词在一起，作者可能在无意中用"oo"既象似猫头鹰的叫声，又象似猫头鹰瞪着的两只眼睛。

在莎士比亚的戏剧中，用英语字母 O 象似眼睛更是有诸多例子。例如，莎士比亚《罗密欧与朱丽叶》第三幕第五场：

Juliet…Some say the lark and loathed toad change eyes；

O，now I would they had chang'd voices too！

朱丽叶：……有人说云雀的眼睛一定是和癞蛤蟆交换过的；啊！我现在愿意他们把声音也交换一下。

（梁实秋译）

由于蛤蟆的眼睛大而亮，云雀的眼睛小而丑，故俗谓蛤蟆与云雀必定换了眼睛。"眼睛"在这句话中属于特别受强调的成分。据此，这句话中"O"紧接在"eyes"之后，取得了一种半明澈英语字母象似性符号的效果。

再例如，莎士比亚《李尔王》第四幕第二场：

（奥本尼在向使者询问葛罗斯特被挖去两只眼睛之事。）

Albany：…But，O poor Gloucester！　Lost he his other eye？

Messenger：Both，both，my lord.

奥本尼：……但是啊，可怜的葛罗斯特！他失去了他的第二只眼睛吗？

使者：殿下，他两只眼睛全部给挖去了。……

（朱生豪译）

阿：但是，啊可怜的格劳斯特！他的那只眼也损失了么？

使：两只，两只。……

（梁实秋译）

"O poor Gloucester"中的O是"第二只眼睛"的半明澈英语字母象似符号，这几行字中大量出现的小写字母"o"对此象似符号起了强化作用。尤其值得一提的是，"poor"一词中的两个"o"和"Both，both"中"o"的两次出现，用象似性的方法强调了葛罗斯特不只是失去一只眼睛，而是两只眼睛都被挖去了。由此看来，朱生豪的译文"殿下，他两只眼睛全部给挖去了"要优于梁实秋的译文"两只，两只"。

（二）汉字象似性符号

英语作为拼音文字，其字母尚可作为象似性符号，汉字作为一种在形体上逐渐由图形变为笔画，象形变为象征，复杂变为简单，在造字原则上从表形、表意到形声的表意文字，理所当然地会更经常被作家、诗人作为象似性符号用于文学作品，创造特殊的意境。

汉字作为象似性符号亦可分为三类：第一，诸如"人字架""工字钢梁""之字形"等明确用字形来表示物体形状的象似性符号；第二，诸如"日""月""山""水"等接近象形文字的象似性汉字；第三，诸如隐藏在"清"字中的"月"，"峻岭"中的"山"之类的象似性符号，这类符号的象似性较难察觉："崇山峻岭"四个字中乍一看只有一个"山"字，其实其他三个字也都包含了"山"。

接下来所要探讨的主要是第三类汉字象似性符号。这类符号较难察觉，人们在欣赏汉语文学作品时基本上都将其忽略了，其实这些汉字象似性符号对汉语文学作品的"形美"至关重要，苏轼《水调歌头》就是一例。下面再用三个"日"和"月"的例子，说明汉字象似性符号在汉语诗词中表现"形美"时的重要作用。

《尚书大传·虞夏传》中《卿云歌》有一名句：卿云烂兮，纠缦缦兮，日月光华，旦复旦兮。

我国复旦大学的校名就源出于此。"日月光华，旦复旦兮。"不但意美、音美，而且还是形美的典范。句中不但有"日""月"二字，而且"旦"字和"复"字中也各自包含了"日"字，"光华"的意境得到了象似性字形美巧妙的烘托。正如复旦大学校歌（刘大白作词，丰子恺作曲）中所唱的"复旦复旦旦复旦。日月光华同灿烂！"校歌中的这十四个字，包含了八个"日"字，一个"月"字，一个"光"字，两个"火"字。这两行歌词以其象似性字形美表达了经过漫漫长夜，一轮红日从地平线上喷薄而出的意境，并表达了复旦大学振兴中华、光复震旦（复旦大学前身为震旦学院）的寓意。

李白的《静夜思》：

床前明月光，疑是地上霜。举头望明月，低头思故乡。

这首语言浅近、情真意切、形象感人的小诗中，"前"字特别耐人寻味，因为这个字包含了"月"。此诗开篇的"床前"二字以其象似性字形向人们展示了床前一片月光的美景，与后面"明月光"三个字交相辉映。诗的第二句"望明月"中的"望"字和"明"字也包含"月"，亦是妙笔。试想若将此诗写成"床边明月光，……举头看月亮，……"，其意美和音美可能依然如故，但象似性字形美则荡然无存。

此外，诗的标题"静夜思"也很值得研究。李白这首诗抒发的是远客在月夜的思乡之情，描写的是月朗星稀之夜，而不是夜深人静之时。那么，诗的标题为什么不是《月夜思》而是《静夜思》呢？其实，"静夜思"的妙笔就在于"静"字也包含"月"，"静夜"二字已经以其象似性字形表达出了"宁静的月夜"之意境。由此看来，"静夜"二字译成英文应是"tranquil moonlit night"，而不仅仅是"tranquil night"，当然更不能是"silent night"了。

李煜的《相见欢》：

无言独上西楼，月如钩。寂寞梧桐深院锁清秋。剪不断，理还乱，是离愁。别是一番滋味在心头。

词中的前两句是作者在黄叶飘零的秋天独自登上西楼时在弯弯的月亮下发出的叹息。"清秋"两个字用得特别妙，因为"清"字包含"月"。因此，人们读到这首词时可以依稀感到，作者被锁住了，"清秋"被锁住了，就连如钩的月亮仿佛也被锁住了。难怪会"别是一番滋味在心头"！这与李煜在另一首词《虞美人》中第一句"春花秋月何时了"中所表达的心态完全一致。

对汉字象似性符号的研究显然有助于为人们欣赏诗词提供新的视角。

例如，李清照的《声声慢》，人们往往仅从叠字、双声、韵脚和曲调方面入手进行赏析，但其实，这首脍炙人口的著名宋词，在象似性符号的运用上也还有独辟蹊径之笔：

寻寻觅觅，冷冷清清，凄凄惨惨戚戚。乍暖还寒时候，最难将息。三杯两盏淡酒，怎敌他晚来风急？雁过也，正伤心，却是旧时相识。满地黄花堆积。憔悴损，如今有谁堪摘？守着窗儿，独自怎生得黑！梧桐更兼细雨，到黄昏、点点滴滴。这次第，怎一个愁字了得！

李清照在这首词中用一个"心"字，四个包含"心"部的字（"怎"字用了三次，"愁"字用了一次），四个竖心旁"忄"（惨惨、憔悴）描写了主人公一整天的愁苦心情。吴小如在《唐宋词鉴赏辞典》中评论道："'梧桐'两句不仅脱胎淮海，而且兼用温庭筠《更漏子》下片'梧桐树，三更雨，不道离情正苦；一叶叶，一声声，空阶滴到明'词意，把两种内容融而为一，笔更直而情更切。……自庾信以来，或言愁有千斛万斛，或言愁如江如海（分别见李煜、秦观词），总之是极言其多。这里却化多为少，只说自己思绪纷茫复杂，仅用一个'愁'字如何包括得尽。"值得注意的是，李清照在这首词中巧妙地运用了汉字象似性符号表达这种"化多为少"、点点滴滴的愁苦之情：词中用了五个"冫"（冷冷、凄凄、次）和七个"氵"（清清、淡酒、满、滴滴），再加上"黑"字、"雨"字和"点点"等字中的"丶"，词作者凄惨忧戚的愁苦如孤寂清冷、点点滴滴的细雨这一意象跃然纸上。

用汉字象似性符号遣词造句、构建语篇，古已有之。在中国最早的诗歌总集《诗经》中，就可以找到不少例子：写水景尽量多用"氵"部，写心情尽量多用"忄"部。例如《蒹葭》：

蒹葭苍苍，白露为霜。

……

蒹葭萋萋，白露未晞。

……《诗经·秦风·蒹葭》

"蒹葭苍苍"和"蒹葭萋萋"每个字上部都是"艹"，用汉字象似性符号形象地展现了水边"芦苇"（即"蒹葭"）上的露水已凝成了白霜还没消散的景象。

（三）结语

将英语字母象似性符号分为三类，其中第三类的象似性较难以察觉。

这类符号的象似性有时可能是"无心插柳柳成荫",即作者下笔时并无意创造象似性,但潜意识却使他们不知不觉地写上了;有时也可能是"有意栽花花不发",即作者下笔时特意用上的字形象似性符号未被读者察觉。是无心还是有意这一问题本身并不非常重要,例如,在1992年8月2日的《星期日泰晤士报》上有这么一句话:

For the rest of this year, in the hope that the prime minister is right and we are worny, *The Sunday Times* will mute its criticism.

在此句中,"错误"(wrong)一词正好被误拼成"worny",形式恰巧反映了内容,这有可能是打字错误,也有可能是作者故意利用象似性的很有创意的写法。

当然,有些所谓"错误"则是人们有意而为之。例如,IBM公司曾推出一种小型喷墨式彩色打印机,广告内写出打印机的英文名称叫"IBM Color Jetprinter"。然而,这则广告的标题是Printer,然后又用红笔把该词的字母"r"划掉,在上方手写了一个"a"。美国《新闻周刊》精美的版面上,怎么会有需要涂改的拼写错误?读者当然十分好奇,留心读一下广告,原来打印机既是printer又是painter,两个单词只有一个字母之差,广告作者利用这一点进行加工,取得了奇特的宣传效果。

总而言之,无论出于何种原因,在文本中存在着能为文中意境增添色彩的象似性符号却是不争的事实。对这类文字象似性符号进行研究,将有助于读者对文本的解读和译者对原文的理解和翻译。作者在写作时懂得有意识地采用这种象似性符号,也可以以字形创造、渲染意境,取得形式与内容的完美统一,使作品更具感染力。

第三章 认知语言学与语言衔接在语义学中的共通

第一节 语义学的主要研究内容和流派

语义学通常被定义为"研究语言符号所表达的意义的科学"。约翰·萨益德指出，语义学的基本任务是表明人们如何使用语言来交流意义。这仅仅是对语义学下了一个十分笼统的定义，是从宏观角度做出的高度概括论述，我们还可从不同角度更为深入细致地探索各类语言意义。

首先，"语言意义"可包括自然语言中词句的意义，也包括人工语言中符号（如逻辑表达式）的意义。然后，语义还与人类的生活密切相关，处于各个学科的交叉点，各路学者对什么是"意义"存在着很大的分歧，因而他们所讨论的语义学内容的差异自然就会很大。

学者们不仅在意义的定义上存在很大分歧，在研究内容和方法上分歧更大。语义研究在哲学、形式逻辑学、心理学、社会学、语言学等学科中同时进行，在这些学科之间各路学者从不同角度、基于不同理论、运用不同方法来解释和研究语义，这就形成了语义研究大家族中众多的成员。

一、哲学语义学与语言语义学

17 世纪德国哲学家戈特弗里德·莱布尼茨首创数理逻辑，到 19 世纪末 20 世纪初，哲学家们认识到自然语言在本质上极不严谨、不合逻辑，不宜用来进行句法和语义上的系统推理及逻辑演算，不然会导致哲学的混乱。此后出现了西方哲学中的"语言论转向"（Linguistic Turn），颠倒了"认识"与"语言"的关系，语言学家开始关注语言与世界、命题与事态之间的关系，并以其来取代认识论中的主客关系；倡导实证主义，并以其来取代认识论中的心理主义，从研究存在的认识性转向了研究存在的表达性，语言意义自然就成为首当其冲的焦点。

早期的英美分析哲学家得益于现代形式逻辑，企图用其来人为地建立一套严密的逻辑系统和演算公式来代替自然语言，运用数理逻辑形式符号来表达语义，这又被哲学界称之为"人工语言学派"（Artificial Language School），又叫"逻辑实证主义"（Logical Positivism）"逻辑经验主义"（Logical Empiricism）"形式语义学"（Formal Semantics）。下图 3-1 列出语言论转向中主要流派和代表人物：

图 3-1

理想语言学派的主要代表人物有戈特洛布·弗雷格、伯特兰·罗素、路德维希·维特根斯坦，维也纳的逻辑实证主义学派（Vienna Circle）的主要成员有奥地利的莫里茨·石里克和奥托·纽拉斯、卡尔纳普、阿尔弗雷德·艾耶尔等。波兰逻辑学家阿尔弗雷德·塔尔斯基在 20 世纪 30 年代提出可用句子赖以成真的一组充分必要条件来描写句义，这就是"真值条件语义学"（Truth-conditional Semantics），又叫"真值论语义学"（Truth-theoretic Semantics），也被通称为"形式语义学"（Formal Semantics），主要内容包括句子的真值条件、词的指谓、从词的指谓到句子真值的合成过程。

卡尔纳普于 20 世纪 30 年代来到美国，并将这一分析哲学思潮带到美国，威拉德·奎因作为他的学生，将逻辑实证主义与美国本土的实用主义结合起来，形成了美国的分析哲学思路——新实用主义，在分析哲学内部批判了极端的逻辑实证主义。奎因的弟子唐纳德·戴维森和希拉里·普特南继承和发展了奎因的有关观点。普特南的弟子克里普克（Kripke，1941–）基于前人研究提出了"可能世界语义学"（Possible World Semantics）。此后，乔姆斯基、理查德·蒙塔古等也对形式语义学做出了重要贡献。这是就英美分析哲学中五代师生传承关系：弗雷格→卡尔纳普→奎因→戴维森、普特南→克里普克。

与之相对的是"日常语言派"（Ordinary Language School），主要以英语这样的自然语言为研究对象，认为它在人类交际中起着不可替代的作用，日常语言本身是完善的，完全能满足哲学研究的需要，但是由于逻辑实证者们没有按照日常语言的习惯用法来使用语言，从而使得哲学中出现了种种误解和混乱。哲学理论完全可通过研究日常语言来"医治"哲学中的混乱，没有必要构造所谓的形式语言；同时形式语言的逻辑不能表现日常语言的复杂性，前者永远不能取代后者。哲学家的任务就应当是分析日常语言的各种用法，并强调语言的意义在于语言的用法，代表人物及理论有维特根斯坦及其后期的语言理论：日常语言具有良好的逻辑秩序，哲学研究不必构筑某种理想的语言。乔治·摩尔、约翰·韦斯顿姆也持这一观点。后来，约翰·奥斯汀、约翰·塞尔等人以此为基础，致力于研究日常语言，提出了"言语行为理论"（Speech Act Theory），成为语用学的一项重要内容。

其实，形式语言与自然语言各有其自身的优缺点，不能全盘肯定其中的一方而否定另一方，而应当承认它们在各自活动的领域中都能发挥其积极的作用。

正如罗伯特·罗宾斯所指出的那样：大部分语义研究工作是哲学家做的，尤其是形式逻辑学家做的。他们所研究的"哲学语义学"（Philosophical Semantics），主要从哲学角度来分析语义，关注意义的定义、性质、能指与所指的关系、内涵与外延、真值条件、逻辑分析、形式化、解释与模型、可能世界、理解等，以揭示语义对我们认识自身和世界所起的关键作用。

从哲学（特别是形式逻辑学）角度研究语义所形成的学派主要有：逻辑语义学、形式语义学、外延语义学、内涵语义学、现象论语义学、存在论语义学、解释论语义学、结构论语义学、推理语义学、蒙塔古语义学

（包括真值条件语义学、模型论语义学、可能世界语义学）等。

19世纪末以后的语义理论主要包括三大流派：以弗雷格和罗素等为代表的逻辑语义学；以埃德蒙德·胡塞尔为代表的现象论语义学；以索绪尔为代表的语言学语义学。前两者可划归哲学语义学。

莱昂斯和鲁思·开普森曾把语义学分为逻辑语义学和语言语义学（Linguistic Semantics，又译作"语言学的语义学"），前者多被人们视作哲学，或逻辑学、数学的一个分支，又被称为"纯语义学"（Pure Semantics），当属哲学语义学；后者则主要在语言框架内研究语义，将语义学视为一个相对于音位学、句法学等的语言学分支，主要描写自然语言的意义，以期提出一套概括性的理论来描写语言中的各种意义，全面认识语言的结构和功能，从而能使人们正确理解和运用语言。语言语义学研究的具体内容包括意义的分类、性质、结构、系统、功能和演变、语义学流派、语义与语法和其他学科的关系、意义间的关系等。

从语言学角度研究语义又可分为：以概括各语言共有规律和一般理论为基础来研究语义就产生了"普通语义学"（General Semantics），亦称"理论语义学"（Theoretical Semantics）；根据语言不同层面又可分为"词汇语义学"（Lexical Semantics）"句子语义学"（Sentence Semantics）"语法语义学"（Grammatical Semantics）"句法语义学"（Syntactic Semantics）"形态语义学"（Morphological Semantics）"完成时语义学"（Semantics of Perfect Tenses）"介词语义学"（Semantics of Preposition）"施为语义学"（Illocutionary Semantics）等。

语言语义学与哲学语义学研究内容互有交叉，当前有两者研究逐步汇合的趋势。

二、形式语义学与认知语义学

萨益德指出，语义研究有两大方法，即：外延方法（Denotational Approach，Extensional Approach）和表征方法（Representational Approach）。前者认为，语言的主要功能是能使大家谈论周围的世界，当我们与别人交际时或自己进行内部推理时，就使用语言来描述事实和情景，为其确定模型。从这个角度来说，理解话语的意义就是能够将话语与其所描述的外部环境相匹配。因此，从外延论角度看，语义研究就是研究语言符号如何相关于现实世界。后者认为，语义研究必须发现语言背后的范畴化机制和概念结构，因此语义研究就是研究心智表征（如将"象征单位"和"构式"视为语言在心智中的表征单位），这显然是认知语义学家的观点。

对语义用外延方法进行研究时，如何描述话语与环境的匹配？形式语义学（Formal Semantics）运用了弗雷格的"真值对应论"（the Correspondence Theory of Truth），又叫"意义实在论"（the Realist Theory of Meaning），话语与情景相匹配或相对应，则为真，否则为假。另一种理论就是塔尔斯基的"真值条件论"（the Theory of Truth Conditions），理解一个句子就是能够确定所述话语的真值条件，即使得语句成真的条件。学界一般常将形式语义学直接等同于真值条件语义学，这是认知语义学之前语义学研究的主要方法。

真值条件语义学是以"外延论"为基础的，本质上属于"客观主义哲学"（Objectivist Philosophy），在语义描写时受制于外部世界的情况，避免受人的主观心理因素的干扰，认为语义与任何种类的概念形成和认知处理过程无关。莱考夫将真值对应论、真值条件论和客观所指论统称为"客观主义语义学"（Objectivist Semantics）。

20 世纪下半叶 50—70 年代以乔姆斯基为代表的转换生成学派试图揭示自然语言句法结构的数学特征，大力提倡运用形式主义方法来演算句法与语义在转换和生成过程中的规律。美国逻辑学家蒙塔古认为，自然语言与形式语言在本质上并没有区别，都可以作精确的数学描述，而且两者有着同样的规律，可统一在一个"通用语法"的模式中，他建立了著名的"蒙塔古语义学"（Montague Semantics），亦称为"蒙塔古语法"（Montague Grammar），运用逻辑方法成功地构造出解释英语部分语句的系统，详细描写了自然语言的真值语义特征，他们将语义形式化研究推向了一个新阶段。

学界常将塔尔斯基的真值条件语义学直接称为形式语义学，我们认为这只能算是一种狭义的形式语义学，或者还是将其称为"真值条件语义学"较好，因为当今形式语义学的研究内容要比塔尔斯基的真值条件广泛得多，即广义的形式语义学可包括所有形式化的语义研究方法。

形式语义学在 20 世纪下半叶还有很多长足的发展，包括：二阶逻辑（Second-order Logic）、类型论（Type Theory）、模态逻辑（Modal Logic）、时态逻辑（Temporal Logic）、博弈论语义学（Game-theoretic Semantics）、

范畴语法（Categorical Grammars）、灵活的范畴语法（Flexible Categorical Grammar）、文本更新语义学（File Change Semantics）、篇章表述理论（Discourse Representation Theory）、动态蒙塔古语法（Dynamic Montague Grammar）、境况语义学（Situation Semantics）；自然语言理解标记演绎系统（Labelled Deductive Systems for Natural Language Understanding）、类型－逻辑语法（Type-logical Grammar）等等。形式语义学不但对语义研究做出了巨大贡献，而且已成为语言学、哲学、数学、逻辑学、计算机科学、人工智能和机器翻译等研究不可逾越的环节。

相比之下，认知语义学坚决反对客观主义的、外延论的语义研究方法，认为语义不是指向外物，而是指向经验世界在人们内在心智中的表征，它是一种基于身体经验的心理现象，是人类通过自己的身体大脑与客观世界互动的结果，语言的意义不限于语言的内部，而来源于人与客观世界的互动和认知，来源于使用者对世界的理解。

斯特劳森有一句名言道出了外延论（指称论）的要害：语言自己不会指称，是人在指称，这也是哲学语用学的理论基础。认知语义学家接受了这一观点，其核心原则"现实－认知－语言"正可反映这一立场，一切皆人之所为，没有独立于人的认知以外的语义，语义的形成过程就是"概念化"（Conceptualization）的过程，概念化过程是基于人的身体经验的过程，也是认知的过程。认知又与人类的心理经验、认知模型、知识结构等密切相关，因此语义学的最终目的应当是阐述认知过程、概念结构和推理能力，以及语言是如何反映它们的。语义必须按照基于体验的心理现象来描写，并认为自然语言的意义远比各种基于逻辑的形式模型丰富得多。

学术界在乔姆斯基语言理论的归属上尚存在很大的分歧。由于乔姆斯基认为语言是人脑中的心理客体，是人类心智能力的一部分，因而把语言研究划归认知心理学（Cognitive Psychology），他也曾自认为是认知语言学家。萨益德也将乔姆斯基的理论归入认知语言学门下。这样，认知语言学研究语言或语义就有两个方法，即形式主义与功能主义。然而，莱考夫认为，认知语言学是第二代认知科学的产物，是基于体验哲学的，出现于20世纪70年代，与基于混合哲学的乔姆斯基语言理论完全背道而驰，因此认知语言学不应包括乔姆斯基的语言理论，认知语义学自然也就不包括形式主义研究方法一说。

三、外延语义学与内涵语义学

指称论、证实论、真值对应论、真值条件论具有共通性，都是建立在经典逻辑（又叫"外延逻辑"或"传统逻辑"）上的，是将语符的意义视为其外延。对词项来说，词义就是其所指对象（Referent）或所指义（Reference）；对于句子来说，句义就是其真值。

经典逻辑有两大特点："等值置换律"和"同一置换律"。前者指当某个语句的一部分用具有同样外延但有不同含义的等价表达式去替换时，该语句的真值保持不变；后者指若两个表达式的外延相同，其中之一具有某种性质，可以推出另一个也具有此种性质。

因此，基于该原理之上的"外延语义学"（Extensional Semantics，Denotational Semantics）以"语言与世界同构"为基本出发点，将语言成分映射到客观世界上，将名称映射到物体上，将谓词映射到物体之间关系上。通过各种映射合成，句子最终就被映射到"真值"（Truth Value）之上。因此，外延语义学认为，要理解一个语句的意义，就是要知道决定该语句的真值条件，且大力倡导形式化的分析方法，借用现代形式逻辑公式来演绎意义，以能满足"等值置换律"和"同一置换律"，让语义学行走在科学主义的"康庄大道"上。这显然属于客观主义哲学阵营，无视人本因素，认为词句的意义独立于使用者对词语意义的理解。

我们知道，基于经典逻辑建立起来的外延语义学在解释自然语言时仍有很多不足之处，语言中若干词语（如 unicorn，dragon，ghost 等），在客观世界中找不到所指时该如何处理？在分析诸如用"知道""认识""相信"等来表达的信念句时，上述两条规则也就失效了。延斯·奥尔伍德曾举过以下例子来说明外延语义学的不足：

所有的美国女总统 =0

所有会编写计算机程序的狗 =0

以上表达的外延相同，都是零，它们等值，但是谁也不会认为这两个表达式有相同的意义，这表明用"真值"来说明"意义"有其致命的缺点。

因此，一些逻辑学家认为，必须在表达式和客观世界之外再区分出第二种类型的实体，即表达式的"含义"，亦称表达式的内涵，以解决上述问题。这样，在研究意义时既要考虑其外延，也要考虑其内涵，促成了"内涵逻辑"（Intensional Logic）的问世。

塔尔斯基的真值条件语义学虽属于外延语义学，但提供了以真值条件论为基础发展"内涵语义学"（Intensional Semantics）的理论准备。卡尔纳普将外延语义学过渡到了内涵语义学，提出了外延内涵的研究方法。以上延斯所举的例子之所以不能等同，是因为它们属于不同的可能世界，有不同的内涵，这样就将原来仅限于用客观世界外延论来解释意义的方法拓展到了可能世界的范围来找"真值"，即个体和谓词的域值就成了"可能世界"了。

因此，将语言和世界联系起来的中介就有两个，分别是名称和内涵。逻辑实证主义所建立的形式逻辑采用第一种办法，将每一件事物归结为某个名称，即取"语言中名称与世界中事物对应"的原则，此为"外延逻辑"；而"内涵逻辑"采用第二种办法，借用可能世界来识别对象，从而大大拓宽了原有的考察范围。

内涵语义学的经典形式就是克里普克的"可能世界语义学"（Possible World Semantics），将表达式从外延转为内涵，且以其为中心将语言表达映射到一组"可能世界"（Possible Worlds）上，包括想象世界，而不仅仅是单一的客观世界。这种语义学研究的目的依旧是为语言中的句子提供真值条件，一个句子的意义被认为是一个命题，它与一组可能世界一致，在这一组可能世界中这个句子能成真。

蒙塔古则将人工语言与自然语言结合起来，且在其基础之上拟构了"通用语法"（Universal Grammar）的理论框架，且建立了一套内涵逻辑体系，使其更加贴近自然语言的表现形式，也为内涵语义学提供了很多新思路。

笔者认为，无论是外延逻辑（外延语义学），还是内涵逻辑（内涵语义学），都只处理"语形"与"语义"，只专注表达式的结构形式或意义，而置具体使用语境于不顾。基于此，语用逻辑（语用语义学）应运而生，既要分析语形和语义，更要研究语用，大力倡导须将"逻辑推理"与"具体语境"结合起来，使其能适合实际使用中的语用情况。

四、共时语义学与历时语义学

根据索绪尔划分的"共时语言学"（Synchronical Linguistics）和"历

时语言学"（Diachronical Linguistics）的思路，也可从研究的时间轴线角度将语义学划分为"共时语义学"（Synchronical Semantics，又叫"描写语义学"Descriptive Semantics）和"历时语义学"（Diachronical Semantics）。前者是对某一时期中的语义系统作静态分析，后者主要研究语义的源流和演变。

五、结构语义学与语义场理论

结构语义学（Structural Semantics，又称"结构主义语义学"Structuralist Semantics）认为，索绪尔提出的结构主义方法（关门派、共时论、二元对立等）不仅可用来分析语音、句法，同样也可用来分析语义。该学派在谈论词汇意义时认为：词义是由词在系统中潜存的"纵聚合关系"（Paradigmatic Relations）中的值和在实在的"横组合关系"（Syntagmatic Relations）中的值共同确定的。

德国学者京特·伊普森受索绪尔结构主义语言学的影响，于1924年首先提出了"语义场理论"（Semantic Field Theory），将语义视为一个系统，词义存在于语义系统之中，且词汇因具有相同的语义特征而类聚成"语义场"（Semantic Field），词义可在语义场中依靠其邻近的词来确定。

另两位德国学者约斯特·特里尔和瓦尔特·珀泽格于20世纪30年代沿其思路继续深入研究，进一步论述了语义系统中各种含蓄性"含义关系"（Sense Relations），诸如：同义关系（Synonymy）、反义关系（Antonymy）、上下义关系（Hyponymy）、多义关系（Polysemy）、歧义关系（Ambiguity）、同音（同形）异义（Homonymy）、局部–整体关系（Meronymy）。他们还将结构主义语言学的最基本研究方法"二项对立原则"（最初是分析音位结构和句法结构的）创造性地运用到语义成分中来，突破了传统语义观和研究方法。根据不同的语义场来研究各类含蓄的语义关系，就产生了"颜色语义学"（Color Semantics）"亲属关系语义学"（Kinship Semantics）等研究。语义场理论是结构语义学中最重要的内容之一，可见，结构语义学的主要成就在于词汇语义层面。

莱昂斯于1963年出版了《结构语义学》（*Structural Semantics*）一书，在1977年的《语义学》（*Semantics*）中用两章的篇幅，对结构语义学做出了较为全面的论述，并运用纵聚合关系和横组合关系两个轴来描写词汇系统中的语义结构。

法国结构语义学家格雷马斯于1966年出版了《结构语义学》(*Sémantique Structurale*)一书,重点论述了意义的基本结构:义素、关系、义素组合、义素系统、行动元、语义效应等,他尝试拟制义素描述大纲,并企图在不同元语义域中建立已知的诸单元间、诸系统间和诸规则系统间的相互关系,并确定一些假设和描写模型系统。

除此之外,英国词典学家彼得·马克·罗热编著的《罗氏英语词语宝库》(*Roger's Thesaurus*)、梅家驹的《同义词词林》、王逢鑫的《英汉意念分类辞典》等词语意念分类辞典,也是研究语义结构的好作品。

六、TG 学派中五种语义理论

乔姆斯基于1965年之后开始重视语义研究,但在其研究过程中,由于对语义与句法之间关系的认识不同以及对语义生成方式的解释不同而产生了"解释派语义学"(Interpretative Semantics)"生成派语义学"(Generative Semantics)"格语法"(Case Grammar)"蔡菲语义理论"(Chafe Semantic Theory)"分解语义学"(Decompositional Semantics)等语义理论。

七、基础派语义学

语言具有层级性。美国语言学家德怀特·波林格指出:

Distinctive features make phonemes, phonemes make morphemes, morphemes words, words sentences, sentences discourses, discourses monologues or dialogues or stories or whatever, and these are puffed or puffable into novels, trilogies, encyclopedias, or higher unite as large as one may please.

(区别性特征产生音位,音位组合成词素,词素组合成词,词组合成句,句组合成语篇,语篇形成独白、对话或故事等,它们扩展成或可扩展成小说、三部曲、百科全书,或可随人所需扩展到更高层单位上。)

基础派语义学(Radical Semantics)认为,语言里的所有层面都具有自身的意义,包括词汇、语法结构、语音语调等,都可成为表达意义的手段。许多学者持有这种学派的观点。研究语义,完全可以从语言各个不同的层面来加以研究,笔者也持这一观点。

李福印在钻研了国外几十位语义学家研究语义的著作之后,综合整理了他们的研究结果和方法,于1999年出版了《语义学教程》一书。该书从语素、词汇、词组、分句、句子、篇章六个层面来全面论述语义，将语义研究几乎拓宽至语言的所有层面，同时还介绍了语义研究的 13 种方法，称之为"6×13"的框架，从而使国内的研究者对西方学者的语义研究有了一个较为全面的了解，对他们的研究方法也有了较深的认识。

八、模糊语义学

越来越多的学者认识到语言表达需要精确的说法是不全面的，有时甚至是办不到的。模糊性是一个普遍存在的现象，模糊词语在语言中大量存在。美国自动控制论专家、美国工程科学院院士洛特菲·扎德于1965 年首先使用数学方法来研究模糊现象，创立了"模糊数学"（Fuzzy Mathematics），又叫"模糊集合理论"（Fuzzy Sets Theory）。在这以后的30 多年里，模糊数学在自然科学、人文科学等领域得到了广泛应用。模糊数学对于语言的模糊性研究也具有重要的意义。

语义具有模糊性是自然语言的一种重要属性。语义中的确切与模糊是相辅相成的，既对立又统一。语言中普遍存在大量的模糊性现象是由语义的性质和作用所决定的，模糊性几乎分布在语言的各个同类之中，例如：

形容词和副词：快和慢，好和坏，高和低，大和小……（它们的确切标准是什么？）

名词：现在、近来、将来；凌晨、清晨、早晨、上午……（它们的精确分界线怎么划？）

动词：走与跑，吃与喝，跳与蹦，说与叫……（似乎也就是凭感觉，谁也难以分清。）

仔细想来，模糊词语比比皆是，人们非但不排斥，而且还熟练掌握和运用，在学习语言时还需要花不少精力来掌握它们的用法，这是因为模糊词语在交际中具有较高的语用价值，因为在很多交际场合中，人们并不需要传递精确的信息，只需知道大概范围就行了，诸如：估计、大约、左右、十几、几十、一百多、可能、或许等，就是用来完成这一语用功能的模糊词，它们的使用频率还是相当高的。

修辞学和文体学早就论述了模糊词语在遣词造句中的作用，例如，暗示、讽刺、含蓄、一语双关、旁敲侧击、话外之音等；训诂学和传统语义学中一直注意论述词语的模糊性和多义性，近年来国内外发表和出版了很多有关模糊语义学的论文和专著，使人们对其有了进一步的 认识。

模糊语义学理论是建立在"多值逻辑学"（Multi-valued Logic）和"家族相似性"（Family Resemblance）理论基础之上的，专门探讨自然语言的语义模糊性，丰富了现代语义学研究的内容和方法。

第二节 认知语义学的主要观点

认知语义学是在反思和批判传统语义理论的基础上建立起来的，强调基于身体的经验和认知加工能力，但该理论也有不可避免的缺点：强调语义出自身体经验，这是正确的，是符合唯物论观点的，但并未深入分析人们经验中的差异如何影响人们的理解和交际，影响到什么程度？另外，对某些词义的分析常带有明显的主观任意性的色彩，如列举的对 mother、father 的语义分析，就带有一定成分的主观色彩。纽鲍尔和佩托菲对"氯"所做的综合语义分析虽较为全面，但什么时候按常识理解，什么时候按专业知识理解？按哪个专业理解？似乎一时也无法确定。留给人的感觉似乎是：难道只有等人们都了解了这些"氯"知识之后才能知道它的意义和用法？

迪斯所述及的"反应词"也是一个十分模糊的说法，一个词究竟能引出哪些反应词？倘若这个问题答不清楚，一个词的意义也就难以确定。另外不同的人对同一个词会有不同的"反应词"，经验的多寡、年龄的长幼、地域的不同、教育的差别，都会影响到同一个词所能激活出"反应词"范围的大小。如此说来，人类又是如何进行交际的？因此，传统的语义场（含义关系）、CA 等分析方法并不是一无是处的，对主要特征进行简单明了的描写，从语言内部的关系上来刻画语言形式的意义，不是毫无道理。倘若能将传统的语义理论与认知语义学的分析方法结合起来，或许能达到互补有益的目的，对语义会有更加全面和深入的了解。

一、体验观

语义是基于身体的经验感知，这是认知语义学的核心思想，是在深入批判乔姆斯基天赋说的基础上提出来的。正如莱考夫和约翰逊所说：概念是通过身体、大脑和对世界的体验而形成的，并只有通过它们才能被理解。

我们完全可以想象，我们的祖先是从认识自己和空间开始认识世界的，因此身体部位和空间概念是人类形成概念的基础，也是最重要的隐喻源。例如，汉语和英语都用人体部位来喻说"山"的部位：山头、山腰、山脚、the foot of the mountain，可见，人类思维具有"体认"的特征，常常用人作为衡量周围世界的标准，古希腊哲学家普罗塔哥拉有一句著名格言：Man is the measure of all things.（人是万物的尺度。）

心理学家指出，"人类中心论"和"拟人论"在人类对时空的感知中和语言发展中起着重要的作用。人类正是在自身与世界的互动体验中形成了各种范畴、概念、意义，然后用语言符号将其"揪住"（pin down），这就是说，在"语言"与"现实"之间存在"认知"这一中间加工层次，从而形成了认知语言学的一项核心原则：现实－认知－语言。据此，人类若不依靠范畴知识和认知结构，就无法接近现实；若不从这个角度出发，也不可能获得语言之真谛；同时我们还可知道，语言中的结构和表达必定是人类心智的产物，也是对现实进行互动体验的结果。

意义来自感知，感知基于生理构造，感知机制和认知结构密切相连，具有辩证统一的关系，这也是"唯物主义一元论"（Materialist Monism）的立场。人类因自己的身体构造而用特殊的、一贯的方法来感知客体、人、空间、时间，以及它们之间的相互关系，从而形成了人类的思维机制、知识体系和语言表达。这说明，语言、意义不可能完全是天赋的产品，它们主要是一种基于身体经验的心理现象，是人类通过自身和大脑与客观世界互动的结果，这就与传统语言哲学中的"真值对应论、真值条件论（认为意义与世界同构，与人因素无关）"针锋相对。

《周易》成书于约公元前 11 世纪，后来孔子在所作《十翼》的《系辞下传》中将其中一个描写和认识事物的基本原则概括为：近取诸身，远取诸物。这说明我们的祖先早就提出了"体验观"这一朴素的唯物观，比古希腊哲学家普罗塔格拉早了约 600 年。

戴浩一提出可用人类的基本感知能力，尤其是空间和时间方面的感知能力来解释汉语的语法结构，有其深刻的理论背景。

二、概念化

兰格克曾将意义定义为"概念化"，他于 2000 年的新作《语法与概念化》中还提出"语法等于概念化"，这就决定了他本人以及其他认知语言学家，必然要从概念的角度来论述语法现象。可见，概念和意义是认知语言学（包括认知语义学和认知语法）的核心内容。

范畴和概念是基于身体经验的，同时形成意义，将其用语言符号揿住并表达出来就是"语义"。戴浩一指出，表层句法结构直接表示语义结构，而语义结构又等于概念结构，既批判了 TG 的转换论，也阐明了语义的概念观。

认知语言学家明确地把意义等同于"概念化"（Conceptualization）的过程，而这个过程又是基于身体经验的过程。所谓"概念化"，就是概念形成的过程，其产品就是"概念"，这个过程也是一个认知加工的过程，因此认知语义学家认为，语义学的最终目的就是要阐述具体的认知过程，运用诸如推理、概括、演绎、监控和记忆等心理活动的过程，阐明人类概念和意义的形成，以及相互间的关系，包括结构、模式等。莱考夫认为，认知语义学主要研究"概念是如何形成的，词语怎样获得意义，认知模式有哪些特征，什么是意义、理解、推理、知识等"。

语义是"语言符号的意义"的简称，它是概念在语言中的体现，又因为人类的思维离不开语言，因此，在概念与语义之间画等号也就在情理之中了。杰肯道夫就主张概念和语义可以合二为一，伽登福斯也持同样的观点，他指出，认知语义学的主要口号就是意义在头脑里。据此可知，意义存在于人们的心智之中，意义系统犹如一个巨大的网络，其中的各种关系错综复杂，互相缠绕，具有一定的结构性和层级性，因此我们就可理解伽登福斯为何要将语义等同于心智结构了，认知语义学就是要研究语言表达如何受制于心智结构，论述其间的象似性关系。

各民族是基于对客观世界的类属划分而形成概念的，这一过程既与事物本身的客观特性有关，也与各民族的认知、实际交际需要等人本因素有关。不同的民族对同样的客观世界既有相同之处，也有不同之处，前者取决于人类面对的是同一个世界，且人类的身体器官的结构和功能相同；后者取决于各民族有不同的认知途径和划分范畴的方法，例如颜色场、亲属场等有同也有异。

三、百科观

既然语义等于概念化，等于心智结构或认知结构，它就不完全取决于客观世界，而与人们的认知方式和知识系统密切相关。因此，认知语义学家认为语义大于真值，否定用真值条件来解释语义，也反对用 CA 来分析语义，主张将语义与人类的知识密切结合起来，应当运用百科式的语义分析方法。

语义根植于语言使用者和接受者的百科知识体系之中，也就不能在语言系统内部的横组合和纵聚合的关系中求得解释，语义只能在认知体系中获得较好的理解，所以，认知语义学家注重从语言使用者的认知结构、背景知识等方面多角度地描写语义。维尔茨别希卡指出，在自然语言中，意义存在于人们对世界的解释之中。对世界的解释，就得依赖人类的知识系统，而不仅仅是真值，也不能仅限于词典上的定义。因此语义就与人们的主观认识、人本精神、社会文化、民族心理等因素密切相关。例如，说到 car，当今的人们一般不会太关注通过 CA 获得的诸如"无生命、具体物、有轮子和方向盘、会移动、交通工具"等语义特征，而更多地会想到"几个座位、排气量、耗油量、有无气囊、安全度、舒适度、商标牌号"等知识，甚至还会包括社会地位的信息，如开"奔驰"和坐"宝马"的人一般不会是普通百姓。所有这些信息都是人们基于个人体验和社会实践获得的，是有关该事物的百科性知识，它们对决定 car 的意义都发挥着一定的作用。

认知语义学家认为，把自然语言分析成 CA 是没有实际意义的，不仅不可行，而且根本就行不通。这种静态的分析方法，忽略语言的运用环境、社会因素、文化信仰，仅是人工所为，在现实语言交际中没有价值。因此，他们主张用原型范畴理论来描述人类的基本概念结构，认为语义具有动态性、可变性、不确定性等特征，因为人类在认知客观外界进行类属划分时具有一定的模糊性，还要遵循经济原则。例如，CA 以及分解语义学，将 bachelor 分析为［＋MALE］［＋ADULT］［－MARRIAGE］，远远不足以反映出该词所包含的信息，它还涉及人要结婚、异性婚姻、一夫一妻、养家糊口、离婚、独身等知识。"bachelor"正是由这些知识形成的一个辐射型概念范畴，远不是那些语义特征所能分析得了的。可见，认知语义学十分重视语义的丰富性，注重语义理解对百科性知识的依赖性，尝试从人类知识的角度来建立更富心理现实性的语义学。再如，从 mother、father 找出几个语义特征。mother 可以分析成［+PARENT］［−MALE］，可这又能说明多大问题呢？莱考夫认为"母亲"的认知域应包括遗传模型、生殖模型、哺育模型、谱系模型、婚姻模型，这样，在我们的社会中就可能有 5 种母亲。泰勒认为，"父亲"的认知域应包括遗传模型、责任模型、权威模型、谱系模型、婚姻模型。这用传统的 CA 语言学是解释不了！

　　近来，很多学者对 CA 持反对态度，例如，意大利符号学家艾柯认为，语义分析问题不得不越出语言范围，转而诉诸文化语境。纽鲍尔和佩托菲也主张运用百科式语义研究方法，结合语言以外的世界知识领域来描写语义，如 Chlorine（氯）这个化学名词的综合语义（又叫百科式语义）可分析如下：

　　①常识部分：

　　属级词：元素；色：绿。

　　②专门知识部分：

　　化学——元素类：非金属；族：卤；化学价：单价，多价；符号：Cl；在自然中出现：氯化物；氯化合物：NaCl，HCl 等。

　　物理——自然状态：气体；其他状态：液体；重量：2.5 空气重量；原子量：17；原子数：33.453。

　　生物——对有机物影响：有毒。

　　地质——地壳中数量：0.15%。

　　历史——发现：舍勒（Scheele）于 1774 年；戴维（Davy）于 1810 年；其他研究：1823 年制造出液态氯。

　　词源——词根：希腊词 Chloros。

　　工业——生产：用盐电解；使用：漂白纸和纺织物等；储存：低温干燥，铁器内。

　　另外，百科观与语境观也是一脉相通的。马林诺维斯基、维特根斯坦、弗斯、韩礼德以及米勒和约翰逊·莱尔德等都强调语境、上下文对字词义的决定性作用，因此字词的意义不是绝对的，而是相对的，受其上下文的制约。马克·特纳指出，意义来自跨越一个以上心智空间的联结（connections across more than one mental space），语义并不是概念容器中的存放物，而是有生命的、活跃的，具有动态性和分布性，意义不是限定在概念容器中的心理物品，而是投射、联结、将多个空间进行融合的复杂运算。可见，语义不是由固定的一组特征决定的，也不是由语义网络的某个静态部位来表征的，字词意义受到语内、语外诸多因素的影响，来自于错综复杂的语义空间，具有较大的动变性。艾柯也认为词语的义素结构是非常不稳定的，它所反映出的某种语义确定性只能是由语义环境暂时促成的。

四、原型观

范畴划分，就本质而言，就是一个概念形成的过程。范畴划分在哲学上存在两种对立的观点：一种以古希腊哲学家亚里士多德为代表，他所建立的二元经典范畴理论流行了2000多年，学界一直将其奉为法则，范畴是"非此即彼"二分存在着的；另一代表是维特根斯坦，提出了与其相反的观点，认为范畴不能用一组充分必要条件来下定义，范畴是建立在好的、清楚的、原型性"样本"（Examplar）之上形成的，然后将其他成员与此典型样本（即原型样本）比对，若具有相似的属性，就可归入同一范畴。

维特根斯坦还以 game 为例来证明自己的观点。他发现"游戏"这个范畴根本不存在什么所有成员都有的共享特征，存在的只是相似之处和亲缘关系。可见，范畴只能是由一些通常聚集在一起的属性所构成的"完形"概念，只能根据家族相似性的原理把所有的游戏连接在一个模糊范畴上。此后，很多学者接受了这一观点，而且循其思路加以论证。例如，罗丝、拉波夫、莱考夫等对一些最基本范畴（如 bird、clothes、cup、fruit、furniture、vegetable、weapon 等）进行了定量研究，发现在范畴化过程中起关键作用的是"原型"（Prototype），用具体实例证明了原型范畴理论的解释力。莱考夫、泰勒等将其全面引入语言分析之中，以解释各个层面的诸多现象。

这种根据与典型样本比对分类而得出的范畴就叫"原型范畴"（Prototype-based Category/Prototypical Category），原型范畴理论与经典范畴理论存在一系列根本分歧，主要有以下几点。第一，原型范畴理论采用"属性"（Attribute）对对象加以范畴化；而经典范畴理论使用"特征"（Feature）。第二，属性具有"连续标度"的性质，因此范畴的边界是模糊的、不固定的、重叠的；而特征具有"二分性"，因此范畴之间有明显的边界。第三，原型范畴显示出家族相似性结构，其语义结构以辐射集的形式出现，即范畴以一个中心为参照点，可不断向外辐射和扩张，这就叫作"辐射型范畴"（Radial Category）。同一范畴内的成员地位不相等，具有等级差异。原型范畴（或辐射型范畴）是一种"理想化认知模型"（Idealized Cognitive Models，ICM），融语义系统和百科知识为一体，可产生"原型效应（Prototype Effects）"；而经典范畴却认为范畴特征可用一组充分必要条件来定义，同一范畴内的成员地位相等。

原型范畴理论为范畴解释提出了一个全新的理论，认知语义学主要又是研究范畴化和概念化的，因此这一理论自然也是认知语义学的主要内容。

传统上常将范畴视为一个"意义包"（Packets of Meaning），并给其一个符号，范畴的意义就被确定下来了，它具有确定性、稳定性、静态性、绝对性、单一性、定位性。认知语义学家认为这完全是错误的，认为意义具有不确定性、可变性、动态性、相对性、多样性。

五、意象图式观

认知语义学认为认知模型主要是意象图式（而不是事实性的命题），最重要的语义结构也是意象图式结构。

"意象"原为心理学术语，多指人们在对现实互动体验后所形成的一种抽象性心理表征，具有"下线加工"（Off-line Operation）的能力。莱考夫首先在奥特尼主编的《隐喻与思维》（*Metaphor and Thought*）一书中提出了"意象图式"（Image Schema）这一术语，以此来论述隐喻的始源域向目标域映射过程中的"不变原则"（Invariance Principle），他与约翰逊于1980年合著的《我们赖以生存的隐喻》（*Metaphors We Live By*）于2003年再版，在"后记"中多处用到这一术语。莱考夫和约翰逊于1987年分别在他们的专著中再次详细论述了"意象图式"，都认为意象图式具有体验性、想象性、抽象性、心智性、动态性等特征，并深入分析了它在建构范畴、形成概念、分析隐喻、理解意义、进行推理中所起到的关键作用。

泰尔米重点分析了"动力意象图式"（Image Schemas of Force Dynamics），后来很多认知语言学家，如兰格克、斯威彻、克劳迪亚·布鲁格曼、特纳等也对其进行了深入研究。特纳认为，意象图式是一个在我们感觉经验中反复出现的框架模式，沿某一路径的运动、有边界的容器、平衡、对称是典型的意象图式。简单的意象图式可组合构成复杂的意象图式。我们就是运用这些意象图式来建构我们的经验，识别物体和事件的。当我们识别由相同意象图式所构成的几个事件时，我们就是在识别范畴。

因此，意象图式是初始的认知结构，是我们形成概念范畴的基本途径、组织思维的重要形式，也是获得意义的必经之路。意象图式的扩展主要是通过隐喻转喻来实现的，而且当一个概念被影射到另一个概念时，意象图式在其间发挥着关键的作用。

意象图式与心象（Mental Imagery）不同：心象是知觉的表征，与环境关系较为密切，是一种较为具体的意象，需要有意识的努力才能形成；而意象图式与特定环境无关，它是无意识的，具有抽象性。

我们通过在现实世界中的身体经验形成了基本的意象图式，例如，感知环境、移动身体、发出动力、感受力量等。约翰逊和莱考夫都指出，意象图式是在身体经验的基础上形成的基本认知结构，它是联系感觉与理性的一座桥梁，是先于语言的。特纳认为，意象图式来自于感知和互动。伽登福斯也认为大部分意象图式与肌肉运动的感觉经验密切联系。这几种说法基本相同。

人们在获得基本意象图式之后，就可用它们来组织较为复杂的思维，它们会以各种方式交织起来，从而形成了概念网络，也就建立了语义系统，人类的理解和推理正是凭借着它们进行的。

既然意象图式规定并制约了人类的理解和推理，那么它也可用来描写和解析语义。近年来，认知语义学家的大量实证研究说明，利用意象图式及其隐喻理论可以对语言中错综复杂的语义现象（尤其是多义现象）做出简单而统一的解释。莱考夫认为意象图式之间存在着某些非常自然的关系，它们促动了大量的多义现象，他将其称为"意象图式的转换"，对辐射范畴关系的形成起到了关键性作用。例如：

He walked across the street.（across 表示路径）

He lives across the street.（across 表示终点）

从路径到路径终点的图式转换就成为一个十分自然的语义引申原则。通过意象图式的转换来分析多义现象，具有较强的解释力。

将具体的感知经验和抽象的意象图式融合起来，而且将多个抽象的意象图式"融合"起来，这是人类的一种基本能力，融合也是形成和理解语义的一个基本过程。每当我们感知某事，它总是更大整体的一部分，例如，形状上的一部分、事件的一部分、小故事的一部分等，我们将把感知经验与对整体的回忆相融合。每当我们对新信息进行范畴化时，就将其与已建立起来的信息相融合。例如，看到一辆小汽车穿过十字路口时，一定会融合很多事情：路径意象图式（感知与小汽车的移动对应），容器意象图式（感知与十字路口的界标区域对应），还可能会想到昨天有一辆小汽车曾沿此街而下，就将今天所感知、经验到的情形与对昨天的回忆相融合，这在现实中是不可能的，因为它们分属不同时间的空间，但人类可通过丰富的想象力将它们置于一起，这正是一种常规的理解。

六、隐喻观

当代隐喻认知理论认为，隐喻可通过人类的认知和推理将一个概念域系统地、对应地映合到另一个概念域，抽象性的语义主要是以身体和空间概念为基础跨域隐喻而成的。隐喻不仅是个语言修辞问题，它更是一种思维现象。莱考夫和约翰逊指出：我们的许多概念系统是由隐喻建构的；我们的许多经验和活动在本质上是隐喻性的；隐喻可为我们创造现实，可成为我们未来行动的指南；

两位学者在1999年的专著中提出了体验哲学的三个基本原则，分别是心智的体验性、认知的无意性和思维的隐喻性，再次强调了隐喻对于概念、特别是抽象概念的形成所起到的至关重要的作用。他们指出，概念必将运用丰富的心智想象力，框架、隐喻、转喻、原型、辐射范畴、心智空间和概念融合。抽象的概念来自较为直接的基于身体概念（感知概念和肌肉运动概念）的隐喻性映射。隐喻不是任意性的，而是基于经验的。

这就把隐喻上升到人类的认知高度来认识，建立了隐喻认知理论，以此来解释人类概念的形成、思维的过程、认知的发展、行为的依据。这是语言研究和认知理论上的一大突破，难怪有人将其称为一场"隐喻革命"，近年来已成为众多学者的主要研究课题。

七、寓比观

特纳在 1991 出版的《解读心智》（*Reading Minds*）一书中提出了"认知修辞学"（Cognitive Rhetoric）概念，其后，这一概念发展为"认知诗学"（Cognitive Poetics），特纳又于 1996 年出版了《文学性心智》（*The Literary Mind*：*the Origins of Thought and Language*）一书，认为我们的思维和语言都是文学性的，而不是逻辑性的，心智具有创造性和想象性，这才是人类思维的基本方法，从而否定了流传 2000 多年的客观主义哲学理论。

特纳在书中所用的术语"Parable"很难翻译，在英汉词典上该词释义为"寓言""隐晦的比较""比喻"。为能将其与 metaphor、figure of speech、fable 等区分开来，又能兼顾到特纳的原义，本专著暂且将其译为"寓比"，取其"通过（寓言式）故事进行映射和比较"之义。

特纳认为，"故事"（Story）是人类的一种基本认知方式，它在文学和日常生活中具有重要作用，人们通过寓比的方法常把一个故事投射到另一个故事中，以文学的形式来解释自己的各种经验，语言也是这样形成的，这就是他的一句经典语录：Language is the child of the literary mind. 即语言是文学性心智的孩子。这句话充分张扬了后现代的人本精神，肯定了人类的创造性和想象性思维在语言形成过程中的重要性，与认知语言学的"现实 – 认知 – 语言"核心原则完全吻合。

因此，乔安娜·加文斯和杰勒德·斯蒂恩认为，寓比就是思维和语言的起源。据此，意义不是限定在概念容器中的心理物品，而是通过"投射、混合、联结"等机制将多个空间进行融合的复杂运作，该观点与"心智空间"理论有许多共通之处。特纳认为寓比主要包括以下内容：输入空间（可为始源空间和目的空间），输入空间中存在着共有的抽象结构，含有这种共有结构的类属空间，由于共有结构而存在于输入空间中的对应连接，从输入空间向融合空间的映射，在融合空间中可产生"新创结构"（Emergent Structure）并得到发展，结构映射、推理、融合空间对输入空间的影响，其他空间也可向输入空间充实，这种充实是可变化的。

例如，house 一词从传统观念论来看，它是静止的、永恒的、稳定的、单一的，但其实这是一种错觉。我们虽然有"house"这个词，但它不是一个"房子"的静止概念，当我们使用这个词时，需要建构、激活、连通、映像合适的空间、框架、认知模型的结构。其中有一个结构成为我们关于"house"的基本概念，同时很多空间也可被激活，例如，遮挡风雨、房间、安全、理财投资、人工制品、装潢设计、居住场所、社交地点、分隔成不同空间、出租等等。为某一特殊目的而使用 house 这个词时，将会在这些意义分布中进行恰当的选择。同样，一个词在不同的使用情景中将会激活不同的空间。

八、象似观

认知语言学的一个核心原则是"现实–认知–语言"。这条原则可以从两个方向分别做出解读：其一是从左向右可解读为现实决定认知，认知决定语言；其二可从右向左解读为语言影响认知，认知影响现实。

两种解读反映了三者之间的辩证关系，同时也符合唯物论的基本立场。据此，认知语言学就是要探索语言表达背后的认知规律，分析语言表达如何象似于认知方式，以及在其作用下如何在一定程度上象似于现实世界。象似性也就成为认知语言学或认知语义学的一项主要内容。

语言形式在语音、同形、句法结构等方面与其所表达的意义之间存在很多象似性现象，在认知语言学理论框架中必然要得出这一结论，这是对索绪尔语言任意说一个最大的挑战，也是一个有力的补充。

九、认知模型域与激活理论

马文·明斯基于 1975 年提出了"框架理论"（Frame Theory），菲尔墨将其引入语言学界，建立了"框架语义学"（Frame Semantics），他们都认为，要理解一个词的意义，就要把这个词放到有关框架中去理解。普特南提出了"常规"（Stereotype）这一术语，并将其定义为"对正常情况的理想化心智表征"（an idealized mental representation of a normal case），这大致相当于明斯基的"缺省值框架"（a frame with default values）。计算机科学家罗杰·尚克和罗伯特·埃布尔森提出了"脚本"（Script）理论，认为一个言语社团进行特定的活动时，会遵循按时间和因果关系联结起一个标准化、理想化的事件或状态序列，如"去饭馆吃饭""到医院看病"等，都会涉及一个常规程序。

莱考夫创设了"理想化认知模型"（Idealized Cognitive Model，简称

ICM），包括命题模型、意象图式模型、隐喻模型和转喻模型。上述各位学者述及的框架大致相当于 ICM 中的命题模型，因此，ICM 大大拓宽了传统框架观，弥补了它的不足，可用于解释非客观主义的想象性现象（换喻、隐喻）和辐射范畴等现象，也可解决结构主义语义学留下的若干困惑。

所谓 ICM，就是指特定的文化背景中说话人对某领域中的经验和知识所做出的抽象的、统一的、理想化的理解，是建立在许多认知模型之上的一种复杂的完形结构，是由许多认知模型集合在一起而形成的，因此又叫"集束模型"（Cluster Model），有时会比单独的一个小认知模型更为基础，即具有完形性的模型比其构成要素更为基础，理解时所付出的认知努力也更小，这与传统分解观（简单要素更基础，可组合成大的复杂结构）形成鲜明对比。我们是通过 ICM 结构来组织知识的，范畴结构和原型效应就是其结果，因此用 ICM 来描写范畴也是完全可行的。

泰勒用"域"（Domain）这一术语来代替莱考夫的"模型"（Model），他认为，认知域（Cognitive Domain）指描写某一语义结构（又叫"述谓"Predication）时所涉及的概念领域。兰格克还认为，述谓在相关认知域中所覆盖的范围可称为"基体"（Base），基体的某一部分被突显，成为被注意的焦点就叫"侧面"（Profile），一个词语的意义就是基体和侧面的结合，既涉及认知背景域，也强调了突显信息，是将心理学中的"图形－背景"（Figure–Ground）分析方法用于语义分析的一次具体实践。

用认知模型来描写词语的意义就必然会涉及百科知识，据此，"语言知识"和"非语言知识"之间就不存在明确的界限。因此，人的语言能力与人的一般认知能力是不可分离的，这就批判了乔姆斯基认为"语言是一个自足的认知系统"的语言自治观。

人类认知模型中的各类概念有层次之分，有基本认知模型（如空间、时间、颜色、温度、感知、活动、情感等）和复杂认知模型，它们又包含若干分支模型，从而组成了人类的认知结构。这种认知结构是形成知识系统的基础，用认知模型分析和理解语义又与"百科观"是一致的。

詹姆斯·迪斯于 1965 年提出联想意义的理论，主张从互相联系的字词网络来考察语词的意义，认为一个字词的意义是由它所能引起的其他反应词（联想词）来决定的。例如，"蝴蝶"可引出"昆虫""翅膀""飞""蛾"等反应词，这些反应词表明它们与"蝴蝶"的联系，这样便可确定其意义。假如两个字词有相同的反应词分布，它们就有相同的意义。例如，"蝴蝶"与"蛾"两个词的意义所涉及的认知域基本相同，因此，这两个词在核心层次上是同义的，这一分析方法似与结构主义语义学中的语义场理论有相仿之处。

联想理论还没有真正从神经和认知角度来阐述问题，而阿伦·柯林斯和伊丽莎白·洛夫特斯于 1975 年提出的"扩散式激活"（Spreading Activation）理论，则进一步深化了联想理论。根据琼·艾奇逊的记述：人类的心智是一个巨大而又强大的神经网络，当听到某词与神经网络中的词相似时，网络中的词就会被自动激活，同时与其相邻近的认知域也被激活。此时，激活过程就像池塘中的涟漪一样，逐步向外扩展。适合的词语得到了较多的激活，而不相关的词语就会衰退，得到较多激活的词语就被选中。

激活也是对某概念所受注意程度的度量，可大致分为三个层次：显著——某些概念在认知过程中被高度激活的，常受到"特殊关注"；活跃——介于显著和怠惰之间；怠惰——有些概念所受到的激活程度较低，属于"不活跃"分子。

另外，激活是通过概念的局部联系播散开来的，认知操作只能在较活跃的概念之间建立联系。这也适用于语义理解，人们在解读语句意义时，会激活若干相关认知域中的有关知识结构，在较为活跃和显著激活的概念成员之间就建立了各种常规关系，形成语句的特定意义。

同时，认知语义学家还批判了传统语义学的"语句义是由词义组合而成"的观点，认为语句义不仅仅是通过词义简单组合而成的，而是互相作用、激活相关认知域、知识框架，通过"整合原则"（the Principle of Integration）获得意义的。

第三节　衔接与语言结构和言内语境

一、衔接概念

（一）语篇

如果一个讲英语的人听到或者读到一个比句子长的段落，他通常可以毫不费力地判断出它是一个整体、还是只是一组互不相关的句子。本节旨在讨论两者之间之所以产生区别的原因。

"语篇"一词在语言学中指一个任何长度的、语义完整的口语或书面语的段落。一般来讲，在母语中我们都知道某个段落是否构成语篇，然而，这并不意味着这种判断总是没有任何不确定的地方。实际上语篇和一组互不相关的句子之间的区别最终只是程度上的不同，我们总是可以发现一些不确定的例子。大多数老师在读学生作文时对这一点可能都比较熟悉。但是这并不能否定一个共识：我们对语篇和非语篇的区别还是很敏感的。

这就表明，其中必定有一些客观的因素，有某些特征为语篇所独有，在其他方面找不到。事实上这些特征确实存在。我们将尝试对其进行识别，以确定英语语篇的特性，探索其有别于一组互不相关的句子的因素。和别的语言学研究一样，我们将讨论讲本族语的人已经"知道"，只不过他并未意识到他知道的一些东西。

语篇的形式多种多样，可以是口头的或书面的、散文或诗歌、对话或独白，从一句谚语到整部戏剧、从瞬间的一句求救到会议上一整天的讨论，这些都属于语篇的范围。

语篇是一组使用中的语言，它既非小句或者句子之类的语法单位，也不受长短的限制。语篇有时被视为某种超级句子，它虽然是比句子大的语法单位，但是它与句子之间的关系和句子与小句、小句与词组等之间的关系是一样的，即通过成分由小单位组成大单位。不过这样说容易引起误解，语篇并不是与句子同类，只是比句子大的单位，它从本质上有别于句子。

语篇应该被视为一个语义单位，它表达的是意义而非形式。因此，它和小句或者句子之间并不是大小关系，而是体现关系，即一种符号系统在另一种符号系统中的体现。语篇不是由句子组成，而是体现为句子。如果我们从这个角度来理解的话，就不会用分析句子或小句结构的方法来在语篇中寻找各个部分之间结构的整合，语篇的统一性属于另一个种类的统一性。

（二）组篇机制

组篇机制的概念用来表达语篇的性质是再合适不过了，语篇有组篇机制，而其他互不相关的一组句子则没有。语篇在周围环境中体现出的整体性反映了它的组篇机制。我们在本小结中探讨的是英语中组篇机制形成的方式。

如果某个含一个以上句子的片段被认定为语篇，那么段落中就可以找到某些使它具有统一性、赋予它组篇机制的语言特征。我们不妨从一个简单的例子开始，假设我们从一本食谱中看到以下的行文：

① Wash and core six cooking apples. Put them into a fireproof dish.

（将六个苹果洗净并除去果核。把它们放在耐烧的盘子里。）

显然第二句中的 them（它们）是指（回指）第一句中的 six cooking apples（六个苹果），them 一词的回指功能使两个句子之间有了衔接，故我们视其为一个整体，即这两个句子组成了语篇，或者是组成了同一语篇的一个部分，因为下面可能还有其他内容。

them 和 six cooking apples 之间的衔接关系形成了组篇机制，这一点是很重要的，因为下面我们还将不断地关注 them 之类的很典型的回指项目，不过衔接的构成不仅受指称项目的影响，而且也受到被指项目的影响。也就是说，只有预设是不够的，它还必须得到满足。因此，一位电台娱乐节目主持人以下面的句子作其节目的开头，其幽默的效果就很显然了：

② So we pushed him under the other one.

（由此，我们把他放在另一个的下面。）

这个句子包含了预设，包括 so（由此）、him（他）、other（另外）和 one（一个）等词，可是由于这是个开头的句子，这几个预设就无法明确了。

them 和 six cooking apples 之间的衔接关系有什么意义呢？其意义在于它们指的是同一个东西，即这两个项目在指称上是相同的，或者说它们是同指。在此例中提供组篇机制的衔接媒介便是 them 和 six cooking apples 之间的同指。同指的标记或表达方式是第二句中出现了可能成为回指项目的 them 以及第一句中的指称项目 six cooking apples。

指称的一致性并不是形成组篇机制的唯一意义关系，还有一些其他的因素，句中使用代词也不是表达同指的唯一途径。我们还可以这样说：

③ Wash and core six cooking apples. Put the apples into a fireproof dish.

（将六个苹果洗净并除去果核。把苹果放在耐烧的盘子里。）

这里起衔接功能的项目是 apples（苹果）。通过重复这个词并在其前面加上表示回指的定冠词 the 而形成衔接。定冠词的功能之一便是表示与前面所指的东西一致。（由于定冠词的衔接功能有时被当成它唯一的功能，也许我们应该指出它还有其他的非衔接功能，比如以下两个句子中的定冠词就并无回指意义：

None but the brave deserve the fair.

（只有勇敢者才应得到公正。）

The pain in my head cannot stifle the pain in my heart.

（头上的痛压不掉我心中的痛。）

（三）纽带

为了指出每个衔接的例证，即每当一对有衔接关系的项目出现时，我们需要对它有个称呼，于是我们称其为"纽带"。如例句①中的 them 和 six cooking apples 之间就形成了一组纽带。

我们可以以语篇中出现的纽带数目和种类来描述一个语篇的任何片段。例①中只有一组纽带，叫"指称"，例③中有两组纽带，一组为定冠词 the 和 six cooking apples 之间的回指关系，即"指称"，另一组为不同类型的纽带，由 apples 一词的"重复"组成，其中即使前后所指的苹果不同，此重复仍具有衔接效果。

纽带概念使我们能够在衔接性质方面对语篇进行分析，并给组篇机制的模式以系统的描述。使用这种办法可以探讨各种各样的问题，比如，探讨有关口语和书面语的区别，衔接与将书面语篇组成句子、段落之间的关系，以及不同的体裁和不同的作者在使用纽带的种类和数目上可能的区别。

（四）衔接

衔接概念是一个语义概念，它指形成语篇的意义关系。

当在语篇中对某个成分的意义解释需要依赖于对另一个成分的解释时便出现了衔接，其中一个成分"预设"了另一个，也就是说除非借助另一个成分，否则无法有效地说明它。这时，衔接的关系就建立起来了，而这两个成分，即预设者和被预设者，至少有可能组成一个语篇。

这是理解纽带概念的另一种方法，再看例句①中，them 一词预设要到别处而不是在该词本身去寻找意义，而前句中的 six cooking apples 满足了它的要求，于是，预设及其已得到解决的事实构成了两个句子之间的衔接，进而形成了语篇。

下面是另一个例子，它是一则旧的校园幽默。

Time flies.

［时光飞逝。（或：给苍蝇计时。）］

You can't; they fly too quickly.（你不能，它们飞得太快了。）

第一句中并没有迹象表明这不是一个完整的语篇，其实这个句子常常可以单独构成语篇，例句中的幽默在于第二句的预设需要解释，而它得到的解释是错误的。这里恰好有三组纽带表现衔接：you can't（你不能）中的省略、指称项 they（它们）及 fly（飞）的词汇重复。

衔接是语言系统的一部分，而指称、省略等语言本身存在的系统资源使衔接成为可能。可是，任何衔接实例的体现都不仅依赖于选择某个项目，也依赖于其他成分的存在，这些成分的作用是解决此方法建立起来的预设。很明显，选择 apples 一词本身并没有什么衔接力，只有当相同的词或者 fruit 等相关的词在前面已经出现过时，衔接关系才能确立。另一种同样真实但却不太明显的情况是，them 之类的词也没有什么衔接力，只有当一些明确的指称出现在其前后，衔接才能成立。在以上两种情况中，衔接都存在于前后所建立的关系中。

和其他的语义关系一样，衔接是通过把语言按层次组织起来得以表达的。语言可由一个多层编码系统来表达，该系统由三个层次组成：语义层次（意义）、词汇语法层次（形式）和语音及书写层次（词句）。意义体现（编码）为形式，形式又体现（再编码）为词句。用平常话说，即意义变成词语，词语又变成音或字（见下图3-2）。

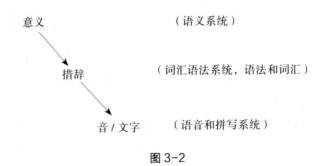

意义　　　　　　　　　（语义系统）

措辞　　　　　　　（词汇语法系统，语法和词汇）

音／文字　　　　　（语音和拼写系统）

图 3-2

常用名称"词语"表示词汇语法形式，即对词汇和语法结构的选择。在此层次结构中，词汇和语法之间并没有什么严格的区分，其指导原则是：比较概括的意义由语法表达，而比较具体的意义则由词汇表达。这种模式同样适用于衔接关系，一部分衔接由语法表达，而另一部分则由词汇表达。

因此，我们可称其为"语法衔接"和"词汇衔接"。例③中的纽带之一是语法关系（由 the 构成的指称），而另一个则是词汇关系（由 apple 构成的复现）。这两种衔接之间的区分其实仅仅是程度不同而已，因此不必过多讨论。不过需要强调的是，当我们谈论"语法"和"词汇"衔接时，并不意味着它们是不涉及意义的纯粹形式关系。衔接是一种语义关系，它和语义系统的其他成分一样，需通过词汇语法系统来体现，我们应该从这一点来区分两者：一部分的衔接形式由语法体现，而另一部分则由词汇体现。

在此我们可以加上一个注脚，即在英语口语中某些语法衔接是通过语调来体现的。例如：

Did I hurt your feelings ? I didn't mean to.（我伤了你的感情了吗？我不是故意的。）

例句中第二句的衔接不仅靠省略来完成，即通过 I didn't mean to（我不是故意的）来预设 hurt your feelings（伤你的感情）；而且还靠连接实现，即表示转折意义的 but（但是）是由语调表达出来的。从音韵上应该这样表示：

//2.did I/hurt your/FEELINGS//4^I/didn't/MEAN/to//

第二句需用调4，升降调来表达。

二、衔接与语言结构

（一）组篇机制与结构

如上所述，语篇不是一个结构单位，而我们所谈论的衔接也不是一种结构关系。无论语篇中各部分之间有什么关系，句子之间、段落之间还是对话中的话轮之间的关系，都与一般意义上的结构不同，即与句子或小句组成部分之间的关系结构不同。

当然，结构是一种统一性关系，一个句子或小句的组成部分之间由于有了结构，显然也是互相"衔接"的。因此，它们也表现了组篇机制，任何结构成分之间都有一种内在的一致性以保证它们组成语篇的一个部分。也就是说，我们不能在句子中间改动语篇，如果改动，就会在结构中出现断裂现象，把不是同一句子中的成分插入其中。比如《哈姆雷特》中的台词：

Then I will come to my mother by and by—

they fool me to the top of my bent—I will come by and by.

（然后我将来到我妈妈身边

他们尽情地愚弄了我——我将到来。）

或者以更口语化的方式：

… But what I want to know is—yes, some ice, please—what this government think they're doing when they spend all that money on building new schools. What's wrong with the old ones ?

（……但我想知道的是——是的，请放些冰块——政府这是怎么了，把那些钱都用来盖新学校。那些旧的学校有什么不好？）

一般来说，任何组成结构的单位都密切相关以便形成语篇，其中所有的语法单位，包括句子、小句、词组和词，都因其结构而具有内在的"衔接"关系。语音单位、语调群、音步和音节之间的关系也不例外，结构是表达组篇机制的一种方式。

如果每个语篇都只有一个句子，那么我们对任何语篇都可以简单地用结构功能来解释，除此之外，再没必要进一步了解语篇的内在衔接了。但是，语篇通常不仅只有一个句子，相反，只由一个句子组成的语篇相当少见。当然，这种语篇会出现在诸如公告、谚语、广告、口号等等中，例如：

No smoking. （请勿吸烟。）

Wonders never cease！（奇迹层出不穷！）

Read The *Herald* every day. （每日请读《先驱报》。）

不过大部分的语篇都突破了一个句子的界限。换句话说，正如大家所认为的那样，语篇常常延伸到结构关系之外，而它仍然是衔接的，这表明其中的衔接，即其组篇机制依赖于结构之外的其他东西。某些具体的形成语篇的关系无法用成分结构来解释，它们是语篇特性，而非一些如小句或句子之类的结构单位。我们所采用的"衔接"这一名称便是特指这些结构关系之外的形成语篇的关系。如上所述，这是一些语义关系，而语篇便是一个语义的单位。

（二）句子中的衔接

既然衔接关系与结构无关，那么它们就既可以存在于句子之间，也可以存在于句子之中。不过由于句子内部语法结构的衔接关系密切，所以较少引起注意，其原因是句子已经组成了，便不需要衔接来起作用了。但是尽管如此，衔接关系还是存在其中。例如，

If you happen to meet the admiral，don't tell him his ship's gone down.

（如果你碰巧见到那位海军上将，别告诉他他的船沉了。）

这里后半句的 him （他）和 his （他的）需要参照 the admiral 来解释，这和解释前后两个句子一样。再例如：

Mary promised to send a picture of the children，but she hasn't done.

（玛丽许诺要寄来孩子们的照片，不过还没寄。）

这里的 done （做完）等同于 send a picture of the children，而且这两者是否存在于同一个句子中并无太大关系。

原则上衔接关系与句子的界线无关。衔接是语篇中的一个成分与另一个成分之间的一种语义关系，其中后一个成分对解释前者起着重要的作用，而且我们也可以在语篇中找到它，不过其位置却不为语法结构所决定。这两个成分，即预设项和被预设项之间在结构上可能有关联也可能无关，这并不影响其衔接关系的意义。

但是句子对衔接来说是一个重要的单位，因为严格地说它是语法结构

中的最大单位，衔接的表达方式往往由它所决定。例如，如果同一个项目在一个句中被两次提及，则会有一些规则限制其体现的形式。这就是代词化规则。在一定范围内，句子结构决定着第二次提及同一个项目时是重复其名称，还是使用代词。比如，我们不能说：

John took John's hat off and hung John's hat on a peg.

（约翰把约翰的帽子脱下，并把约翰的帽子挂在挂钩上。）

假设只有一个 John 和一顶帽子，则此指称的确认必须通过代词形式来表达：

John took his hat off and hung it on a peg.

（约翰把他的帽子脱下来，把它挂在挂钩上）。

此类情况可通过句子结构解释，同时一个项目和另一个预设它的项目之间可解释为结构关系。比如在前句中，one（一个）和 it（它）两个词分别以不同的方式预设 item 一词，而此预设可纳入句子的结构中。

不过这样说会造成误解。只有某些衔接实例可用结构来解释，而且此时预设和被预设项还需出现在同一个句子中。但是我们已经知道，两个项目是否在同一个句子中的问题与衔接关系的本质无关，因为衔接是一个超越结构之上的更概括的概念。而且，只有某些衔接关系会被这些规则所限制，这些关系主要涉及指称的一致性，其规则要求在某些条件下必须由一个指称项来表示。替代和省略方面的衔接以及词汇衔接不受句子结构的影响，而在连接方面，有一些特别的形式可用于表示与语法结构有关的各种连接关系。试比较与结构无关的以下两个例句：

It's raining.——Then let's stay at home.

（正下雨呢。——那我们待在家里吧。）

Since it's raining, let's stay at home.

（既然正下雨，我们待在家里吧。）

无论以上的两个例子各自有无结构关系，其产生衔接的语义关系，即原因，却都是相同的。

为此，没有必要把句子内部的衔接看作一种实质性的独特现象。衔接是构成语篇的一种或一组宽泛的关系，而当这些关系与句子结构相结合时就会受到限制，这显然是因为组成句子的语法条件已经使句中的各个部分连接起来构成语篇了。但是不管其成分是否在同一个句中，衔接关系本身是相同的。

总的来说，这一章节所举的有关衔接的例子都是超越句子的，原因是其效果更明显、意义更突出。由于衔接纽带是组成组篇机制的唯一来源，因此其衔接关系更加突出，而在句子中除了衔接关系之外，还有句子结构关系。在描述一个语篇时，句子间的衔接比较重要，因为它代表衔接的可变方面，即把一个语篇与另一个语篇区别开来。不过为了避免混淆，我们还需要指出，衔接严格上来说并不是"在句子之上"的一种关系，它是一种与句子或任何其他语法结构形式完全无关的关系。

（三）衔接与话语结构

以上所讲的应该足以表明衔接并不只是话语结构的另一种名称。话语结构顾名思义是一种结构，用于表示句子层面以上的某个特定单位的结构，比如段落，或者如情节或主题单位等更大的实体。

语篇概念的建立是为了用一种颇不同的方式来解释话语中的关系，但却并不意味着句子之上还有什么结构单位。衔接指把一种东西与前面出现的另一种东西联系起来的可能性。既然这种联系是以意义关系来表达的（我们不考虑那些由形式手段，如句法排比、格律或押韵所产生的效果），那么我们所谈论的是有这种功能的意义关系，是用以创造语篇的语义资源。正如一直强调的那样，句子是至关重要的实体，任何组成句子的东西都顺理成章地成为语篇的一部分，既然如此，实际上可以把衔接看成是把一个句子与其前面的句子联系起来的一组语义资源。

这并不是要排除建立话语结构并确定一些如段落或主题单位等实体结构的可能性。显然，结构至少在某些文体或语域中是存在的。但是令人产生疑问的是，是否有可能展示句子作为某些更高层次单位中功能的实现手段存在于其中的结构关系，连接句子的关系类型不同于句中的各个部分或更小单位之间的关系。例如，我们不能指出例句①中两个句子之间有任何功能关系，如两者是否形成了可互相阐释结构角色的组合。在句子或者任何类似的单位中，我们可以确定几种可能的结构，如修饰语或小句的类别、及物性或情态结构等可以确定句子部分之间关系的结构，而我们却不能用同样的方式以句子为基本单位列出一组语篇中可能出现的结构，用句子类别来填充结构角色。相反，我们却不得不表明这些结构上相互独立的句子如何以其特别的表现方式连接在一起，衔接概念恰恰就是为此提出来的。

（四）作为语义关系的衔接

两个句子由于存在意义关系而互相衔接这种说法并不准确，实际上就意义来说任何两个句子都可以表现出某种相互关系，尽管在判断是否存在组篇机制时，对于句子在意义上互相联系的程度我们可以依靠某种感觉，但对于需要多大的相关程度以及如何衡量它却无法给予明确的说明。

但是有一种意义关系对形成组篇机制起关键作用，那就是对一个成分的解释需要参照另一个成分，衔接所要处理的就是解释这些成分意义的方式。话语中任何地方出现了在解释一个项目时需要参照其他项目的现象，那就是衔接。请看例句：

He said so.

（他这样说。）

这个句子本身的意思一目了然，我们能够在语义上"解读"它，因此明白它的意思。可是它却是不可解释的，因为并不知道 he（他）是谁或他说了什么。为此我们必须到别处，到它的"语境"中寻找其意义的依据。

以下的例句如果是单独一句话也是如此。

John said everything.

（约翰全都说了。）

我们也不知道 John 是谁，或者他说了什么。但是例句 He said so. 和例句 John said everything. 之间有一个很重要的区别：he 和 so 两个项目在其意义中含有一个明确的信号，即在其周围的某个地方可找到解释的途径，当我们听到或看到这个句子时，我们知道它与另外的某个能表示"he 是谁"及"说了什么"的部分有关联；而 John 或 everything 则情况不同，这两个词都没有预设可进行进一步解释的任何来源。

所以，接下来的问题更复杂了。要说明 he 和 so 两词都具有衔接性很容易，虽然我们无法靠词的本身来解释，但是很快我们会意识到需要到其他地方寻找其解释，有些系统相关的问题可以表达这一点：Who said, so？What, did, he, say？。同样，我们可轻而易举地找到下句的衔接效果：

Lying on the floor.

（躺在地板上。）

句中没有 he 或 so 之类的明确预设信号，衔接存在于没有表达出来的地方，故我们又可问与其相关的问题 Who is？不过应注意的是，关于可补充的信息还会产生一些含混之处。实际的语篇可以是：

What was John doing when you came in ?

（你进来时约翰正在干什么呢？）

Lying on the floor.

（躺在地板上。）

这里 lie（躺）一词应解释为 was lying 而不是 is lying，而且还有更多的可能性，例如：

What is your favourite pastime ?

（你最喜欢的消遣方式是什么？）

Lying on the floor.

（躺在地板上。）

以上例子说明衔接是表示关系的概念，衔接并不是指某一类别项目的存在，而是一个项目和另一个项目之间的关系。

这一点在另一种衔接类型中表现得十分清楚，不然这一类别还很难解释。在分析例句 John said everything. 时，我们说过 John 一项没有任何预设的东西，句子本身并不要求必须要解释 John 一词，而 he said everything 之类的句子却自动要求对 he 进行解释。但是我们可能有如下语段：

I was introduced to them; it was John Leathwall and his wife. I had never met John before, but I had heard a lot about him and had some idea what to expect.

（我被介绍给他们，就是约翰·里斯华尔和他的妻子。我以前从没见过约翰，不过听过许多有关他的事，对见到他会是什么样已有些预感。）

上例中 John 一词确有衔接的功能——因为这个词被反复地提到，此衔接形式称为词汇衔接，它指两次选择同一个词汇项目或者选择两个关系紧密的项目。其中前后两个实例不一定要有相同的指称，但是对第二个实例的解释在某种程度上与对第一个的解释有关。另一个例子是：

Jan sat down to rest at the foot of a huge beech-tree. Now he was so tired that he soon fell asleep; and a leaf fell on him, and then another, and then another, and before long he was covered all over with leaves, yellow, golden and brown.(简坐在一棵巨大的山毛榉树下休息。他由于太累很快就睡着了，这时候一片树叶落到他的身上，然后是另一片，还有另一片，不久他就被

那些黄色的、金色的、棕色的叶子全盖住了。）

　　例中的 leaf（叶子）与 beech-tree（山毛榉树）有关，由于 tree 和 leaf 不是同义词，因此二者在指称上显然是不一致的，但是对 leaf 一词的理解有赖于 beech-tree，因为我们就"知道"这叶子是山毛榉叶，不然的话，假如例中接下来的句子是 before long he was covered all over with oak-leaves（不久他就被橡树叶全盖住了），我们肯定会把它当错误排除掉。这个例子显示了衔接的作用，同时也说明衔接并不是靠 so 或者 he 之类的明确回指项目形成的，它靠的是一种可以以任何一种形式出现的语义关系。

　　衔接的另一种形式是连接，它通过 but、later on、in that case 等连词表达，连接指存在于两个命题之间的抽象关系。这种衔接可能是命题内容方面的，即作为现象。它们之间的互相作用关系，可通过以下例句来理解：

First，he took a piece of string and tied it carefully round the neck of the bottle. Next，he passed the other end over a branch and weighted it down with a stone.

　　（首先，他把一条绳子仔细地绑在瓶颈上。然后，把绳子的另一端穿过一根树枝并用一块石头把它坠了下来。）

　　也可能是命题在话语中所起作用的缘故，即从说话者或作者的角度来看，它们互相之间有何关系。例如：

First，he has no experience of this kind of work. Next，he showed no sign of being willing to learn.

　　（首先，他没有做这种工作的经验。其次，他没表现出任何愿意学习的迹象。）

　　例中的 next（其次）指论说中的序列，和事件的时间顺序无关。有大量不同的词或短语可用于表达连接关系，不过它们都可归于几种表示逻辑关系的大类。

　　因此，衔接概念用以解释基本的语义关系，这些语义关系使任何口头或书面话语都具有语篇功能。我们可以把这个概念系统化，将其分为数量不多的几个范畴，例如，指称、替代、省略、连接、词汇衔接等。这些范畴作为不同衔接关系类型具有其理论基础，同时为描绘和分析语篇提供有效的途径。每个类型在语篇中含有各自的特征，即重复、省略及某些词和结构的出现。这些特征都具有共同的性质，即表示对某个正在谈论的段落进行解释要依赖其他东西。如果这种"其他东西"清楚地以文字表现出来，就形成了衔接。当然，还有另一些与语篇有关的语义关系没有被包括在衔接概念之中，但是它所包含的是在某些方面最重要的类型，因为是所有类型的语篇所共有的特征，实际上也是语篇之所以为语篇的根本。

三、衔接与言内语境

（一）衔接关系的范围

最简单的衔接形式是预设的成分以文字表现出来而且可以直接在前句找到，例如：

—Did the gardener water my hydrangeas ?

（园丁给我的绣球花浇水了吗？）

—He said so.

（他说浇了。）

我们将把这个例子作为以后说明和讨论的规范，因为它不仅操作简单，而且两个句子之间的界线在结构连续性上是一个最小的中断，故如前所述，从理论的角度来说它是衔接的标准例子。

在此例的基础上可产生两种偏离现象，一是预设项可在前面或后面部分找到，二是在语篇中根本找不到。接下来将逐一讨论这两种情况。

如上所述，衔接不是一种结构关系，因此不受句子界限的限制，它最普通的形式只是预设上文的某个项目，可以是前一个句子，也可以不是。这种预设的形式旨在向回指称前面的某个项目，故称为回指。其中的预设成分可能直接存在于上句中，也可能在前面的某个句子中。比如下例中的he（他）就回指 Henry（亨利）。

The first years of Henry's reign, as recorded by the admiring Hall, were given over to sport and gaiety, though there was little of the licentiousness which characterized the French Court.The athletic contests were serious but very popular. Masques, jousts and spectacles followed one another in endless pageantry. He brought to Greenwich a tremendously vital court life, a central importance in the country's affairs and, above all, a great naval connection.

（据受人崇拜的公会会馆记载，亨利统治的头几年中虽然没有法国宫廷里特有的荒淫，但其主要内容也是体育运动和娱乐。体育比赛严肃但又非常受欢迎。化装舞会、马上比武以及公开表演等盛会接连不断。他给格林尼治带来了一种充满巨大活力的宫廷生活而且使其在国事中举足轻重，更重要的是，他给此地带来了频繁的海上交往。）

预设项也可能是较长的整个章节，以下的 such 便预设前面所说的一切：

Travelling with huge retinues of staff and servants, medieval monarchs demanded a series of houses to take care of their needs. Their requirements were large. Government went where they went–（it was still the King's government）––with all its attendant staff and visitors. They were responsible for a large number of followers, and visitors had to be entertained in style. They were expected to dispense patronage and to entertain on a lavish scale. During the winter festival of Christmas, lasting twenty days, they nominally kept open house. Richard Ⅱ, notoriously prodigal, entertained over ten thousand every day at his palaces, and even more over Christmas.

No single home could possibly cope with the organization and material products needed on such a scale.

[中世纪的君主由于带着大队的随行人员旅行而要有一连串的房舍以满足其需要。他们的需求极多。这些人和随从及宾客一起走到哪里政府就跟到哪里——（这仍旧是国王的政府）他们负责照料大量跟随者的生活，并要盛情款待客人。他们应提供各种钱物支持，并以豪华的排场招待客人。在冬季圣诞节的 20 天里更是大开其门。因挥霍过度而臭名昭著的理查二世便在其皇宫里日养食客一万，且圣诞节时更甚。

任何单门独户都无法应付如此庞大的组织和物质需求。]

正如我们所预测的那样，不同的衔接类型有不同的偏向。如果衔接成分是 he 或 one 等以指称或替代等方式与另一项目衔接的词，那么其预设成分大都是其前一句的某个具体项目。这是指称和替代中最常出现的情况，它们往往具有形成衔接链的特点，比如 it 一词直接回指到其前句——不过可能指该句中的又一个 it，而且要跳过三个、四个或者更多的 it 直到衔接链的最后一环才能找到它实际的指称。以上的长例句便是一个很好的例子，其中的衔接链是 medieval monarchs…their…they…they…they…they 直到 Richard Ⅱ 作为中世纪君主的具体实例。下例中有三条衔接链交织在一起，分别是 Short（肖特）、Johnson over Jordan（约翰逊胜于乔丹）和 Johnson（约翰逊）：

Short places Johnson over Jordan squarely in the tradition of expressionist drama. He says that Johnson is a "typical Briton", an "English Everyman". He regards the play as an imaginative presentation of the mind of a man who has just died. But, he adds, Priestley is more interested in Johnson living than in Johnson dead. In this the play is expressionist in its approach to theme. But it is also so in its use of unfamiliar devices—the use of masks, the rejection of the three or four act lay-out of the plot. And, finally, he points to the way in which Johnson moves quite freely in and out of chronological time.

（在谈到表现派戏剧传统时肖特直截了当地认为约翰逊的地位胜于乔丹。他说约翰逊是一位"典型的英国人"、一位"英国普通人"。他将这部戏视为一个刚刚去世的人的充满想象力的思想表现。他又说，普里斯特利对活着的约翰逊比对死去的约翰逊更感兴趣。在这一点上剧本以表现派手法表达主题。但是在它使用别的不熟悉的手段，如使用面具、舍弃三或四幕情节的设计等方面，它也是表现主义的。最后他还指出约翰逊颇自由地穿梭于不同时间的方法。）

我们可把这三种链接的关系列为下表3-1：

表3-1

	（1） Short	（2） Johnson over Jordan	（3） Johnson
第一句	Short	Johnson over Jordan	Johnson（in Johnson over Jordan）
第二句	he	↓	Johnson
第三句	he	the play	a man who has just died
第四句	he	↓	Johnson（2×）
第五句	↓	the play…its	↓
第六句	↓	it…is	↓
第七句	he		Johnson over Jordan

当使用连接形式，如 but、so、in that case、later on 等词表达衔接时，预设通常都是比单句长的章节。这本来不需说明，不过还是举卡莱尔的一

节作例子吧，文中的连接词 on the other hand（另一边）显然与前面的整段都有关：

How much is still alive in England; how much has not yet come into life! A Feudal Aristocracy is still alive, in the prime of life; superintending the cultivation of the land, and less consciously the distribution of the produce of the land, the adjustment of the quarrels of the land; judging, soldiering, adjusting; everywhere governing the people, —so that even a Gurth, born thrall of Cedric, lacks not his due parings of the pigs he tends. Governing; —and, alas, also game-preserving, so that a Robin Hood, a William Scarlet and others have, in these days, put on Lincoln coats, and taken to living, in some universal-suffrage manner, under the greenwood tree!

How silent, on the other hand, lie all Cotton-trades and such like; not a steeple-chimney yet got on end from sea to sea!

（英格兰还有几多生命，还有几多没生出来！封建贵族仍然生机勃勃，如日中天。他们监管着土地的耕种，过问农产品的分布，调解土地的争端。他们判决、军管、调解，人民无不受其统治，——于是西迪克家的奴隶哥赫连猪皮都得不到，尽管猪是他照看的。他们统治，——而且，呵，保存猎物，于是如今罗宾汉、威廉·斯卡利特等人已经披上林肯大衣、选择某种大同世界的方式住到绿林中去了！

然而在另一边，所有棉花之类的行业多么沉默；隔岸望去连一座竖立的尖尖烟囱都没有！）

而词汇衔接又有所不同，在语篇中间经常要跳过好几个句子才能找到还没出现的成分。例如：

I screamed, and my scream went wafting out on the night air! And some neighbours who—they were my nearest neighbours, but they were still some distance away—came rushing along. They were awfully good, and they said afterwards they thought I'd been being murdered. Well, I couldn't' ve made more noise if I had been! But I'd surprised myself—really, the sound that went floating out on the air I didn't know I had it in me, and they said it would make my fortune if I sent it to Hollywood. And I may say it surprised the thief sufficiently that he dropped my handbag and fled. Fortunately I wasn't between him and the door, so there was no harm done and I didn't lose anything.

—Fortunately for him, or fortunately for you?

—Oh, for me; they generally carry knives.

—I know; someone was murdered in the main hotel quite recently.

—Oh yes, yes, although people did say that there were wheels within wheels in that. But you get between a fleeing thief and his exit, and he's bound to be carrying a knife. But anyhow, the only thing I lost was my voice. I couldn't speak for a week afterwards.

（我尖着嗓子大叫起来！我的尖叫声一直飘到外边的夜空里！然后，我的一些邻居——他们是我最近的邻居，但仍然是很远的——急急忙忙赶过来。他们可真是些好人，后来他们还说起，他们当时以为我被谋杀了。唉，即使我真的遭谋害也没法喊得更大声了。但是，连我自己都感到惊讶。真的，在空中飘荡的那声音，我都不知道那是我发出来的，他们都说那声音，如果到了好莱坞，会赚大钱的。而且，我可以说，那声音已足够大了，吓得那个小偷丢下我的手提包，跑了。幸运的是，我没有挡住他的路。所以呢，也没有造成什么伤害，我也没丢失什么。

"幸运的是他，还是你？"

"啊，是我，他们小偷一般都带着刀子的。"

"我知道，就在最近，那个大旅馆里就有人被杀了。"

"嗯，是啊，是啊，尽管人们说，那里面有多么多么复杂的原因。"但是，你想，你挡在一个逃跑的小偷和他的逃路之间，而他又通常带着刀子。但是，不管怎么样，我还是失去了我的声音，唯一失去的东西。后来的一个星期，我都说不出话来了。"）

例中的 lost 指 lost...my voice（丢失我的声音），是延续前面 lose（指 didn't lose anything 没丢失什么）一词的意思，这种延续靠连接词 anyhow（不管怎么样）来表示，同样地，voice（声音）和前面的 scream（尖叫），noise（声音）以及 sound（声音）相关。这种重复可跨越语篇中的很长部分，尤其是在非正式的对话中更是如此。

到目前为止我们只是从纯粹的回指关系来谈论衔接，其中预设项目预设前面的某个项目。但是预设也可以指向相反的方向，即预设项目在以后出现，这叫下增。

　　只有当一个明确的预设项出现，并且清楚地向前或者向后指的时候，以上的区别才能出现。如果是词汇衔接，其中同一个词汇项目出现两次，那么显然第二词必须与第一词的意义相同，可是却不能说第一词具有与第二词相同的意思。比如 John 出现之后又有一个 John，这时候回指和下指之间并无区别。但是诸如 this 或 here 一类的项目却可能向后指，从下文得到解释。例如：

This is how to get the best results. You let the berries dry in the sun, till all the moisture has gone out of them. Then you gather them up and chop them very fine.

　　（这是如何取得最佳效果的办法。把浆果放在阳光下晒，直到所有的水分都晒干。然后把它们收起来并切得极细。）

　　被预设项可以、也常常是由一个以上的句子组成。如果不是这样，则其下指常常用一个冒号来表示，不过虽然它具有把一个单句的两个部分连接起来的效果，但却并不表示它们之间有任何的结构关系。冒号仅表示下指，这是其主要功能之一。

　　此外还有另一种可能性，即解释语篇中某个成分所需的信息在文中根本就无法找到，它只存在于情景中。例如：

Did the gardener water those plants？

　　（园丁给那些植物浇水了吗？）

　　句中的 those（那些）很可能指前文所讨论的那些具体植物，但也可能指对话发生的环境——即所谓的"情景语境"——而所谈的植物就在其中，如有必要可指出来。其解释应该是"我们面前的那些植物"。

　　既然要到语篇之外去寻求解释，我们就把它称为外指不是衔接，因为它没有把两个成分连接起来构成语篇。有人可能会想，从比喻上说植物也是语篇的一部分。这样说似乎没有道理，因为这里衔接是否存在并不重要——我们不得不假定由于植物一词缺乏衔接指称，所以它将自成单独的语篇。不过外指在我们的讨论中还是有其重要性的，尤其是有关定冠词在语篇形成中的作用方面。

　　外指和回指之间的区别并不总是很清晰，比如在戏剧对话中，有无舞台指示就大不相同。例如：

How sweet the moonlight sleeps upon this bank！

Here will we sit，and let the sound of music

Creep in our ears.

（月光照在这河堤上是多么温柔啊！

我们坐在这儿，让音乐之声轻轻地进入我们的耳中。）

如果舞台指示具体指出诸如 a grassy bank 之类的东西，则对读者来说 this 及 here 属于回指；否则，就属于外指。外指潜势存在的意义在于，当读者或听者没法在语篇或情境中得到解释意义的线索时，他将自己创设情景语境以求解释。于是我们自己想象出一片草绿色河堤，制片人就不必在舞台上放绿河堤了，这是所有虚构写作中不可缺少的成分。

在此我们关注一下衔接作为系统中的关系与其作为语篇过程之间的区别也许是有益的。"衔接"被定义为一组存在于语言中的、使语篇自成一体的可能的特征，是说话者或作者可支配的潜势。这纯粹是一个关系概念，只有当衔接关系的成分之一具有衔接性质时，即它自然地"指向"另外的东西时，方向性才会形成，在这种情况下就会出现逻辑依赖关系，所以在系统中存在向后指（回指）和向前指（下指）的重要的对立。但是衔接也是一个过程，即它是此关系在语篇中的瞬间体现。语篇随着时间展开，方向性也随之形成，所以在具体表现衔接关系的两个成分之间总是其中一个跟着另一个（如表3-2所示）。

表3-2

系统中	$a \leftrightarrow b$
语篇中	$a \rightarrow b$（时间）
隐含的回指	$John_1$ $John_2$
明确的回指	John ：he
（明确的）下指	he： John

显然，语篇中第二次出现的成分的意义解释依赖于第一次出现的成分，所以在这一对立中，回指是无标记名称，而与之相反的下指则是有标记名称。下指只作为关系出现，其第一成分总是表预设的。因此衔接作为过程总是意味着一个项目指向另一个，而衔接关系的重要特性，即我们以

前所强调的，是一个项目为另一个的解释提供来源。

（二）语篇和情景

现在再来谈一谈有关语篇的本质及其与情景语境的关系。我们从下例开始：

Although the light was on he went to sleep. Although the house was unfurnished the rent was very high. Although he was paid a high salary he refused to stay in the job.

（虽然灯还开着他却睡了。虽然房子没有配家具房租却很高。虽然他的薪水很高他却辞了那份工作。）

以上的三个句子显然有共同之处，它们不是从英语书面语语料库中任意挑选出来的。它们的共同之处是具有某种程度上的语法相似性，即平行结构，以及重复项目 although。不过我们也可以用其他的顺序来排列这些句子，而它们的整体结构也不会受到影响。不管是什么使此"语篇"具有整体性，此整体性也并不依赖于句子的排列顺序。

这种语法平行结构与内在衔接并非没有关系，不仅诗歌而且其他许多类型的话语都有这种共同的特征，但是这一结构本身并不能使一串句子成为语篇。例句中的句子可以说是形成了语篇，不过这是一个非常特殊的语篇类型，是有关语言的语篇，其中的句子是引用形式——也就是说这些被引用的项目是用以讲有关自己的事。"仅仅"借其语法平行结构而互相关联的一组引用形式是语言练习语篇常见的特征，例句就选自一本给用英语的学生用的汉语教科书，书中的句子及其汉语译文构成一项练习的一部分。

此例以一种极端的形式表明了一条确定什么是语篇、什么不是语篇的普遍原则。事实上我们在不知道其情景语境的前提下不会对任何语言样本进行评价——而确定它是否组成了语篇则是对它进行进一步评价的先决条件。该例中的情景语境使我们能够接受它为语篇，即它是语言教科书的一部分。一组句子在任何其他的环境下都不会组成语篇，而在这样一个语言教科书的特定情况下却可被接受为语篇。本专著中很多例句都是引用形式，它们出现在不同的情境中会产生不同的效果，所以不必进一步地讨论。我们可在尤奈斯库的戏剧《秃头歌女》中发现，它们都证明了一条普遍规则：当听者或读者在有意或无意中确定一个语言样本的地位时需要两种证据，即内部的证据和外部的证据，他不仅利用了语言的线索，而且还利用了情景的线索。从语言上，他对一些使篇章连接在一起的具体特征都会有所反应，这些特征包括连接形式、独立结构等我们称之为衔接的东西。从情景上，他会考虑他对环境所了解的所有东西，包括正发生什么、语言从中起什么作用、涉及什么人物等等。

"组篇机制"的内部及外部方面并不是完全可分的，而当读者或听者在无意识地对一段谈话或书面语做出反应时，也不会把它们分离开来。但当语言学家试图弄清楚做出判断所依据的基础时，他必定要研究两种颇不同的方面。一种和语言内部的关系有关，指由词汇和语法体现的意义模式；另一种则和语言与讲话者和听话者（或作者和读者）的材料、社会和意识形态环境的相关特征"之间"的关系有关。语篇的这两方面都属于语言学的范畴，语言模式不仅包括我们对环境的经验，同时也包括使其具有结构的部分，还包括能够使我们判别什么环境与语言行为有关的特征，这样就形成了情景语境的一部分。本专著谈论的是表现英语语篇特征的语言因素，至于语篇的情景性质，学者们正在对其进行更详细、更深入的研究，它本身是一个巨大的研究领域，已经超出了我们在此所讨论的范围。以下几段将总结一下一些最直接相关的成分。

情景一词的意思是语篇所包含的"情景语境"，它指所有与语篇有关的语言之外的因素。例如，笔者现在写道："窗外山坡上一片绿色，天空则是灰色，大雨正倾盆而下。"这似乎是和语篇有关的"情景"部分，其实则不然，因为这和文中要表达的意思毫不相干，与所用的词语或语法结构也没有关系。所以现在的问题是，什么外部因素影响了讲话者或作者做出的语言选择。这些因素可能是听众的性质、媒体、交流的目的等等。在某些类型的语篇中天气的状况形成了情景语境的一部分，比如登山或航海时的行为用语，但写作一本关于语言的书却不属于这些类型的语篇。

通常，情景特征是在相当宽泛的层面上与之相关的特征。也就是说，如果我们现在想起成人夜校班的一节时事课，关键的不是在一个特别的星期二晚上约翰·史密斯正在伯恩利给米斯·琼斯、鲁滨逊、布朗及其他人讲课的情景，而是一位讲师正给某个社会机构的一组成年学生讲课的情景。这样说并不是要否认讲话者或作者的个人特征或研究某位作家写作风格特征的重要性，而仅仅是要强调通过与概括的情景类型联系起来，语篇的许多特征就可以解释了。

（三）情景语境成分及语域

情景语境这一概念由马林诺夫斯基首先提出，它首先出现于 1923 奥格登和里查兹所著的《意义中的意义》（*The Meaning of Meaning*）的附录中，随后，弗斯又对这一概念进行了详细阐释，尤其是在其 1950 年发表的论文《社会中的人格和语言》（Personality and language in society）中。之后，这一概念便被许多的语言学家研究并发展，其中最有名的是海姆斯所写的"语言与社会环境互相作用的模式"（Models of interaction of language and social setting），他把话语情景归为八类，总结如下：语篇的形式与内容、环境、参与者、目的（意图和效果）、基调、媒介、风格及交流常规。需要注意的是从其观点来看，语篇本身已形成了话语情景的一部分。

韩礼德、麦金托什和斯特雷文斯所著的《语言科学与语言教学》（*The Linguistic Sciences and Language Teaching*）提出一种更抽象的解释，试图把它当作从情境特征中派生出语篇特征的基础。他们提出三个标题，分别是范围、方式和基调，出自斯宾塞和格雷戈里在《语言学与文体》（*Linguistic and Style*）中所提出的术语，这些术语是描写情景语境如何决定所表达意义的种类的非常宽泛的概念。其中范围指在语篇中起作用的整个事件，以及讲话者或作者有目的的活动，故把题材作为其成分之一。方式指语篇在事件中的功能，故包括语言采用的渠道（口头还是书面的、即席的还是有准备的），及其风格或者叙述、教导、劝导、"寒暄语"等修辞方法。基调指角色相互交流的类型及参与者之间永久或暂时的相关社会关系。范围、方式和基调三者共同勾画出语篇的情景语境。

与情景特征有着典型关联的语言特征——即具有话语范围、话语方式、话语基调的特殊价值的特征——组成了语域。我们描写的情景语境越具体，所预测的语篇性质就越具体。如果我们只是指出其主题或媒介，则说明的东西很少；若谈论"海洋生物语域"或"报纸语域"的话题，这就很难使人对所谈论的语篇类型做出任何有关的判断。然而，如果我们就话语范围、话语方式和话语基调三个方面来提供信息，就能得到一些有用的观察。比如，如果我们具体指出范围为"晚上进行的个人交流，目的是借讲述熟悉的事件以增进感情"，方式是"口头独白，想象的叙述，即席谈话"，且话语基调为"亲密，母亲和三岁孩子"，那么，我们就可以建构出大量的此种儿童就寝前的故事语言，特别是更进一步地通过描写文化语境（马林诺夫斯基的另一概念）了解在特定的社会文化背景下小孩子生活中会有什么熟悉的事件，则更是如此。语域是意义的组合，包括通常在特定条件下形成的语义构型，以及为体现这些意义所用的词和结构。我们有足够的把握说出任何特定的语篇是否满足了情景语境描写的需求，这就十分生动地说明了语域的概念是多么真实。

通常，如果一个片段组成了语篇，它便会显示出语域一致性。也就是说，组篇机制不仅仅包括我们所指的衔接之类的语义关系，即其中一种成分的意义依赖于另一种成分的解释，它还包括在实际意义的表达中某种程度的连贯性。不是主要与内容有关，而是与语言语义资源的整体选择有关。这些手段包括各种各样的人际（社会的，表达意动的）成分，即语气、情态、紧张程度以及其他把讲话者带入话语情景的形式。

由于衔接概念和语域概念都较好地解释了语篇的定义，所以后者可作前者有用的补充。语篇就是在这两个方面都连贯的一段话语，即它从情景语境方面考虑是连贯的，故在语域上是一致的，同时它本身是连贯的，故它是前后衔接的。这两个条件缺一不可，一个也不能蕴含另一个。我们可以构建在情景和语义方面似乎能连在一起的话语，但它们却会因为缺少衔接而不成其为语篇，我们同样可以创造衔接完美的话语，但它们也会因为缺少语域的一致性，即缺少与情景相统一的意义连续性而不能成为语篇。在判断组篇机制时，听者或读者会对这两个方面都做出反应。

当然，在正常情况下我们不会遇到"非语篇"，即生僻难懂的"没有意义"的语篇。组篇机制是一个程度问题，要制造出毫无组篇机制的一串词语几乎是不可能的，但是，这很大程度上也是由于我们总是愿意把任何片段都解释成语篇，哪怕只有一点点的可能性。也就是说，我们假设这是语言的目的，即无论它在特定情况下起什么具体的作用，它只能在是语篇时才具备这样的功能。可以想象当我们碰到从词典里任意选出的一串词语，而且它看起来或听起来似乎是有结构的时候，那么我们尽可能预测，在很大程度上会把它解释成语篇，把它与一些可能相关的情景特征联系起来。撇开那些诗人或作家在作品中故意写出的非语篇的东西不说，在实际生活中我们遇到的最可能的非语篇是小孩的话语或低劣的翻译。

涉及语篇和情景语境还有另外两点值得一提。第一点是在语篇所具有的相对重要性方面它与情景之间的关系是多种多样的，比如在某些情景类型中，非语言的因素显然起主导的作用，而语言只是起辅助作用，例如在足球之类不需大量语言的运动中，球员之间只需几句指令性的话语，这种话语还出现在建筑、组装、烹调、清洁等有目的的合作性活动中。在这些情况下如果没有情景信息，我们对其中所说的或写的东西是很难进行解释的，我们必须知道正在发生什么事。在连续体的另一端是，语言是整个活动的全部内容的话语类型，如关于商业、政治、知识生活等抽象话题的正式或非正式的讨论。在这些情况下只有语言就足够了，其相关的情景因素可从语言本身推导出来。在以上这两种极端的情况之间，组篇机制的本质及提供给它的衔接形式颇不相同，组篇机制与情景类型的关系是一个需要进行进一步研究的问题，即用不同的方法创造不同类型的语篇以便组成语义整体的问题。第二点是有关情景分析中埃利斯所称的焦点精密度。在"相同情景"和"不同情景"之间我们显然不能划出界线，任何两种情景语境都会在某些方面相似而在另一些方面不同，而为描写情景所需的细节量又会根据我们感兴趣之处的不同而有区别，比如我们要在不同事例之间作什么区分，要解释语篇的什么特征，等等。类似"这两个语篇属于同一个语域吗？"这样的问题，其本身就是没有意义的，我们只能问在哪些方面语篇或情景是相似的，而在哪些方面是不同的。如果一个孩子先与他的父亲说话，然后转过来和他的叔叔说话，我们不必确定情景是否发生了变化，但会有兴趣注意是否有语言的信号表示人际关系的区别。这会影响我们对语篇的理解。到目前为止，讨论中一直假设有无组篇机制的论点，即一段话语要么组成了语篇，要么不是语篇的观点。而在实际生活中我们很少碰到非语篇，因此不能采用这种决定论的观点，在实际中我们不必确定语篇从哪开始到哪结束。但是组篇机制又有程度的区别，如果从这个角度来研究语言，特别是研究口语的话，有时候一个点是表示同一个语篇的继续，还是另一个新语篇的开头，在确定的时候会很难把握。这是由于组篇机制确实是个"或多或少"的问题，情景语境中一个变项的变化——比如语篇的范围、方式或基调中的一个情景因素的变化——在组篇机制中会有某种方式的反应，而其整体的连续性没有受到破坏。

　　在讨论这种关系时还有一点值得一提，即在创造组篇机制中题材的连续既不是必要的也不是充足的条件。作为语篇的决定因素，题材的重要性与别的情景语境特征一样，它是众成分中的一分子，即使语篇中有了题材的连续性，组篇机制也不一定是因为它产生的。比如在下面关于数学的例子中，词汇结构如 complicated…difficult…easy 及 greater time…long…short 为语篇（尤其是最后一个句子）提供的衔接比任何具体的数学概念的连接多得多：

Throughout the long history of mathematics, men have always wished that they could calculate more quickly. As each mathematical discovery was made and knowledge advanced a little the calculation facing mathematicians became more and more complicated and demanded an even greater time. There are some people who like doing long and difficult arithmetic, but most of us do not and are eager to finish our sums in the shortest and easiest way.

（在数学的漫长历史中，人类总是希望能够算得更快。随着每一次数学上的发现和知识的逐步发展，数学家所面临的计算越来越复杂，而且需要更多的时间。有些人喜欢做又长又难的计算，但是大多数的人并不喜欢，而是渴望以最快最容易的方法来完成计算。）

因此语篇可被视为语言的基本意义单位。如同句子是相对于词汇语法结构而言的单位，音节是相对于语音结构的单位一样，语篇是相对于语义结构而言的单位。它是一个情景和语义结构单位，是一个围绕衔接的语义关系所构建的语境意义的连续体。根据语篇的特定情景和语义构型，即其语域，衔接关系的形式会有所不同，也就是说非正式谈话的组篇机制与正式书面语的组篇机制是不同的，因此前者如果被写下来会显得奇怪，而后者若被读出来也显得晦涩。所以语篇通常具有语域连续性，它"适合"一组特定的情景特征，包括由交流事件的特点所形成的模式（范围），事件中语言行为所处的地位（方式），及参与者的角色关系（基调）。这种适合性本身并不能保证与语篇有关的连续性，比如在读孩子的作文时，经常会因为它在情景中是有意义的而觉得它应该是严密的整体，但事实上却不是。这表明了组篇机制的另一个方面，即衔接的存在。构成衔接的意义关系是语篇的特性之一，因此它们是所有类型语篇的普遍特征，只是在不同的语篇中它们的具体形式可能会大不相同。

组篇机制的形成来自两种语义构型的结合，即语域构型和衔接构型的结合。其中语域是一组与一个具体的情景语境种类有着典型关系的语义构型，它在最广义上界定语篇的实体，即说明"这是什么意思"，包括所有意义上的成分，如社会的、表情的、交际的及表现的成分等等，而衔接则是一组普遍存在于所有种类的语篇中的意义关系，它把语篇和非语篇区分开来，并把语篇中的实际意义相互联系起来。衔接与语篇的意义无关，它所关心的是语篇作为语义整体是如何建立起来的。

（四）衔接在语言系统中的地位

表3-3总结了语言系统的主要组成成分，说明衔接与其他成分之间的关系。

表3-3　英语描写中衔接的地位——语义系统的功能成分

概念意义		人际意义	语篇意义		
经验意义	逻辑意义		（结构的）		（非结构的）
级阶： 小句：及物性 动词词组：时态 名词词组：描述词 副词词组：情景	所有级阶： 并列和次并列关系（条件，附加，叙述）	级阶： 小句：语态，情态 动词词组：人称 名词词组：指示词 副词词组：连词	级阶： 小句：主位 动词词组：语态 名词词组：指示词 副词词组：连词	跨级阶：信息单位：信息分布，信息焦点	衔接 指称 替代 省略 连接 词汇衔接

语言中有三种主要的功能 - 语义成分，即概念成分、人际成分和语篇成分。其中概念成分是语言系统中与"内容"表达有关的部分，它具有语言是关于某些东西的功能。这一成分包括两个部分，即经验和逻辑。其第一部分与经验的描写（马林诺夫斯基所谓的"文化语境"）有较直接的关系，第二部分只表达间接地从经验中取得的抽象逻辑关系。人际成分与语言的社会、表情和意动功能有关，它表明说话者的"视角"，即他的态度与判断，他对情景中角色关系的解释及其讲话的动机。简单地说，概念成分表示说话者作为观察者的角色，而人际成分则表示说话者作为闯入者的角色。

第三种是语篇成分，它是语言系统中组成语篇的成分，包含了语言所具有的创造语篇的手段，其意义和我们一直所用的术语相同，即在具体情况下相关、其本身是衔接的并与情景语境衔接。

从一定程度上讲，语篇成分起作用的方式和另外两种成分一样，即通过与特定的语法级阶相关的系统发生联系而起作用。例如，每个小句都在主位系统中做出选择，此选择传达了讲话者把小句组织方式作为信息的小句结构，并通过小句结构的正常机制表达出来。但是语篇成分也通过系统的层级组织之外的方式来组织意义模式，其中之一就是组成信息结构，它是对语篇的排序系统，独立于句子、小句等结构之外，在以已知信息和新信息为区别的基础上组成信息单位，即组成讲话者认为对听话者是可恢复的信息单位（已知），和说话者认为是不可恢复的信息单位（未知）。在英语中语篇的这个方面的意义要通过语调来体现，信息单位通过一个语调群来表示。

语篇成分的其余部分与衔接有关。衔接与信息结构关系密切，两者在某一点上是重叠的，但是信息结构是一种结构形式，在此结构中整个语篇被置入整个意义构型中具有这样或那样功能的成分中，即语篇中的所有成分都在"已知信息 - 新信息"的架构中有一定的位置。另一方面，衔接是把语篇中的一个成分与另一成分联系起来的潜势，不管它们在哪个位置上，而且并不表示其中的每个成分都是语篇的一部分。因此，尽管信息单位横贯结构单位的各层之间或语法成分（句子、小句等级阶）之间，它还是一个结构单位；而衔接关系却不决定任何结构单位。

所以，衔接是语言系统中语篇组织成分的一部分，是通过使一个成分的意义解释依赖于另一个成分，把结构上没有关系的成分互相连接起来的一种手段。组成衔接潜势的资源是语言的整个意义潜势的一部分，它具有一种催化功能，即如果没有衔接，语义系统的其余部分根本就不能有效地起作用。

（五）衔接的意义

衔接关系的最简单也最普通的形式是"等同"和"与"，即指称的一致及连接。表达各种各样衔接的手段来自于词汇语法系统的许多领域，它们的共同点是有助于实现衔接。在英语语法的描写中，人称代词 he、代动词 do 及连词 nevertheless 不可能出现在同一个地方，省略现象或词汇项目重复的关系相距更远。但在本章节中这些却在一起，因为它们都是语篇形成的机制。任何显示这种特征的句子都是语篇形成的机制，即在周围环境中另一个句子包含了解释其意义所需的答案，此语篇便形成了。

我们已看到句子作为语法中的最高结构单位的重要性，句子中各成分之间的关系及其排列的顺序（体现这些关系的一种手段）都由结构所决定。但是，句子之间就没有这样的结构关系，语法上对句子排列的顺序也没有什么限制。因此，以上提到过的、共有 Although 的三个平行结构例句可以以任何顺序组合而段落的整体意义不会受到影响。

可是，语篇中的句子之间由实际意义和衔接连接起来，语篇的基本特点是任何句子排列顺序的改动都会破坏或彻底改变其意义。语篇具有语篇意义，而一个含有两个以上的语篇的段落却没有整体意义，而只是局部意义的组合。在语篇中每个句子的意义都和它的环境有关，包括句子之间的衔接关系。所以当我们谈论衔接时，我们是在研究使语篇成为一个独立意义单位的语言手段。

作为本章第三小节的结束，我们再来看一个例子，并对其衔接作一个简要的评论：

The Cat only grinned when it saw Alice.

"Come，it's pleased so far，" thought Alice，and she went on.

"Would you tell me，please，which way I ought to go from here？"

"That depends a good deal on where you want to get to，" said the Cat.

"I don't much care where——" said Alice.

"Then it doesn't matter which way you go，" said the Cat.

"–so long as I get somewhere，" Alice added as an explanation.

"Oh，you're sure to do that，" said the Cat，"if you only walk long enough."

（当猫见到艾丽丝时只是咧嘴一笑。

"来吧，到目前为止它还算高兴，"艾丽丝想到，她接着说。

"可以告诉我从这里出发我该走哪条路吗？"

"这很大程度上取决于你要去哪里，"猫说。

"我不太在乎去哪里——"艾丽丝说。

"那么你走哪条路都没关系了，"猫说。

"——只要我能到'某个地方'，"艾丽丝接着解释。

"呵，你肯定会到达的，"猫说，"只要你走得够远。"）

我们从末尾开始来分析，首先会发现 do that（那样做）一词替代了 get somewhere（到某个地方），凭借词汇衔接它与 where you want to get to（你要去哪里）和 which way I ought to go（我该走哪条路）依次形成了关系。oh（呵）一词是连词，它和猫对艾丽丝前面的话所做的回答有关，类似的方法使连词 then（那么）把前面猫被打断的话和接下来的 I don't much care where——（我不太在乎去哪里——）相连接。在 I don't much care where——句中的省略结构 where 为（I）get to 作了预设，而 I don't much care 中的 care 一词在词汇上又与 want 相关。that depends（那取决于）中的指称项目 that 对艾丽丝的整个问题做了预设，而艾丽丝的第一句话中的 it 也通过指称预设了 the Cat（猫）。最后专有名词 Alice（艾丽丝）和 the Cat 通过重复形成了衔接链，对片段中的第一句作了回应。

第四节　语义分类在教学中的应用

语义理论的研究和发展为语言教学开辟出了一个广阔的发展空间，创造出更有效的教学方法。

注重分析语言符号结构系统的结构主义语言学对于句法分析、句型教学是有一定收效的，但由于没有深入分析语言的意义系统，更没有解释语言形式、意义、客观外界和认知之间的对应规律（即使从语义角度做出了一点解释，也较为肤浅），因此其理论性和实用性受到了很大的局限。

结构分析的许多缺陷可在意义层次的研究中得到弥补，将结构与意义结合起来进行研究的方法，对教学产生了深远的指导意义。美国神学家保罗·范布伦以《语义学和语言教学》（Semantics and Language Teaching）为题发表论文，论述了语义学理论对于教学的一些指导意义。泰勒还区分了两种对立的教学方法，即形式本体观教学法（the Form-based Approach，也作 the Form-focused Approach）和语义本体观教学法（the Semantics-based Approach，也作 the Meaning-focused Approach）。

伍谦光在《语义学导论》中以一章的篇幅论述了语义学理论对英语教学的指导意义。本小结以语义学、认知语义学和语义衔接概念为基础理论，结合伍谦光论述的语义学理论对英语教学的指导意义，从笔者自身的教学体会出发来探讨语义理论在英语教学中的实际运用，论述其对英语教学的指导意义。

一、概念义与情景义

（一）概念义

概念义，相当于弗雷格的"含义"（Sense），是人们从很多语言使用的情景中提炼和概括出来的术语。各人经历自有不同，此乃常情，虽受到主观识解因素的影响，但任何一个人，作为某一语言社团的一个分子，也必然会与其他人具有基本共同的文化、背景知识，往往会有类似的经历，因而词项的概念义尽管各有不同，大致上还是很接近的。

概念义，是独立于具体情景的抽象意义，正如乌尔曼所说：如果词在脱离上下文时无意义，则不可能编出词典来。当一个孩子称他母亲 mummy 时，他就将声音［′mʌmi］与每天喂他奶的母亲联系起来，获得了 mummy 这个词的第一义，形成了一个模糊的初级范畴概念。当他听到其他孩子也叫他们的母亲为［′mʌmi］时，他就会扩大自己已获得的第一义，从而概括出喂奶人与被喂奶人两者之间的抽象关系为 mummy，使得原来的初级范畴概念更加健全。认知语言学家认为：人类内心深处存在着划分范畴类属的心理机制，这决定了人类建立范畴的途径和方式。

在各种语言运用的情景中，知识的积累、别人的纠正，使得孩子逐渐获得了语言形式的概念义。词典中各词项的意义也是这样获得的，它们的概念义也是从各种不同的使用情景中提炼出来的。

但在不同的语言社团中，有不同的概括方法。例如，在旅游胜地拉普兰（Lapland）地区有很多表示各种各样雪的词，而没有一个这类词的概括词（snow）；英语中 cousin 可表示汉语的"堂兄弟姐妹、姨兄弟姐妹、表兄弟姐妹"十余个亲属身份，表示颜色的词语在各语言中范畴化方法和概括程度也各有差异。可见，不同的民族认识和描述客观世界的方法是不尽相同的，反映在语言中，则许多对等译词会有不同的词义范围。

（二）情景义

情景义是指词语被使用于特定场景中的具体意义，学习英语的中国学生由于受到英汉词典释义的影响，往往对很多词所使用的情景范围产生误解。例如，汉语中的"笔"在英文中找不到一个对等词，它是钢笔、毛笔、铅笔、圆珠笔、蜡笔等的概括词，大致相当于英语中的"writing instrument"；若译为"pen"则是很不确切的，pen 是指蘸水笔，《牛津高阶英汉双解词典》（以下简称 OALD）上的释义为：quill-feather, pointed and split at the end, for writing with ink；（modern use）instrument with a pointed piece of split metal。又如，英语单词 wine 也常被误译为汉语的"酒"，实际上 wine 仅指"葡萄酒"。OALD 释义为：alcoholic drink made from the fermented juice of grapes。而汉语的"酒"是一个概括词，包括白酒、甜酒、葡萄酒、啤酒、米酒、黄酒、药酒等等，它大致相当于英语中的 alcoholic drink，可细分为下图 3-3 所示内容：

```
                    ┌ spirits: whiskey, rum, gin, vodka...
                    │
                    │        ┌ dry: white/red wine（hock, claret）
                    │        │
alcoholic drink ────┤ wine ──┤ medium: champagne
                    │        │
                    │        └ sweet wine: port, sherry
                    │
                    └ beer: ale（bitter）, lager（light）, shandy, finnus...
```

图 3-3

因而我们在教与学中不可忽视不词语言的同义范围问题，不要轻易地为英汉词典上的权宜释义所"迷惑"。

在交流思想时，情景是激起讲话人思想的源泉，同时也决定了对词汇、句型、文体、语调等的选择，在什么场合下讲什么话、怎么讲，是语言交际中的一项基本准则。维特根斯坦、奎因、马林诺维斯基早就提出研究意义应与语境结合起来的观点，弗斯则认为应将语言置入社会情景中加以研究，韩礼德主张从语言的社会功能和交际用途来研究语言。因此如何在某社会情景中正确使用语言，掌握好语言的情景义，也是语言教学中不容忽视的内容。

这方面的教训还是很多的，倘若过于注重概念义，以弄懂词句意义为满足，只是停留在汉语翻译层面，而不引导学生掌握何时何处如何恰当使用的技能，往往会造成很多失误。例如，学生知道"Excuse me"和"I am sorry"相当于汉语的"原谅"或"抱歉"，汉语中的这两个说法意思基本相同，因而很多同学就不知道何处用何句为妥。又如，中国人在交往过程中并不十分忌讳询问年龄、收入、婚姻等问题，有的中国学生则不分场所和对象，见了外宾就开口问起来，不免会使人感到唐突。可见，只懂概念义，忽视情景义，就不能说是具备了语言的交际能力，这应该引起我们的高度重视。近年来，功能学派、语用学家和文化语义学家对语言情景、词语文化背景的研究取得了令人瞩目的成就，这对于语言的教与学具有重要的指导意义。

二、描述义与情感义

描述义（Descriptive Meaning）为语义的中心所在，具有较高的客观性。相对应的，词语除描述义之外，还可反映说话人的感情、态度、立场、褒贬等意义，具有较高的主观性。

知道语言的描述义，而不了解它所传递的感情、表达的态度、反映的人际关系，就不能掌握一门语言。例如：

That day she made history as she became the first woman ever to win three gold medals in the same Olympic games.

这句话中所描述的"她"，是指一位名叫 Wilma Rudolph 的美国姑娘，出生时不足月，4 岁时患病，左腿瘫痪，后凭顽强的毅力练习赛跑，竟然能在同一场奥运会上获得三枚金牌，创造了历史纪录。阅读这句话时必须能体会到句中所流露出的一种赞叹语气！这就是我们常说的"说话听音"的含义，感情义往往要从"音调""表情"和"字里行间"中获取。

有些词有褒义，有些词有贬义，有些词则为中性。例如：pass away 较为正式，常作褒义；die 为普通用语，属中性文体，在褒、贬义中都可用；而 kick the bucket 为口语或俚语，多用于非正式文体中，常用作贬义。"褒词贬用"或"贬词褒用"会产生讽刺效果，好话坏话须分清。

教授和学习一个单词和句子，不仅应知其描述义，而且还应知其感情义，否则就不能恰如其分地表达出想要表达的意思，也不能灵活地使用学到的单词。例如，英文 propaganda 在英汉词典上被译为汉语的"宣传"义，汉语的"宣传"是个中性词，而英文 propaganda 在 OALD 里注有"贬义"（derogatory），它在《企鹅英语词典》（Penguin Dictionary）中的释义为：

act of spreading false or distorted information intended to help to spread doctrines.

因此，在使用 propaganda 时应特别小心，据此，我国的"宣传部"，万万不可译为"the Ministry of Propaganda"。

英语中的 empiricism 常被译为汉语的"经验主义"，而汉语的"经验主义"常含贬义，这种译法就将汉语该词的贬义特征强加到了英语单词 empiricism 之上，这是不公的。empiricism 在 OALD 上的英文释义为：

relying on observation and experiment, not on theory.

从这一释义中看不出丝毫贬义色彩，相反倒有一种尊重客观、实事求是的感觉。

另外英语的 liberalism、sophisticated 被译为"自由主义"和"深于世故"时，也带上了贬义的色彩，实应为其"平反昭雪"。又如，ornament 译为"装饰"，有时亦有不妥之感。汉语用"装饰"指学识往往含贬义，而英语则不然，该词在 OALD 中的释义为：

sth. designed or used to add beauty to sth. else.

据此，培根在《论学习》一文中开首句写道：

Studies serve for delight, for ornament and for ability.

汉译为"读书足以怡情，足以博采，足以长才"。"博采"对 ornament 还是十分妥帖的，而未译成"装饰"。可见，词句的感情义在不同的语言中是有差异的，必须重视。

三、本义与喻义

本义往往是一个词汇所具有的原义，而喻义往往是从本义派生出来的，是人类认知时跨概念域映合（mapping 或 projecting）的结果。例如，summer 原义为"夏天"，若用于下句：

He went to America in the summer of his life.

则被用作隐喻，意为"兴旺时期"。

语言中的隐喻比比皆是，它既可使语句表达得更生动，也能激发接受者的情感，又可引人深思，使人浮想联翩，因此每一种语言中都存在着大量的隐喻用法。有时英汉两种语言中的隐喻还会不谋而合，本体和喻体相同。例如：

as firm as a rock 坚如磐石

as quick as lightning 疾如闪电

as light as a feather 轻如鸿毛

但不同的隐喻用法也极为常见，例如英语中形容人力气大会说 as strong as a horse，而汉语表达同一意思时却说"力大如牛"。又如：

Love me，love my dog. 爱屋及乌

goose-flesh 鸡皮疙瘩

The scalded dog fears cold water. 一朝被蛇咬，十年怕井绳。

这些都是需要我们下功夫的地方。

接下来需要明确的是喻义产生的途径。我们知道，词义扩展主要有两种方式——放射型（Radiation）和连锁型（Concatenation），其实这两种方式也是喻义产生的途径。

放射型，是指词义以其基本意义或核心为中心，其他派生义像光芒一样从中心向四周放射出去。每个派生意义既与中心的基本意义有联系，但又相互独立。如英语中 head（头）通过隐喻或换喻而产生了火柴头、头脑、首脑、船头、源头、人头等意义。

连锁型，是指词从一个意义出发产生第二个意义，然后再从第二意义产生第三意义，等等，最后产生的词义与第一词义看不出有何联系，同义呈线状延伸扩展。例如：

德语 Feder：羽毛→鹅毛笔→笔、钢笔；

英语 candidate：穿白衣的人→穿着白衣谋求官职的人→谋求官职的人→候选人。

此外，还有一种喻义产生的途径是词在词义发生变化时可能会两种方式兼而有之，既有放射型，又有连锁型，我们称其为复合型。例如，英语中的 board 一词，原始意义为"一块锯薄的木材"，其意义变化如下图 3-4 所示：

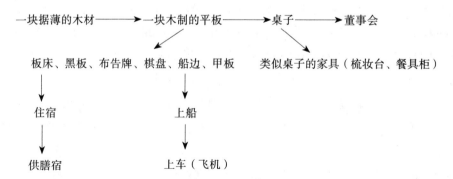

（黑板 blackboard，布告牌 notice-board，棋盘 chessboard、draught-board，梳妆台 dressing-board，餐具柜 side-board）

图 3-4

由图 3-4 可见，board 从"一块木制的平板"到"桌子"到"董事会"为连锁型词义变化方式；从"一块木制的平板"到"板床、黑板、布告牌、棋盘、船边甲板"为放射型词义变化方式；从"一块木制的平板"到"板床"到"住宿"到"供膳宿"是另一方向的连锁型词义变化，等等。

莱考夫和约翰逊于 1980 年提出了"隐喻认知理论"，认为隐喻不仅仅是语言中的一种修辞现象，它更是人类的一种重要认知方式。隐喻是无处不在的，人类的思维过程充满了隐喻。如上述英语单词"head"和汉语的"头"所产生的一系列意义演变，就是将人们熟悉的人体概念转用来指其他具有类似特征的概念域。

本义与喻义之间主要的语义联系是"隐喻机制"（Metaphorical Mechanism），这是由人类具有隐喻性思维的特征所决定的，从上述所举例子便可看出：summer 本义为"夏季"，夏季在英国是一年中最好的季节，因而就自然而然地将其隐喻性地转义为"兴旺时期"。

20 世纪 80 至 90 年代，认知语言学家对介词做出了深入而又系统的分析，并取得了令人瞩目的成就。莱考夫和约翰逊较为详细地分析了很多对介词的隐喻性用法，例如，UP-DOWN、IN-OUT、FRONT-BACK 等介词组。布鲁格曼在 1981 年写出了论文《OVER 传论》（*The Story of "OVER"*）。莱考夫于 1987 年在《女人、火和危险事物——范畴揭示了心智中什么奥秘》（*Women，Fire and Dangerous Things：What Categories Reveal about the Mind*）一书中也详细论述了介词 over。泰勒 1989 年在其专著《语言范畴化——语言学理论中的原型》（*Linguistic Categorization：Prototypes in Linguistic Theory*）中再次详细论述了英语介词 over 的几种基本意义之间在认知上的联系，他列举了十几条例句，将 over 所表示的空间意义归结为 4 条，分别是居上关系（接触或不接触），覆盖关系（局部或全部），运动关系（直线或弧线，绕轴转动 90 度或 180 度），路径终点。这 4 个核心意义是从 1 到 2 到 3 到 4 依次链接而成，而且还从空间概念隐喻形成了非空间概念，如从居上关系产生了下一表达：He has authority over me. 从路径终点产生了：The class is over. 的表达，从而形成了 over 的多义结构。

他们对 over 的内部语义结构做出了如此深入的分析，意在揭示人们的认知规律。兰格克认为，多义词的多种意义之间的联系不是任意的，而是通过特定的语义引申机制从典型发展而成的，各个值之间的每一种联系都是有理据的。因此在教授和学习多义词时，可以从认知角度分析语义引申机制，帮助学生理清多义词各义项之间的隐喻性关系，向学生指出人类这种隐喻性思维的特征。泰勒于 1989 年提出了"语义链"（Meaning Chain）理论，这对于多义词的分析、人类隐喻能力的理解是非常重要的，不仅可使学生更容易地掌握一词多义的用法，还可大大有利于拓展学生的联想能力，能使他们更加深入地思考和理解语言中的多义现象。

因此，我们应当重视培养和提高外语学习中的"隐喻能力"（Metaphoric Competence），并将之视为与"语言能力"（Linguistic Competence）和"交际能力"（Communicative Competence）同等重要的一种能力。这三种能力都是掌握一种语言的重要标志。

四、主动义与被动义

词语有主动义与被动义之分，如英语中一些动词后加"-ing"和"-ed"分别构成的分词形容词，前者含主动义，后者含被动义。

例如，interesting 和 interested，encouraging 和 encouraged，confusing 和 confused，pleasing 和 pleased，surprising 和 surprised，exhausting 和 exhausted，disappointing 和 disappointed，amazing 和 amazed，satisfying 和 satisfied，terrifying 和 terrified。

还有一些同源派生形容词，一个含主动义，另一含被动义。例如，desire 派生出的 desirous 和 desirable，desirous 是"向往的"，是主动义；desirable 义为"称心如意的、合乎需要的"，是被动义。例如：

We are desirous of success. 我们迫切渴望成功。

She is a beautiful and desirable woman. 她是个让人感到称心如意的漂亮女子。

形容词 easy、difficult、hard 本身就含被动义，因此我们可以说：

This job is easy.

而不可说：

He is easy.（作"容易的"解）

这也是它们后面的动词不定式不用被动态的原因，可以说：

This experiment is easy to do.

而一般不说：

This experiment is easy to be done.

英语中的所有格有时会有两种不同的意义。例如：

the rescue of Tom

既可理解为主谓关系：

汤姆去救人

也可理解为动宾关系：

别人救汤姆

又如：

Jack's murder

也有两种相反的含义：

①杰克谋杀别人

②别人谋杀杰克

可见，这类所有格构式可同时表达主动义和被动义，需在具体语境中才能得到确定。

五、主观义与客观义

词语的主观义是指人们对事物所持有的看法，具有"表态"的语义特征，多修饰人（也可修饰物），译为汉语的"表示出……"。

客观义具有"使人感受到"的语义特征，多修饰物（也可修饰人），译为汉语的"令人……""可……""使人……"。

上述所说动词加"-ed"构成的形容词多具有主观意义，而加"-ing"的多具有客观义。还有一些词既有主观义又有客观义。例如，pitiful 的主观义是有同情心的，客观义是令人同情的。又如：

He is suspicious.

suspicious 作表语修饰人时，含主观义，意为"他好猜疑"，而不是"他可疑"；若 suspicious 修饰物时则带客观义。例如：

His words look suspicious to me.

意为"他的话在我看来可疑。"

有时介词也有主客观义之别：

It was a useful lesson for him.

介词 for 常表示客观义，从客观上说，这对他是个有益的教训。然而，再看下例：

It was a useful lesson to him.

介词 to 常表示主观义，即从讲话者主观看法上说，认为这对他是个有益的教训。

六、主题义与次要义

有些词语在交际中比其他词语更加重要，传达了讲话人的主要意图，而有些词语仅起辅助性的作用，传达的意义较为次要。据此我们可把语义分成"主题义"和"次要义"，前者是重要信息之所在，后者仅具有语法义，或是对主题义的补充和举例，或无甚意义，是比主题义较为次要的或可省去的意义，例如：

It is a bit warmer today，isn't it？

在这个句子中，bit、warmer、today 具有主题义，而其他几个词则具有次要义。在传递信息时，具有主题义的词是不可省去的，而具有次要义的词则是可以省去的，如电报语、标题、广告等文体中常常仅保留使用主题义的词语。

在语言交际中要用这种次要义或无甚意义的词语的现象叫作语言的"冗余性"（Redundancy）。根据菲斯克的调查显示，英语的冗余性为50%，也就是说，若将一篇英语文章省去 50% 的词，它还能传递出主要信息。

在一段文章中，有些句子是重要的，可称之为"主题句"（Topic Sentence）；有些句子是次要的，是用以举例论证主题句的，可称之为"论证句"（Supporting Sentence）。若在语篇开头出现主题句，其后是一连串的论证句，这种语篇信息结构是"演绎型"（Deductive）思维的结果；若主题句出现在一个语篇的结尾，其前是一些说明性的论证句，这种语篇信息结构则是"归纳型"（Inductive）思维的产物。如果在一个语义连贯的段落里，主题句出现在段中，则是归纳型和演绎型两种思维方法相结合的反映。现笔者将其形象化地用菱形排为图 3-5 所示：

Supporting
Sentences

Despite
fact that cars from
Giermany and Japan are
flooding the Ameriea Market,
Ford, General Motors and Chrysler are
hiring more workers than ever before. The flood of
cheaper foreign cars has not cost Ameriean auto workers

Topic
Sentence

their jobs as some experts predicated. Ford operates as far as Asia,
and General Motors is considereds Australia's biggest
employer. Yet GM has its huge America
work foree and hires hundreds of people

Supporting
Sentences

every day to meet the needs
of an insatiable
society,

图 3-5

在语篇教学中，分析文章的主题句及论证句是十分重要的，虽然有些描述性或说明性段落或文章会没有主题句，但注重这方面的讲解和训练，既有利于讲清文章的主要意义，抓住作者的思路，分清主次，便于理解，同时也利于培养学生的阅读能力，形成抓住主要信息的习惯。有些学生阅读时往往是眉毛胡子一把抓，不分主次轻重，顺着往下看，不仅其阅读速度上不去，也不能迅速抓住文章的要领，这很不利于提高阅读能力。

七、词素义、词义、句义、话语义和篇章义

从语言形式结构上，我们可将语义从宏观意义到微观意义作如下划分：

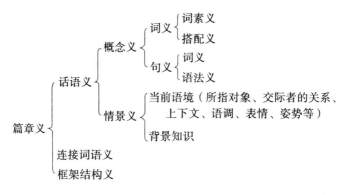

图 3-6

图 3-6 意在从大到小地列述语言各层次的意义，不在于说明语义的"组合原则"（Principle of Compositionality）。当然，认知语义学强调"整合原则"（Principle of Integration），并没有彻底否定组合观。兰格克指出：

Language exhibits only partial compositionality: often if not always, the actual meaning of a complex expression is more elaborate than anything regularly derivable from the meanings of its component elements. It is therefore misleading to think of components as "building blocks" from which the meaning of the whole is constructed their function is rather to evoke and symbolize certain facets of the integrated composite conception the speaker has in mind.

（语言仅展现出部分组合性，一个合成表达式的实际意义常常比从组成部分的意义正常复合出的任何内容更加复杂。因此，将组成成分视为"建筑构块"并由其构筑出整体意义这一说法具有误导性，而是这些组成成分的功能激活并符号化发话人心智中整体性复杂概念的某一方面。）

从这段语录可见，语言中也有部分"组合"现象，即按照"1+1=2"的规则行事，但主要是按照"整合原则"运作的，常遵循着"1+1>2"的规律。本节将按照图 3-5 的顺序逐一论述语言各层次的意义。

（一）词义（Word Meaning）、词素义（Morpheme Meaning）与搭配义（Collocative Meaning）

英语词汇虽浩如烟海、记不胜记，但并不是杂乱无章，互不关联的，它们都由一定数量的词素以某种构词方式结合而成。掌握词素义对于扩大英语词汇量大有裨益，英语词素，说得形象一点，就相当于汉字中的偏旁部首，由此我们便可看透英语单词的结构，从而对之加以熟练运用，迅速扩大词汇量。

现将汉英两语言中部分对应的"字/偏旁"与"词/词素"以表 3-4 的形式做一对比：

表3-4

汉语		英语	
单独使用的字	偏旁部首	单词（词根）	粘着词素
人	亻	man	anthrop

续 表

汉语		英语	
单独使用的字	偏旁部首	单词（词根）	粘着词素
水	氵	water	hydro
心	忄	heart	cord
足	𧾷	foot	ped, pod
走	辶	go	ceed, gress
言	讠	speak	log（ue）
手	扌	hand	man（u），chiro
病	疒	disease	path（o）
金	钅	metal	-ium
食	饣	eat	vor

利奇指出，搭配义是指适用于某种上下文中的意义，几个词语，乃至句子、段落组合在一起使用时，就会互相限制，此时既须符合客观世界的规律，又须符合语言用法。

（二）句义（Sentence Meaning）与话语义（Utterance Meaning）

一般说来，句义是词汇义与语法义的结合，话语义是句义与情景义的结合。

词义核心成分是对客观外界事物的属性进行概括而获得的概念义，基于人类的隐喻能力和语言经济原则，往往是一词多义的；搭配义则缩小词义范围，排斥了一些与上下文无关的词义；语法义表达了词与词之间的关系义，使得句义更为明确，而情景义是确定一个句子的话语义的最后一关，过这一关后，句子则成了话语，使之具有实际交际价值。

这四个决定话语义的因素可图示如下：

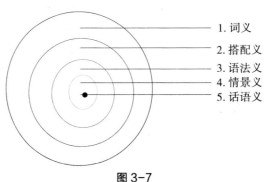

1. 词义
2. 搭配义
3. 语法义
4. 情景义
5. 话语义

图 3-7

根据此图，可以一例句分析：

Yesterday he found glasses with water in them on the table.

在最外层的圆 1 中，每个词获得其概念义，即词典上的释义；圆 2 中的搭配义使得"glasses"的歧义（眼镜）得到排除，因其与 with water in them 共现，则意为"杯子"；圆 3 的语法义表明了词间的关系，谁是动作的执行者，谁是接受者，谁修饰谁，此时经过搭配选择后的词义与语法义结合，组合成句义；圆 4（中心圆）为情景义，在这个圆中，句义得到确定，从而到达圆心一点 5，获得一个相对准确的、具体的话语义。

（三）篇章义（Discourse Meaning）

篇章义由若干个话语义结合而成，这些单独的话语靠着连贯的语义和连接词语联成一整篇文章。这些连接词语在传统语法中常被视为"虚词"而遭到冷落，其实，它们在语篇理解过程中所起的作用远不能以"虚"而冠之，因而连接词越来越受到国内外语言学家的重视，特别是系统功能学派，在这一方面做出了重要贡献。

连接词语，从其内容上来看，包括连接词以及起连接作用的副词、形容词、代词、介词短语等；从其地位上来说，英语两分句间一般要用连接词语，否则就被视为"缺少连接词语的句子"（Run-on Sentences）；从其使用频率上来说，其覆盖率在 10% 至 30% 间，甚至更高。无论从哪一方面来说，都不是能以"虚"而冠之的。连接词语对于猜测词义、理解句义、划分段落、掌握中心思想都具有一定的指导意义。现举一例，试看如何以连接词语作为线索来掌握文章中心思想：

① Besides gathering and storing information, the computer can also solve complicated problems that once took months for people to do. ② For example, within sixteen hours an electronic brain named CHEOPS（which stands for Chemical Engineering Optimization System）solved a difficult design problem. ③ First, it was fed all the information necessary for designing a chemical plant. ④ After running through 16, 000 possible designs, it picked out the plan for the plant that would produce the most chemical at the lowest cost. ⑤ Then it issued a printed set of exact specifications. ⑥ But before CHEOPS solved this problem, a team of engineers having the same information had worked for a year to produce only three designs, none of which was as efficient as the computer's.

这段文章共六句。第①句中的连接词语 Besides、also 表示的是一种内涵关系，全句的重点落在后半句上，即 solve complicated problems。接着以 For example 开头，其后的第②、③、④、⑤、⑥句与第①句构成例证关系。第③、④、⑤句又详细讲述了第②句的内容，描述了 CHEOPS 设计一个化学工厂的步骤。第③句的 first，第④句的 after，第⑤句的 then，则清楚地说明了设计的顺序。第③、④、⑤句与第⑥句是对比关系（but）。通过这些连接词语可见，③、④、⑤、⑥是说明和解释第②句的，它们与第②句一起为第①句作例证。显而易见，这段文章的第①句为该段的主题句，而其中又以后半句为重，即：the computer can also solve complicated problems。

现将该段的信息结构以示意图分析如下：

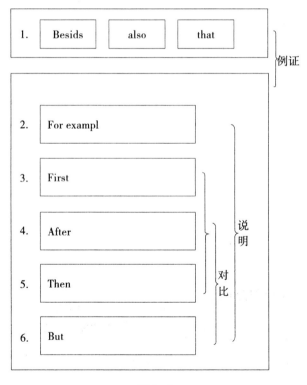

图 3-8

一个谨慎、熟练的作者在行文时，总是可以巧妙且熟练地运用这些连接词语来将自己的思想、观点阐述得轻重得当、详略合宜，同时也使文章结构层次分明，上下连贯。因而，一位仔细的读者也应认真学习和掌握这些词语的作用，科学地运用这些词语排出句间逻辑关系，理顺思路，这样既可得其要点，提高阅读速度和效果，同时也可提高自己的逻辑推理能力，进而有助于准确运用这些连接词语更好地组织文章，表达思想。

意义自然应包括文章的框架结构义，每篇文章都有一个总的框架，如开头、中间、结尾，它们在一定程度上都表达了它们各自的意义。一般的论文按结构还可分为绪引段、承接段、正文段（若干）、评论段和总结段；按文体可将段落分为叙述段、描写段、推演段、归纳段、辩论段等，可将文章分为记叙文、论说文、说明文等。若对文章的这些框架结构有较为清楚的理解，掌握它们的用法及其所具有的意义，对于理解篇章义也必然大有裨益。

第四章　认知语言学基础上的衔接

第一节　语篇

上一章的第三节中，我们讨论了语篇的含义，并且提出了衔接概念，指出它是实现组篇机制的语言手段。本章，我们将根据前面谈到的英语中的各类衔接，再继续深入地讨论。

语篇并非只是一串句子，换言之，它不只是一个类似于超句子的大语法单位，在种类上与句子相同，但在容量上却大得多。语篇最好被视为不只是一个语法单位，而是要被看作是一个与其不同类的单位，即语义单位，它所具有的统一性是语境中意义的统一性，是表示语篇作为一个整体与其所处的语境相联系的组篇机制。

作为一个语义单位，语篇是以句子的形式体现出来的，这是解释语篇与句子关系的最好方式。一组相关的句子，以一个句子为最低限度，是语篇的具体化或者说体现。所以，语篇的语义一致性在于组成它的句子之间的衔接。

在任何语篇中，一般来讲，每个句子，除了第一个句子之外，都与上一句，通常为紧接着的上一句，表现出某种形式上的衔接。换言之，每个句子至少含有一个回指衔接纽带与上文衔接，有些句子可能还有下指衔接纽带与下文衔接，但这些情况要少见得多，并且对生成语篇来说不是必需的。

任何一段具体的语言，只要它在某种情景语境下可以作为一个统一体起作用，就能构成一个语篇，它可以是口语体或书面体，也可以是任何的文体或语类，可以有任意数量的参与者，它通常可显示出由语域概念确定的一致性，即意义风格的一致性或包含它与语境的关系的语义构型的一致性。换言之，一个语篇通常在一定程度上是同质的，至少在最直接地反映和表达语篇与其环境的功能关系的语言方面是同质的。

一、语篇的长度

语篇的长度没有限制，**既然它不是语法阶级上的单位，并且它不是由句子组成的，那么句子也不能作为它的下线**。实际上，许多熟悉的语篇要小于语法结构上的一个句子，警告、名称、通告、碑铭及广告标语经常只由动词词组、名词词组、副词词组或介词词组构成，例如：

No smoking（禁止吸烟）

Site of early chapel（早期小教堂遗址）

For sale（待售）

National Westminster Bank（国民威斯敏斯特银行）

Do not feed（禁止喂食）

同样，语篇的长度也没有上限。一整本书可以只构成一个语篇，许多语类，例如小说就是这样的，这就是术语 "a novel"（一部小说）所隐含的意义，一场戏、一次布道、一个讲座或一次委员会会议同样也可以构成一个语篇。

在语篇中提供组篇机制的预设，即我们所谓的衔接，可以延续很长的片段。我们发现，在日常会话中，某些成分可以预设与说话时相隔几分钟甚至几小时的前面的语段，而作家们挖掘了这一潜力，使衔接纽带在语篇中跨越很长的距离。显然，我们对语篇的认识，作为母语学习的一部分，不受时间的限制，它更依靠语境关联和语言与环境的结合。

二、语篇概念的确定性

如果我们认为语篇概念是完全确定的，或者认为我们总是可以清楚地确定什么组成了一个语篇而什么没有，那是错误的。我们经常能确切地判断出整个语段什么时候构成了一个语篇，同样，我们也能确切地判断出其他的某些语段不是一个语篇，而是两个或多个。然而还有很多不确定的情况，还有很多疑问，我们根本不能确定是否应该把某个语段的所有部分都归为同一语篇。

从实用的目的来看，这通常没有多大关系。我们都能凭直觉意识到语篇概念的实效性，能知道有这样一个东西，无论是否每个例子都能毫无歧义地得到确定。作为讲话者和听话者、读者和作者，在判断语篇的组篇机制时，我们作为反应的正好是具体细节的衔接结构。

既然讲话者或作者用衔接来标示组篇机制，并且听话者或读者在理解组篇机制时会对衔接做出反应，那么，我们利用衔接来作为识别语篇边界的标准是有道理的。在大多数情况下，我们可以认为，一个新语篇开始于一个与上文无衔接的句子。

当然，我们会经常发现，一些孤立的句子或其他结构单位与语境并无衔接，即使它们是组成相互联系的语段的一部分，但是，通常情况下如果一个句子与上文没有衔接，那么它预示某种过渡的产生。例如，一件十分复杂的事物中不同阶段之间的过渡，或在一段散文文体小说中叙述与描写之间的过渡。我们可以把这类例子看作是非连续的，即看作一个新语篇的开始，有时候，我们会发现新语篇是插入其中的语段，然后再次继续原来的语篇。

所以，虽然语篇概念已经足够精确，并且能够恰当明确地进行定义，但是定义本身不会为我们提供可以自动识别在所有的实例中哪个是语篇哪个不是的标准，在所有的言内语境中，从最正式的到最不正式的，我们一直需要处在语篇连续性和非连续性边沿上的交流形式。然而，这种不确定例子的存在并不能破坏语篇作为语言交流的基本语义单位这一概念的有效性。

三、紧密型组篇机制与松散型组篇机制

在《艾丽丝漫游奇境记》中，叙述与诗歌之间的频繁转换是语篇中次语篇之间过渡的极好例证，书中的诗节经常完全脱离叙述语境，自己作为独立的语篇存在，与上文不存在任何衔接。《艾丽丝漫游奇境记》最后一章中的"红王后"一节就是这种例证之一。

同时，这些诗节经常可以通过提及诗歌，或某个诗歌而预测出来，所以整个诗节语篇将会被置入一个与引用话语语境相似的语境中。例如：

"The piece I am going to repeat"［Humpty Dumpty］went on without noticing her remark，"was written entirely for your amusement."

Alice felt that in that case she really ought to listen to it，so she sat down，and said，"Thank you" rather sadly.

"In winter when the fields are white，

I sing this song for your delight…"

［矮梯胖梯］丝毫没有注意听她讲，只顾说自己的，"我要背诵的这一首完全是逗你乐的"。

艾丽丝感到逗乐的诗真的应该听一听，因此坐了下来，无可奈何地说了声"谢谢。"

"冬天，田野一片白茫茫，

我高歌一曲请你欣赏……"

这里的词汇衔接是：song（歌）与第一句中的 piece（一首）形成衔接，而 piece 又与稍稍靠前的 poetry（诗）形成衔接。

这就清楚地表明了所有种类的语篇所共有的一般特征，语篇性并不是有或无的问题，它并不是密集的衔接纽带群或根本没有衔接纽带的问题。根据衔接的特性，我们发现了它在组篇机制上的变异，所以，语篇性是一个程度问题。在某些实例中，实际上会出现密集的衔接纽带群使组篇机制紧密，表明各个部分的意义之间有很强的相互依赖性，所有的部分组成一个统一体。

但是，在其他实例中，组篇机制会松散得多，其中有较少的衔接纽带，也许只有一个或两个。在《艾丽丝漫游奇境记》一书中，密集组篇机制与松散组篇机制之间的转换，给予整本书一种非常确定的风格。在某个层面上，《艾丽丝漫游奇境记》整本书是一个语篇。但是，当我们转移注意力时会发现，它包含一些与其余部分连接不甚紧密的部分，尤其是歌曲和诗节。这一点表现在衔接关系上，它们相对独立于周围的语段，但是通常只是部分而非完全的独立。

许多种类的语篇都具有这种特性，尤其是有些作家似乎利用密集和松散衔接纽带的规则变换来取得一种间歇性韵律。在这方面，我们看到了段落的重要性。段落是引入书面语言的一种手段，用以表达这种周期性。原则上，我们可以预料段落之中的衔接程度比段落之间的衔接程度要大。不出我们的预料，在大量的书面英语中的确如此。然而，在其他的作品中，或许是某些作者的特点，这一韵律是对位的：作者将密集性衔接纽带延伸，使其超越段落之间的界线，使得段落内的组篇机制相对松散。这本身也是表现语言特点的一个过程的实例，在这个过程中，两个关联的语言变项相互脱离，从而产生了一种十分确定的语义和修辞效果。这里说的两个语言变项是段落结构和衔接结构，首先，段落作为一个周期性模式的文字符号或表述向前发展。我们可以用下面的图 4-1 来表现这种发展模式：

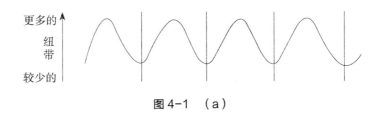

图 4-1 （a）

纵向线代表段落的界线，波浪线表示衔接纽带的密度。随后，段落自身开始了其模式制造者的功能（与仅仅作模式标记相区别），会出现下图：

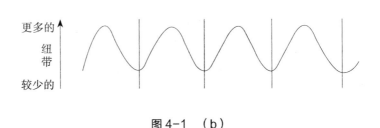

图 4-1 （b）

此图表示了段落结构与衔接不相统一的作品，这种作品具有复杂的组篇机制，在视觉韵律（以及相关的身势韵律）上，与由密集衔接模式和松散衔接模式的转换产生的韵律相对称。

四、想象组篇机制

最后，我们谈谈可以生成想象组篇机制的衔接类型，它为读者和听话者建立起一种期望，因为这是对过去的期望，所以从本质上讲是不可能得到实现的。我们可以再用艾丽丝的例子来论证：

《镜中奇遇记》（Through the Looking Class）中的第一句是这样的：

One thing was certain, that the white kitten had had nothing to do with it; —it was the black kitten's fault entirely.

（可以肯定，小白猫没有调皮捣蛋；——完全是小黑猫的过错。）

这个句子出现了指称项目 it，明确表明它是衔接的。也就是说，叙述刚一开始就假设读者已经在叙述过程的中间。它看上去预设了在它之前的很多事情，但事实上根本没有上文，所以我们不得不靠自己来补足缺乏的信息。既然我们在开始就必须寻求 it 的某种解释，那么文章开头就引起了我们的兴趣，使得我们乐于读下去。此例中的指称，像通常那样，在下指中得到实现，我们在两个段落之后得知 it 指的是小黑猫（弄松弄乱了毛线球）。

在短篇小说的开始通常会使用这种手段，它为一个语类确定了风格，其作为一个语类的意义依赖于语篇中的内容并非是故事的全部含义。这种手法也用于其他的语境，例如，某谐星快言快语地说 so we pushed him under the other one（于是我们把他推到另一个下面）。

这种虚假的或不明确的衔接创造出了一种把读者或听话者纳入同一团体的效果。它假定读者或听话者是局内人，与讲话者或作者分享共同的经历。它在书面小说中的运用可能类似于民间传说通常用的开头语。民间传说中经常假定听众已经预先知道传说中的事情，并且以回指的衔接形式，来暗指其中的人物、事件及背景情况，即使这些情况以前不曾提过，或至少在当时的场合下不曾提过。在孩子的口语中，我们也发现了类似的特征，即预设与听话者共享经历。真实的与想象的回指之间的界限终归不是很明确的，许多新闻报道的解释，要依靠假定前一天的报纸内容为同一语篇的组成部分。而且，在一种情景下对于一个参与者来说是语篇的语段，对于另一个人来说，未必总是语篇。例如，当一个做白日梦的人突然大声讲出了他其中的一个念头时，对于别人来说就未必是语篇。

第二节　衔接的一般意义

衔接的一般意义体现在语篇概念中，衔接通过它提供"组篇机制"的作用促进了语篇的形成。

衔接是形成语篇的必要但非充分条件，语篇的形成需要语言系统中语篇，即组篇的成分，其中包括衔接。从整体上来看，语篇成分是语言中的一组资源，其语义功能是表达与语境的关系。正是从这一语篇成分中派生出来的意义表示了语篇的特征——它表现了某些语境实施中的语言特点，与不是实施中的语言而是引用语言区别开来，如索引或对语言项目的列单等形式。

关于语篇成分及衔接在其中的位置，我们已做过简要论述。语义系统中的语篇功能概念为衔接的意义问题提供了最概括的答案，语篇成分创造了语篇，而不是非语篇，这正是其意义所在。在语篇成分中，衔接在创造语篇方面起了特别的作用。衔接表达了语篇部分之间存在的连续性。需要强调的是，连续性并非组篇机制的全部，在信息结构、主位模式等诸方面，将语篇的每个切分成分组织起来，这也是组篇机制的一部分，同切分成分之间的连续性一样重要。然而，连续性添加了另外一个成分，只有这一成分的存在才能使话语成为语篇。

用最概括的话来讲，由衔接提供的连续性在于表达出了话语的每个阶段与上文的连接点，其意义就在于语篇中具有这些连接点：随着意义的发展，某些实体或情景，某些有关特征或论证思路，从语义进程的一个阶段延续到另一个阶段。但是，它还有另一个更基本的意义，此意义存在于对语段的解释，正是由衔接所提供的连续性使得读者或听话者能够补充缺失的成分，即补足所有并未在语篇中出现却是理解中必需的成分。

理解语言交流中存在的主要问题之一，就是知道听话者如何填补缺失的信息。实际上，它是在对组篇过程的理解中存在的问题，无论是对话还是其他语篇，虽然它通常出现在对话语境中。听话者解释他所听到的话，并赋予意义，然而在这个过程中，他自己补充了很多的意义。他所听到的句子，小句及单词，在词汇语法方面无论多么完美，在语义方面却漏洞百出，并且，与普遍的看法相反，在大多数的口语语境中，它们的确形式完好。或者，更确切地说这是一个错误的比喻。在情景中有时似乎出现了许多省略的信息需要听话者补充，或者语义似乎是缺了几块拼板的智力拼图玩具。用信息焦点来描述会更恰当些，语篇的词汇语法所呈现的更像一幅完整、但焦点失调的图片，轮廓模糊，看不到细节部分。而如果再进一步，假定着手准备的图片并非要达到逼真的效果，而只是象征性的表现，那么我们就会对解码过程的本质有一些认识。这就是实际情况，是听话者要经历的过程。

听话者能够完成解码过程是因为他所听到的与其语境是系统相关的，即正如我们所说的，它具有"语篇意义"；而此关系中一个关键成分是它与上文的连续性。连续性不仅是语篇的一个有趣的特征，而且是理解语篇的必要成分，如果要进行意义的交换，就必须要有衔接。

这种情况太容易举例说明了，因此经常会被忘记。看一下本专著所引用的例子，绝大多数来自于《艾丽丝漫游奇境记》，或者是虚构的。因为这是唯一能确保读者的注意力集中在论点上的方法，使用读者熟悉的语篇以避免为解释它而出现停顿，或者使用虚构的例子以避开此问题。如果从现实生活语篇中提取孤立的句子作例子，就会出现类似如下的情况：

① Two rolled off it and stopped, as though arrested by a witch's wand, at Mrs Oliver's feet.

（两个滚动着离它而去，但又停下来，像被女巫的魔杖吸引住，停在了奥立弗太太脚边。）

② This is a one with animals too, animals that go in water.

（这也是有动物的一个，有水下动物的一个。）

③ Administration spokesmen were prompt to say it should not be considered any such thing.

（政府发言人立即说不应该将其视为是这样的事情。）

④ You could see them coming on him, before your very eyes.

（你可以看到它们在他身上出现，就在你的眼前。）

⑤ I expect you will get this but I'll send it if you want.

（我想你会收到这一期的，但是如果你想要，我会把它寄给你。）

⑥ It was the morning caught for ever.

（它永远是那天早晨看到的东西。）

⑦ So he proposed having his discovery copied before parting with it.

（于是他提议在离开他的发明之前，把它复制一份。）

这些例子都是人们说话和写作中常用的句子，只是人们并不孤立地使用它们。在解释它们的过程中，我们把连续成分，连同其他环境因素一起来考虑，甚至注意不到"读入"的不确定因素及所有不同的含义，因为在需要解译的图画出现之前，镜头已经就位了。但是，在继续解译的过程中，衔接模式起了主要的作用。

这一点是十分明显的，然而，我们经常认识不到我们的解释到底有多少是依靠这种与上文的连续性的。不仅需要提供例子中的指称对象，例如，①中的 two 和 it，②中的 this，③中的 it，④中的 them 和 him，⑤中的 this，⑥中的 it 和⑦中的 he，也不仅仅是解释下列项目所需的信息：②中的

too 需要知道 "in addition to what"（除什么之外），③中的 such 需要知道 "any thing such as what？"（像什么那一类的东西或事情），⑦中的 so 需要知道 "why did he propose having it done"（为什么他提议复制它）。如果这些句子单独出现，关于如何解释由语法结构和词汇项目表现的物体、事件及其他，我们毫无头绪，或者更确切地说，我们只有十分模糊的想法。例如，发生了什么样的滚动？在 with animals 中，如何解释 with？以什么样的方式那些东西 coming on him？如何能理解 "you will get this but I'll send it"？发明了什么样的东西需要复制？如何复制？为何复制？我们不能使 the morning 直观化，并且不知道是前面提及的一个早晨，还是在外部环境中会得到确认的特定"早晨"。我们不知道，政府发言人谈到的是一件东西、一个机构还是一篇长长的文章——一个真相或一篇报告。这些例子没有什么不寻常或神秘的地方，只是"焦点失调"，只有当我们把它们放在语篇环境中，解释它们引起的疑问，才能恢复其合适的位置。

我们几乎没有必要做这些事情来证明当前的论点。然而，如果不作进一步论述，读者也许会有被欺骗的感觉。因此，笔者在这里列出上面各例的直接上文：

Joyce, a sturdy thirteen-year-old, seized the bowl of apples.

（13 岁的乔伊斯，身体健壮，抓住了那碗苹果。）

This mobile's got fishes, yours has animals.

（这辆车装着鱼，你的载着动物。）

During the hearing on Wednesday, Inouye said the questions furnished by Buzhardt "should serve as a substitute, admittedly not the very best, but a substitute for cross-examination of Mr Dean by the President of the United States".

（在星期三的听证会上，伊努叶说，布查德特提供的问题"应该用以替代由美国总统对迪安先生的交互讯问，无可否认，它并不是最好的，仅仅是替代"。）

Spots. All over his face and hands—

（斑点。他的脸上和手上都有——）

Nothing else has come for you except Staff Bulletin No 2.

（除了第二期职工新闻简报有你的，没有其他的东西。）

There on the rough thick paper, reduced to their simplest possible terms, were the stream, glittering and dimpling, the stone arch of the bridge flushed in morning sunlight, the moor and the hills.

（在那张粗糙的厚纸上，已经用最简练的线条勾勒出了波光粼粼的河流，晨曦中变红的石拱桥，还有荒野及山岗。）

The nobleman, it appeared, had by this time become rather fond of Nanna and Pippa. He liked, it might be said, the way they comported themselves.

（到这时，看上去那位贵族已经变得相当喜欢南娜与皮帕。可以说，他是喜欢她们的行为方式。）

任何接近"完整"的解释可能都需要比从上面一两个句子所恢复的更多的信息。例如，在包含⑦的语篇中，在⑦的两页之前有这样一个句子：It was a highly indecent picture（这是一幅非常猥亵的画面）。

在①之前，相隔一段距离，出现了这个句子：It was to be a Halloween party...（将会有一个万圣节前夕晚会），又出现了 Mrs Oliver was partial to apples（奥利弗太太偏爱苹果）。而此外，在这个语篇之前，又有其他的语篇，讲述了奥利弗太太以及她对苹果的喜好，还有对巫术的相关指称。同样，在③之前，不仅有六个专栏的详细新闻，还有六个月来围绕水门事件几乎每日都有的报道。在④中，衔接的混乱和缺乏成为喜剧手段，来暗示信息是某人违心地说出来的，即使事实上（观众从上文中已获悉）这种勉强是假装的，此信息也是错误的：

Patch: Mind you, Sam, it may not be that at all. We can't tell what poor old Slivers has got—

Mellock: Who's Slivers?

［As they do not reply, Grindley shaking his head at Patch, Ursula cuts in.］

Ursula: Is he the man you had locked in that cabin? ［As they do not reply］ He is, isn't he? ［They nod.］ Well, what's the matter with him?

Patch: It was the only thing we could do, you know. Until the doctor came.

Mellock ［not liking this］: The doctor?

Ursula: Come on. What's the matter with him? ［They are obviously reluctant to answer.］ He was taken ill, wasn't he?

Patch：All hot and flushed. Then breaking into spots.

Gridley［warningly］：Bob！ You know，we promised.

Ursula：Don't be idiotic. You've got to tell us.

Patch［with feigned reluctance］：Spots. All over his face and hands—

Gridley：You could see them coming on him，before your very eyes. About that size.［Indicates.］No bigger.［Shows them.］❶

（帕奇：你要知道，萨姆，可能完全不是那么回事儿。我们不知道可怜的老西尔维斯得了——

麦鲁卡：谁是西尔维斯？

［因为他们没有回答，格林德利向帕奇摇头，厄休拉插嘴道。］

厄休拉：他是不是你们锁进小屋的那个人啊？［见他们没有回答］就是他，对不对？

［他们点了一下头。］那么，他出了什么事啊？

帕奇：你知道，那是我们唯一能做的事。起码在医生来之前。

麦鲁卡［不高兴地］：医生？

厄休拉：快点说嘛。他怎么了？［显然他们不愿意回答。］他生病了，是不是？

帕奇：全身滚烫发红。然后起了斑点。

格林德利［警告地］：鲍勃！你知道，我们答应过（不说的）。

厄休拉：别傻了。你应该告诉我们。

帕奇［假装不情愿］：斑点。他的脸上和手上——

格林德利：你可以看到它们出现在他身上，就在你的眼前。大约那么大。［比画着］没见过更大的。［给他们看。］）

衔接纽带，尤其是那些与直接上文联系的纽带，只是读者或听话者所需要的信息源之一。情景的和更远的语篇信息也是必要的组成成分。但是，从衔接成分所携带的预设中通常能够恢复的信息量之大是令人惊讶的，语篇发展中的连续性是理解它的首要因素。

以上我们举例说明了衔接的总体意义，衔接为语篇这个语义单位提供了某种连续性，而这种连续性是由语法结构（句子、小句等单位）在语

---

❶ 出自J.B.Priestley，*Bess on the Deck*（The plays of J.B.Priestley，Vol.2），Heinemann。

法层次上实现的。与语义系统的其他东西一样，衔接关系也是通过词汇语法，通过结构的选择及词汇项目的选择在结构上的作用来实现的。作这本专著的意图就是结合认知语言对语义学的研究，纵览词汇语法的资源，并在语言系统中表明它们的地位。然而，衔接关系自身是意义关系，由它所产生的连续性也是意义连续性。这就使得读者或听话者能够用衔接模式来处理语篇，这说明衔接模式不仅能够表明语篇的存在与范围，实际上也能使读者或听话者理解语篇，以及确定他是如何做到这一点的。

第三节　不同类型衔接的意义

衔接在指称、替代、省略、连接和词汇衔接中都是必要的，对衔接在不同种类下的分析是建立在语言形式之上的，而且它们是可以在词汇语法系统中被识别的衔接范畴。从使用的语言资源上来说，它们都是某种词汇语法现象。

指称、替代和省略无疑是语法上的衔接，因为它们涉及的是封闭系统，即出现或不出现的简单选择，以及人称、数量、临近和比较等级等系统内的选择。词汇衔接，如其名称所示，是词汇上的衔接，它涉及一种开放系统的选择，选择与上文某个词汇项目在某种程度上相关的另一词汇项目。连接则处于语法衔接和词汇衔接的边界上，这组连接成分可以在语法上从系统的角度来解释，但是这种解释会相当复杂，而且有些连接表达方式也会涉及词汇的选择，例如在 from that moment on 中的 moment。

这一事实可表明，衔接采用了什么样的形式，以及利用了什么样的语言资源来表达衔接关系。但它们没有表明的是这些关系本身是什么，如果我们问衔接关系的本质是什么，以区别于衔接关系采用的表达形式，我们会得到一个不同的答案；此答案仍然是从语言系统的角度来讲的，只是它提供了不同的阐述。现在要讨论的是，被看作语言中一组关系的衔接的本质是什么，以及这些关系在语言系统中处在什么位置。换言之，这些不同种类的衔接意义是什么？

如果从这个角度来看，我们能识别三种类型的衔接，它们是语言中把语篇的这一部分与那一部分连接起来的三种不同的关系，而不是结构关系。简而言之，分别是形式关联、指称关联和语义关联。它们与各个种类的衔接相互对应，可表示如下：

衔接关系的本质	衔接的种类
形式关联	替代和省略；词汇搭配
指称关联	指称；词汇复现
语义关联	连接

一、不同类型的衔接所遵循的一般原则

我们已经在讨论中多次谈论过这一概括议题的不同方面。那就是，虽然指称利用语法手段来表达，但实际上它是一种语义关系。即，它是某种特定实例的意义之间的关系，而不是词汇或其他语言形式项目之间的关系。另一方面，替代和省略，是在词汇语法层上各成分之间的形式关系。而且这一区别会产生不同的结果。

一方面，在替代和省略中总有可能"恢复"预设项目（恢复替代标记，或填充结构空位），而在指称中，则通常不能如此。另一方面，一个替代项目必须保留被预设项目的语法功能，然而指称不受这种限制，它独立于这种形式限制之外。词汇衔接与上述两种类型都有相似之处。无论有无指称一致性，这种关系都是词汇项目之间的形式关系，但是，词汇衔接的特征就是在有指称一致性的语境中使用，由此，衔接的词汇项目通常与 the 或其他回指指称项目伴随出现。

为什么这两种不同的衔接关系一个是形式的，另一个为语义的呢？这是因为存在两种可能的信道来还原信息：一个为语境，另一个为语篇。

这个非常简单的概念是用来解释语言发生在社会语境中，并且与组成这些语境的现实建立了联系。在这里，与其相关的现实完全不必是在周围的"舞台道具"中，即在物质环境的"家具"中可以找到的。社会环境是一个更加抽象的概念，它指的是一种产生意义的符号结构，它所构成的"现实"可能是完全不可及的。但是，同样的，它们可能是最接近的人或事物，如果是这样，就不得不用指称指它们。这就是我们所谓的外指指称。

语言系统中的语义层还是语言与外界现实之间的连接面，因此，与环境的外指联系是语义层上的联系。这是对指称的说明。指称是连接语言实

例与其环境的语义关系，指称项目原则上是外指的。如 him 的基本意义是
"在那里的那个人"，在第一和第二人称形式 me 和 you 中我们可以清楚地
看到这一点，它们用来指交际情景中的讲话者和听话者。临近系统的指示
代词也是这种情况，例如，"靠近我"是 here 或"不靠近我"是 that，有
时还会有第三个词"不靠近我们任何一个"，就是 you，如下例：

Yon Cassius hath a lean and hungry look.

（那个凯歇斯形容憔悴，面有饥色。）

　　其次，在任何前后有联系的语段中都有必要回指某件已经提过的事
物，这样能清楚地表明两者之间存在一致的指称。毫无疑问，在语言之
外，仍然存在一个最终指称对象，是它限定了两个实例之间的一致性特
点。但是，第二个实例的直接指称对象是第一个实例，并且就是上文所
提到的这个直接指称对象构成了现在的相关语境，而非是语言外的指称对
象。所有的语言很可能都具有这一功能，即把指称项目的外指作用扩展为
内指作用。这种说法并非暗示在已知的语言历史上确实存在这样一个过
程，而是从总的人类语言发展史来说有可能存在这样一个过程。从而，在
英语中，几乎所有的指称项目通常也是内指的。在可感知的情景不是相关
社会语境的组成部分的情况下，语言的运用与"行为中的语言"无关。在
这些语境中，内指指称作为建立同一性的方式先于外指指称。这样，识别
指称对象的过程成为衔接或组篇的过程。

　　为什么用 him 来指称 John，而不用 John？因为 John 是个模糊的概念，
him 则是定指的。John 可能是上文中出现的任何 John，但 him 则意味着"那
个特定的人"，其身份已被确认和确定。所以，为了表明 John 的身份是语
境的一个特征，文中用 him 来指 John，而不用 John。这一原则也用于其他
指称项目，环境的概念已经超越了语境，将语篇包括在内。

　　这样，如果指称关系既可以是内指的，也可以是外指的，即如果一个
指称项目既可以指语篇中的一个单位，也可以指称情景中的一个单位，我
们完全可以问：为什么语言又形成了另一种不同的关系，替代关系，来把
一个语言项目与另一个语言项目联系起来呢？在这里，问题的关键是对比
概念，是信息的对比。在前后连续的语段中，情况是我们需要在不存在指
称一致性的地方准确地重复某个项目。例如，

　　—Would you like this teapot？

—No，I want a square one.

（"你想要这把茶壶吗？"

"不，我想要一把方形的。"）

在这里，第二个讲话者没有使用指称项目 it，这是因为他实际上不想要上文所指的物品。但是他确实建立了一种不同的连续性，这种连续性的基础不是已知实例中的指称一致性，而是所涉及的语言单位的一致性。这种连续性不是在意义上，而是在形式上。运用替代形式 one 的用意在于提供一个词汇项目，而这个词汇项目刚才是作为名词词组的主词出现的。这两个实例之间的关系是建立在词汇语法层上的。

当然，并不是它不涉及意义方面，而是其含义是不同的。构成两者之间联系的是一般的事物类别，在此例中是"teapots"（茶壶）。但是，通过替代形式建立起来的连续性的意义在于它是对比环境中的连续性。例句是通过替代而形成衔接的一个典型例子，在其中意义是"同一种类的不同成员"。

对比可以采取很多不同的形式。"同一种类的不同成员"的意义只是与名词性替代形式 one 相关联的特征。然而，对比可以出现在与替代成分相联系的任何系统中。我们可以在指示语、数量成分以及形容语中发现名词性的替代形式；而动词性替代形式通常伴随极性、语气或情态的对比出现。

为了在对比语境中表达这种连续性，比较合适的衔接关系不是建立在语义层上，如果建立在语义层上，这将意味着衔接因素是语言之外的。所以需要把它建立在词汇语法层上。其含义是这种连续性本质上是一种语言连续性，它存在于词本身内：替代的意义就是"这是我们前面使用过的同一个词"。所以说，它是一种内在的语篇关系，而不是一种语境关系。只有在为了达到某种特殊效果的情况下，替代才用于外指语境中，用来创造预设项目已在上文出现的感觉。

提出"对比"或"对比信息"概念是为了引起人们对区别替代与指称的特征的注意。这或许表明了替代总涉及某种否定，不是上文提到的，而是不同的另一个，等等。这是对比采用的典型形式，但不是唯一的形式。试看下例：

I want three teapots. I'll take this one，and this one，and this one.

（我想要三把茶壶。我要这个，这个，还有这个。）

这里的对比只是采用了新信息的形式。我们正在谈论的是茶壶（one），并且所谈的茶壶以前没有作具体说明，现在则进行了说明（this）。

我们知道省略与替代关系密切，在省略中，我们通常这样解释。例如：

—What are you doing ?

—Buying a teapot.

（"你在做什么？"

"买一把茶壶。"）

在这里，I am 的省略显示了连续性，由此也表明了剩余的部分为新信息。同样的例子例如：

—How many teapots are you buying ?

—Three.

（"你买几把茶壶？"

"三把。"）

这就是指称与替代的不同所隐含的一般原则。指称是语义关系，通过对指称对象的识别来说明语义，识别的信息来源于语境，所以指称关系基本上是外指的。当识别过程以上文的言语指称对象为媒介时，指称关系相应变成了衔接关系。那么，上文的指称对象也变成了预设成分，而整个语篇作为建立指称关系的相关语境代替了情景。

替代 / 省略是形式（词汇）关系，在形式关系中，通过使用语法信号来标示出某个项目可以在上文中得到恢复，从而使某个形式（词汇）得到说明。恢复此项目的源泉是语篇，所以替代关系基本上是内指的。既然是上文提供了被预设项目所处的相关语境，那么它从本质上讲就是一种衔接关系。

连接是第三种也是最后一种衔接关系，与前面两种不同的是，它不是以形式或指称来实现连续性的，而是通过语义联系来形成衔接的。在语篇的两个连续语段之间存在某种意义关系，因此，对第二段的解释依靠它与第一段的关系。这种关系可能是下列两种关系之一：或者作为事物之间的关系存在于概念意义之中，例如，叙述中两个事件之间的关系；或者存在于人际意义之中，作为交际过程中的成分或阶段之间的关系，例如辩论中两个步骤之间的关系。它们都可以体现为相邻小句之间的语义联系的形式，举例如下：

Jack fell down and broke his crown.

And Jill came tumbling after.

（杰克摔倒了，跌碎了他的王冠。

接着吉尔也摔倒了。）

For he's a jolly good fellow.

And so say all of us.

（因为他是个大好人，

并且我们都这样说。）

下面对这三种衔接作进一步讨论。

二、指称

指称是语篇的某个成分与通过参照这个成分在特定情景中得到解释的其他事物之间的关系。指称是一个潜在的衔接关系，这是因为作为语篇解释源泉的事物自身有可能是语篇的一个成分。

指称项目的解释由下列方式决定。

其解释取下列两种形式之一：或将指称项目与其指称对象等同起来，或将指称项目与指称对象进行比较，即明确表示两者是不等同的，但与其形成某种形式的比较。

在第一种情况中，其解释涉及识别过程，指称项目具有指示功能，而且总是特指的。指示是在名词词组中的识别功能，为了能达到衔接的目的，识别必须是特指的。因此，这组指示项目包括除疑问词之外的所有特指性指示词（代词和限定词），因为这些疑问词只包括对特指性的要求，而非特指性本身，所以不可能起衔接作用，详见表 4-1。

表4-1

指示词	人称代词			指示代词
	存在格	所有格		
指示词	I, you, we, he, she, it, they, one	mine, yours, ours, his, hers, (its), theirs	my, your, our, his, her, its, their, one's	the, this, these, that, those
疑问词	who, what	whose	whose	which, what
	特定代词		特定限定词	

换言之，所有这类指称项目都是特指的，因为对它们的解释要依靠指称的一致性。这并不是说指称对象作为语篇的一个成分（即指称为回指的），必须也是特指的。一个指称项目可以指上文中的任何成分，无论其是否为特指。例如：

I can see a light. Let's follow it.

（我能看见一盏灯。我们跟着它吧。）

例中 it（它）指 a light（一盏灯），这里的特指性是由指称关系赋予的。因为它涉及一致性，由此，"a light" 变成了 "the light"，即刚才提及的那盏灯。在这一过程中，它被特指化，指 "（我说过的）我能看到的那盏灯"。这就是为什么能有下面的句子：

Nobody ever believes he's going to lose.

（没有人相信他会输。）

此例中 he 指的是某个被视为实例的人，这里指 "谈论到其信念的那个人"。此例中的预设项目不仅是非特指的，还可以说它是不存在的。

对于代词化的规则，从句内人称指称的意义上讲，我们已有相当多的了解。然而，它不属于衔接现象，所以不在我们的研究范围之内。关于在具有潜在歧义的语境中如何解释指称项目的问题，相关研究者已经开始研究。虽然在这里它不是我们的主要研究议题，但是确实需要简单讨论一下。我们在这里要讨论的问题是：听话者或读者如何识别一个指称项目，指的是语篇中两个或多个项目中的哪一个。例如，如果遇到这样一个句子：

Spurs played Liverpool. They beat them.

（马刺队与利物浦队对战。他们打败了他们。）

我们如何知道谁打败了谁？

从及物性或语气上讲，我们已经提出了各种各样的语法准则，表明一个指称项目要在某方面保持其指称对象的结构功能。

例如，如果及物性是一个决定性因素，具有行为者功能的指称项目只能指潜在的指称对象中具有行为者功能的那一个。如果语气是决定性因素，具有主语功能的指称项目就只能指称潜在的指称对象中具有主语功能的那一个。将 The cops chased the robbers. They caught them. 一句分解为表格 4-2 中的内容来看，这一例句既满足了及物性标准，又满足了情态标准。

表4-2

	The cops（警察）	chased（追捕）	the robbers.（盗贼）	They（他们）	caught（抓住了）	them.（他们）
（及物性）	行为者	过程	目标	行为者	过程	目标
（语气）	主语	谓语动词	宾语	主语	谓语动词	宾语

在此例中，they（他们）指 the cops（警察），them（他们）指 the robbers（盗贼）。但请看下例：

The cops chased the robbers. They eluded them.

（警察们追捕盗贼。他们躲开了他们。）

在这里唯一可能的解释是：they 指 the robbers，而 them 指 the cops。这涉及两个结构中角色的互换，但是我们仍然能够毫不费力地解释它。类似的例子还有：

John wanted Bill's horse. But he wouldn't give it to him.

（约翰想要比尔的马。但是他不会把马给他。）

John wanted Bill's horse. But he wouldn't pay him for it.

（约翰想要比尔的马。但是他不想为此付给他钱。）

显然，前后两句话需要相反的解释。在第一句中，he（他）是 Bill（比尔），him（他）是 John（约翰），在第二句中却正好相反，我们感觉不出哪一个比另一个更易于接受，或是更具衔接力。

既然指称是语义关系，其标准必然是在语义中，而不是在语法中。正是意义使得我们在这些实例中消除了歧义。如果在某个例子中，意义解决不了歧义问题，从而需要向语法求援，那就如哈桑曾提到的那样，其原因很有可能在主位上，而非在及物性或语气上。这同样也在预料之中，因为主位结构是小句中的组篇结构。为了在及物性、语气和主位三者都不一致的语境中生成一种具有歧义的指称，而形成的特定情景组合是十分古怪的，我们很难找到十分有说服力的例子。但是，下面是其中两例：

表4-3

①	These ponies（这些小马）	the children（孩子们）	were given by（被给）	their grandparents.（他们的祖父母）
（及物性）				行为者
（语气）		主语		
（主位）	主位			

② They're staying here，now.

（它们现在在这里。）

在第二个句子中，they（它们）是行为者（在及物系统中）、主语（在语气系统中）和主位（在主位系统中）。在第一个句子中，行为者、主语和主位都是不同的词汇项目：行为者为 their grandparents（他们的祖父母），主语为 the children（孩子们），而主位为 these ponies（这些小马）。虽然英语倾向于用人作主语，但在此，比较好的解释似乎是 they 指 these ponies。如果这个解释成立的话，它表明，如果我们说有什么语法标准的话，那么，我们会发现它是在主位结构，而不是及物性结构或语气结构中。

注意，这一点并不适合替代。如果第一句后面出现的是问句 Which ones？" 或省略形式问句 "Which？"，最可行的解释是 "which grandparents？"因此，似乎并没有十分明确的语法规则可以把一个指称项目分派给几个可能的语篇指称对象之一，因为这种分派一般建立在语义基础上。如果在 he、it 或 this 的识别过程中存在一个以上的指称对象，我们选择的应该是在语境中最有意义的。这并不是说歧义不可能出现，它很可能出现，并且经常出现。对于"最有意义"这个位置或许不存在最主要的候选者。在这种情况下，作为最后的诉诸手段，我们可以求助于语法，很可能就是其主位－述位结构。在其他方面都相同的情况下，一个衔接指称项目最可能的目标似乎是前一句的主位，这一观点即使在指称项目本身不是主位的情况下似乎也是正确的。试比较：

These ponies the children were given by their grandparents. Have you seen them？

（这些小马是孩子们的祖父母送的。你见过它们吗？）

例中 them（它们）似乎更有可能指 these ponies。但是如果在一个前后连接的语段中有一系列可能目标的话，任何纯粹的语法原则都不能够解决对这一议题的争议，而"最有意义"的语义原则，尽管在这里我们很难将其明确化，却是唯一真正适用的原则。

有关指称的一些限制不是本专著主要关心的问题，笔者更关心的是发生了什么，而不是没有发生什么。这些限制也趋向于反映语义方面的问题，这些问题同时也经常反映在语法中。正好有一个例子可以说明问题：

An old man came in with his son. They were very dirty.

（一位老人和他的儿子一起走进来。他们非常脏。）

An old man came in with his overcoat. They were very dirty.

（一位穿大衣的老人走进来。他们非常脏。）

例句中的后一句话 They were very dirty. 是相同的，它出现在第一句之后是可以接受的，但如果出现在第二句之后，却是不可接受的，或持最乐观的看法，是可疑的。old man（老人）和 overcoat（大衣）差别太大，不能把两者放在同一预设之中。这也与两者不能同处于一个并列结构中有关，如 an old man and his son came in 是可以存在的，但没有 an old man and his overcoat came in 这样的句子。

在有些实例中使用了指称项目，但严格地讲，其关系并非指称关系。下面这个例子可以说明这个问题：

Arthur's very proud of his chihuahuas. I don't like them.

（阿瑟以他的那些奇瓦瓦狗为荣。我不喜欢它们。）

这个例子是有歧义的，它的意思可能是"我不喜欢阿瑟的奇瓦瓦狗"，也可能是"我不喜欢奇瓦瓦狗（泛指）"。第二种解释比较反常，因为 them 与名词词组 Arthur's Chihuahuas 不是同指关系。毫无疑问，在这里我们可以解释为它与名词词组中独立的、无修饰词的主词 Chihuahua 是同指的。

最后，在有些实例中，其指称项目，由于其自身的特指性，被用来消除前一句的歧义，因为前一句自身是有歧义的。例如，

I'd rather like to see a play. It's at the Ambassador's.

（我更喜欢看戏剧。它在大使剧院上演。）

这里的 it 表示第一句的意义是"有一部我想看的戏剧"。存在歧义的语境经常是像例句这样的例子，即小句的结构是简单命题句，但实际上

是不一致的。在这里，与表达一致的形式应该是确认类小句，具有等式结构，如 There's a play I'd rather like to see.（有一部戏我想去看。）

　　比较与其他形式的指称不同，其他指称形式的基础是指称的同一性，而比较的基础是不同一，即解释指称项目不是通过与其预设项目保持一致，而是同其预设项目进行比较。"不一致"这一表述实际上是有误导性的，因为可比较的可能形式之一就是其一致性。然而，一致性并非标准，一致性只是两者相似或不相似的诸多方式之一。在指称的比较类型中，被预设的成分起指称点的作用。把它作为一个标准，其他事物从相似性上以它为参照点；而且"同一性"只是类似的一种。从这方面来说，比较提供了解释指称项目的源泉；并且，被预设项目同时出现在语篇中，两者之间就具有衔接关系。例如，在下例中，more（更多）预设了 oysters（牡蛎）：

　　"I like the Walrus best，" said Alice："because，you see，he was a little sorry for the poor oysters."

　　"He ate more than the Carpenter though，" said Tweedledee.

　　（艾丽丝说："我最喜欢海象，因为它对可怜的牡蛎表示歉意。"

　　"可是，它吃得比木匠还多，"特威德尔迪说。）

　　当相似性具有同一性的价值时，比较在特指方面类似于其他形式的指称。"相同性"具有"特指相同性"的含义。因此，same 和表示同一性的其他比较形式通常带有 the，或某些其他特指限定词。与此形成对比的是，当相似性具有非同一性（相似或相异）价值时，指称通常是非特指的。仅从这一点来看，表达非同一性的比较形式与其他指称形式是不同的。所以，我们通常看到的是 the same place 和 a similar place 以及 an other place（写作一个词 another），a different place。

　　我们可以用互相解释这个术语来总结一下指称的意义，在指称项目与其预设项目之间存在语义联系，但这并不意味着，两者必须具有相同的指称对象，而是意味着指称项目的解释在某种程度上依靠对其预设项目的解释。同指是相互解释可能采取的一个特定形式，在这种情况下两个项目事实上指向同一事物。相互解释是一个一般概念，它是指称衔接关系的基础，凭借它，人称形式、指示形式和比较形式在组篇能力上是相同的。一个指称项目的解释是通过参照其他项目来实现的，正是相互解释的这一原则确定了指称项目在语篇意义中的作用。

三、替代与省略

替代不具有特指性含义，替代关系与限定或识别一个特定指称对象没有任何关系，从这一点上说，它处于相当中立的地位。所以，特指形式，如 the empty one，与非特指形式，如 an empty one 都可以以相同的概率出现。名词性替代形式 one 与不定冠词的来源相同。这一事实或许表明，替代原本就是非特指的，但是替代形式 one 的意义是可数性，而不是非特指性。这反映在替代形式的复数为 ones，而不定冠词的复数却是 some 这一事实中，并且 some 还是不定冠词的"集合"形式，然而，在集合名词的语境中并无替代形式的存在。

我们已经讨论过替代和名词性指称之间的区别。在指称中通常有指称对象的一致性，而替代则用于没有这种一致性的地方。因为替代衔接采取语言中的同一成分（相同措词），不同指称对象的形式，这就需要一个在词汇语法层次上，即"措词"层次上，起连接作用的手段。因此替代的本质是对比：一个新的指称对象由此被确定——正因如此，专有名词中不存在替代。对比不一定出现在指称中，它也可能出现在一些人际意义成分中，例如，情态、基调、情感等，但这其中的原则是相同的。指称的含义是预设项目与其所预设事物之间存在意义一致性，然而，替代具有意义不同一的含义。这一点可以通过在答语中运用替代和省略来说明，答语的功能是提供缺失的信息或肯定信息，即提供新信息，也正是新信息创造了替代项目或省略项目出现的语境。例如：

—Did you cook the dinner？

—No；John did.

（"你做晚饭了吗？

没有，约翰做了。"）

然而，指称与替代或省略之间的区别在动词与小句上不如在名词上更明确。注意以下两个例句之间的不同：

—Are they selling the contents today？

—No，they're doing it tomorrow.（reference）

（"今天他们打算卖东西吗？" "没有，他们明天卖。"）（指称）

—Are they selling the contents today？ —No，they are（doing）tomorrow.（substitution or ellipsis）

（"今天他们打算卖东西吗？""没有，是在明天。"）（替代或省略）

第一个句子是指称性的，假定他们在卖东西，而且在此仅仅提供了时间，它把疑问句组织成"when are they selling the contents？"（他们什么时候卖东西？），属于确认类主位结构，等同于"the time when they are selling=tomorrow"（他们卖东西的时间 = 明天），同时将动词内包于主位中。第一句的替换形式可以是 It's tomorrow they are doing it（他们卖东西是在明天）。第二个句子则没有假定"卖"的行为，而只是陈述它，这是因为要为替代提供对比语境的意义，即极性，是新信息，答句的替代形式将这个疑问句分析为"are they selling the contents？"（他们在卖东西吗？）同时，把"today"（今天）作为已知信息或附加的相关信息，其主位组织形式是"the fact=that they are selling；but tomorrow"（事实 = 他们在卖东西，但是是在明天）。正是由于这个原因，在只有极性可以作为焦点的问答序列中，指称形式不是合适的回答形式，下例更说明了这一点：

—Are they selling the contents？ —Yes，they're doing it.

（"他们在卖东西吗？""是的，他们在做这件事。"）

—Are they selling the contents？ —No，they're not doing it.

（"他们在卖东西吗？""不是，他们不是在做这件事。"）

另一方面，回答用替代或省略形式则是完全合适的。

—Are they selling the contents？ —Yes，they are（doing）.

（"他们在卖东西吗？""是的，他们在（卖东西"）。）

—Are they selling the contents？ —No，they're not（doing）.

（"他们是在卖东西吗？""不是，他们不是（在卖东西）。"）

相反，当信息焦点落在其他成分上时，替代或省略形式就被排除在外，因为过程本身不是讨论的议题，所讨论的只是与此相关的情境，如空间、时间等。例如，在下一例句中，答句中出现了"I sleep"（我睡觉），好像它是新信息，因此显得很古怪：

—Do you sleep on the couch？ —No；I do（do）on the sofa.

（"你是在睡榻上睡觉吗？""不，我在沙发上睡觉。"）

在这里，指称也被排除在外，但原因不同。我们不说 I do it on the Sofa，是因为 sleep（睡觉）不是行为名词。但是对于其他类型的过程，指称是可接受的，例如：

—Do you cook every day？

—No，I do it every other day.

（"你每天都做饭吗？"

"不，我是每隔一天做一次。"）

请看最后两个例子：

—Does she paint for profit？

—No，she does it for pleasure.（reference）

（"她画画是为了赚钱吗？"

"不，她做这件事是为了消遣。"）（指称）

—Does she paint for profit？

—No，she does（do）for pleasure.（substitution or ellipsis）

（"她画画是为了赚钱吗？"

"不，她是为了消遣。"）（替代或省略）

在这里，第二句的答语不可能出现，因为它将"she paints"（她画画）描述为新信息。然而，此疑问形式表明"她画画"这一事实并非是讨论的议题，其合适的意义应该是"她画画的原因是为了消遣"，如第一个例句答语那样表达的意义。

上述举例说明了具有"对比语境中的连续性"意义的替代与省略的一般原则。在其中继续下来的是形式，即一个单词或结构的特征，它发生在指称意义不一致的语境中。

另一方面，结构的语境趋向维持前后相当一致；例如，不可能出现下列例句中的情况，因为它们涉及了很大的结构变化：

—Would you like this book to read？

—I've already done so.

（"你想读这本书吗？"

我已经这样做了。"）

Give me a book to read. I have（done）this one.

（给我一本书读。我已经读完了这一本。）

然而，如果在第一句的 Read this book！（读一读这本书！）和第二句的 Have you read these books？（你读过这些书了吗？）之后，替代是无懈可击的。

为什么讲话者不只是重复同一个词？当然，他可以这样做：

—I've had an offer for this.

—I'll make you a better offer.

（"对于此物我已经有了一个报价了。"

"我会给你一个更好的价钱。"）

注意看，在这里发生了什么？为了表明这是一个复现（如果它不是复现，它将不起衔接作用），讲话者必须将语调重音从 offer（报价）转移到 better（更好的）上。但是 offer 是一个词汇项目：由此，将核心置于前一词汇项目是"有标记的"，也具有很强的对比性，同时也是下列两例之间系统对立的一个功能：

—I'll make you a better OFFER.（unmarked focus）

（我会给你一个更好的价钱。）（无标记焦点）

I'll make you a BETTER offer.（marked focus）

（我会给你一个更好的价钱。）（标记焦点）

然而，在上一组例句的语境中，这种对立是不相关的。在这里只可能有一种意义，而不会有两种，语境需要将焦点集中在 better 上，但是同时也需要焦点是无标记的。而这两点的同时实现只能运用在 better 后无词汇项目的结构中，所以，或者是 better 在信息单位中作为最后一个单词出现（如，省略：I'll make you a better），或者在 better 后使用一个语法词 one，one 不承载信息焦点（如，替代：I'll make you a better one）。这两者的焦点都是无标记的。换言之，替代和省略形式得到优先考虑是因为它们在不妨碍话语信息结构，即不突出特定语境中不相关信息的同时，创造了衔接。

替代和省略之间的意义区别最小，学者将省略定义为零替代；同样，我们也完全可以将替代定义为显性省略。省略形式是答句的典型特征，当用于是非问句的答句时，省略其命题（如，No, he didn't；Yes, I have 等）；当用于特殊问句的答句时，省略所有成分，只留下所需的答案（如，In the drawer, Next weekend 等等）。然而，虽然在省略和替代形式与和它们对应的"填充"形式之间几乎没有意义上的区别，但在两个衔接形式之间也几乎没有显著的区别。例如：

Let's see if Granny can look after the shop for us. ① She MIGHT look after the shop for us.

（我们看奶奶是否可以替我们照看商店。她可能会替我们照看商店。）

Let's see if Granny can look after the shop for us. ② She MIGHT do.

（我们看奶奶是否可以替我们照看商店。她可能会替我们。）

Let's see if Granny can look after the shop for us. ③ She MIGHT.

（我们看奶奶是否可以替我们照看商店。她可能会。）

如上段所见，①不同于②。①使已知成分 look after the shop for us（替我们照看商店）显性化，并且由此增加了一个有标记的信息结构，即 MIGHT look after the shop for us，它与 might look after THE SHOP for us 形成鲜明的对比；然而在②中，信息的分布是中立的，语调重心在其无标记位置上。显然，从讲话者的角度讲，这才是有意义的选择。虽然②和③之间几乎没有意义上的差别，但在许多语境中，只能择其一。例如，对于许多讲英语的人来说，只有"She MIGHT."能出现在这里。在两者都可能出现的地方，从不同的环境中具有相同形式的意义来说，替代形式看上去有点更显性化。例如：

—Has Smith reacted to that paragraph about him in the paper？

—No，he hasn't.

—He hasn't done yet；but when he reads it carefully he may think again.

（"史密斯对报纸上关于他的那一段报道做出反应了吗？"

"不，他没有。"

"他还没有做出反应；但是当他仔细阅读后，他会再次考虑的。"）

—Have an apple.

—I'll take this.

—The other ones better.

（"吃个苹果吧。"

"我吃这个。"

"另一个好点。"）

在前一个例句中 do 的使用以及在后一个例句中 one 的使用，表明了在所有这些例证中使用替代都比使用省略形式 he hasn't yet，the other's better 的对比效果更强烈。并且，小句替代形式可以在某些特定间接引语语境中用来消除所产生的歧义：

Will Granny look after the shop for us？

—She hasn't said.

（"奶奶会替我们照看商店吗？"

"她还没说。"）

这个省略形式的意思可能是"She hasn't said that she will"（她没有说她将照看商店）或者"She hasn't said whether she will or not"（她还没有说是否她将照看商店）。然而，替代形式 she hasn't said so 的意思只可能是前者。虽然它们有这样的区别，但是在很多实例中，替代与省略的区别几乎可以忽略不计，在实际应用中可以看作是一种自由变体。

四、词汇衔接：复现与搭配

词汇衔接是一种"指示"衔接，是通过词汇结构（如替代）在词汇语法层上建立起来的。现扼要重述如下表 4-4：

表4-4

建立"指示"关系的语言层面		衔接类型
语义的		指称
词汇语法的	语法的	替代和省略
	词汇的	词汇衔接

词汇衔接包括两个不同但相互关联的方面，即我们所谓的复现和搭配。复现是在指称语境中，词汇项目的重复，或某种同义词的出现，也就是说，出现的两个词汇项目具有共同的指称对象。因此，一个复现词汇项目通常伴随一个指称项目出现，这个指称项目通常为 the 或指示代词。所以，由 the 加上复现的词汇项目构成的复合体通过指称而起衔接作用。然而，复现本身即是衔接的，即在没有指称关系时，衔接仍然存在，这类实例构成了双重纽带。就搭配来说，正如上所述，词汇项目的重复自身具有衔接性，不论二者之间是否存在指称一致性，或有无任何指称关系的存在，这种衔接来源于对语言的词汇组织。某个词在某种程度上与上文中的另一个词相互关联，是因为这个词是另一个词的直接重复，或者它在某种意义上，与另一个词具有同义关系，或者它们趋向于出现在相同的词汇环

境中，因此相互衔接成为组篇机制。

下面的语段包含上述两种类型衔接的例证：

Soon her eye fell on a little glass box that was lying under the table: she opened it, and found in it a very small cake, on which the words "EAT ME" were beautifully marked in currants. "Well, I'll eat it, "said Alice, 'and if it makes me larger, I can reach the key; and if it makes me smaller, I can creep under the door; so either way I'll get into the garden, and I don't care which happens！"

She ate a little bit, and said anxiously to herself, "Which way？ Which way ？"holding her hand on the top of her head to feel which way it was growing, and she was quite surprised to find that she remained the same size; to be sure, this generally happens when one eats cake, but Alice had got so much into the way of expecting nothing but out-of-the-way things to happen, that it seemed quite dull and stupid for life to go on in the common way. So she set to work, and very soon finished off the cake.

（不一会儿，她的眼光落在桌子底下放着的一只小玻璃盒上。她把它打开，在盒里找到一块小小的糕，糕上用葡萄干拼成几个美丽的字"把我吃掉"。"嗯，我要吃它，"艾丽丝说，"要是吃了能使我长大，我就能拿到钥匙；要是能使我变得更小，我就能从门底下爬过去，所以不管怎么着，我反正能到花园里，变大变小我都不在乎！"

她吃了一点儿，就焦急地问自己，"朝哪一头变？朝哪一头变？"同时用一只手按住头顶，看自己究竟朝那一头变。她发现自己仍旧和原来一样大，这使她非常惊奇。当然，吃一块糕嘛，一般都不会有什么变化的，可是艾丽丝已经习惯于老是指望发生稀奇古怪的事儿，如果样样照常，那么生活就似乎太沉闷无聊了。

于是，她大口嚼起来，一会儿就把那块糕吃掉了。）

cake（糕）第二次出现在 when one eats cake（人们吃糕的时候）（第二段）中，它没有伴随指称项目出现，与第一次出现的 cake 也就不存在任何指称关系，但是重复本身就已形成了一个纽带。而在 very soon finished off the cake（很快吃完了整块糕）中，第三次出现的 cake 伴随指称项目 the 出现，因此这里存在两个纽带，一个为指称纽带，通过指称项目 the 已表明了指称的一致性，另一个则为复现纽带。在这一个语段中，词汇衔接的其他实例，由下列词汇所提供，例如，eat…eat…ate…eats；open…key…door！larger…smaller…（the same）size, makes larger…makes smaller…growing！happens…happen。

　　这两种衔接类型所遵循的原则是通过词汇意义的连续性来达到衔接的效果。这一原则可以与指称关系结合起来，但是要注意的一点是，词汇衔接并非依靠指称关系来取得衔接效果。这种衔接是词汇自身关系的一种功能，它既有语义的一面，例如同义关系、下义关系及转喻关系等等，也有纯词汇或搭配的一面，即词汇之间的相互预测性；它是由某个词汇频繁地出现于另一词汇项目的语言环境中而产生的，或者以某种更好的方式来看，是由两个词汇项目出现在它们共有的语言环境范围之内出现的。一种语言的所有词汇，其内部组织结构是依靠多个方面形成的，这些方面一起决定"什么与什么在一起"；这种共现的趋势，与语法结构的规则一样，也是语言系统的一部分，虽然它们只能作为趋势，而不能作为"规则"来陈述。这实质上就是说，词汇模式的盖然性特征使得它们在语篇中发挥衔接作用，因为词汇模式存在于语言结构之外，并且不为结构关系所制约，所以它们才可以用来将一系列毫不相关的结构转换成一个统一的衔接整体。

五、连接

　　连接与其他衔接关系有些不同。它以假设语言系统中句子之间存在系统关系形式为基础。在语言系统中存在着可以使语篇的一部分与另一部分在意义上连接起来的多种可能的形式。

　　在一般语言中存在一些固有的基本逻辑关系。毫无疑问，它们最终的来源是人类的经验范畴。这些范畴在社会语言现实的建构过程中起重要作用。在建构这个现实的同时，经过无数代人的努力，在运用符号进行交流的过程中，逐步建立起了宇宙的模型。我们可以把它们看作是对由形式逻辑所代表的理想规范的偏离；但是也应该记住，在人类思想发展史上，形式逻辑概念无论怎样的间接，都是来自于自然语言的逻辑。这些逻辑关系以并列、同位、修饰等形式隐含于语言结构中，与它们相类似的是我们称作连接关系的某些非结构的组篇关系。连接关系不是以语法结构的形式来编码的，而是用语篇各成分之间更松散、更能适应环境的联系形式来表示的。

具体的连接关系是指那些由"and""yet""so"和"then"表达的关系，它们中的每一个都既可以出现在"外部"语境中，也可以出现在"内部"语境中。后两者之间的区别是在语义系统的功能的基础上派生出来的。它决定连接成分的位置，连接既可以位于组成所讲内容的现象之中（外部的），也可以位于话语本身的交流中，即位于组成言语事件的社会过程中（内部的）。下面对于两种情况分别给出一组例子（见表4-5）：

表4-5

	External(外部的)	Internal(内部的)
and	They gave him food and clothing. And they looked after him till he was better. （他们给他食物和衣服。并且照顾他，直到他身体好一些。）	They gave me fish to eat. And I don't like fish. （他们给我鱼吃。可我不喜欢鱼。）
yet	They looked after him well. Yet he got no better. （他们好好照顾他。可是他的身体仍然不见好转。）	That must be Henry. Yet it can't be ; Henry's in Manchester. （那一定是亨利。然而那不可能，因为亨利现在在曼彻斯特。）
so	He drove into the harbor one night. So they took his licence away. （一天晚上，他开进了港口。于是他们吊销了他的执照。）	We're having guests tonight. So don't be late. （我们今晚有客人。所以不要迟到。）
then	He stayed there for three years. Then he went on to New Zealand. （他在那儿待了三年。接着，他去了新西兰。）	He found his way eventually. Then he'd left his papers behind. （终于，他找到了自己的路。那时，他已经把他的论文丢下了。）

连接既不依靠指称意义也不依赖措词的一致性或联系，连接关系不是"指示性的"，它们代表的是组成语篇的各个成分之间的语义联系。解释连接关系的方式有很多，在这里所采用的四重图解法是在探索衔接关系的一般特征中发现的最有帮助的一种方式，这些衔接关系将不是"封闭型的"，即在需要时允许对"and"等进一步进行分类。纯结构方法会提出其他的分类方式，例如，以传统的从属句的分类为基础。正如我们已经注意到的，有一些结构关系与连接关系类似，下表所示分别是它们的表达方式：

表4-6

	语篇的（连接的）	结构的（逻辑的）	
		并列的	主从的
and	Also, …	…and…	besides…
yet	However, …	…yet…	although…
so	Consequently, …	…so…	because…
then	Subsequently, …	…then…	after…

同样，我们还可以在句子中发现，指称的、替代的与省略的"指示"关系可以作为结构组成关系出现。但是，根据现在的观点来说，决定对所涉及系统的解释与描述的是语篇的本质，而不是语法的组织方式。

六、小结

英语语篇衔接的语义基础可总结如下。

衔接存在于词汇语法意义的连续性、指称意义的连续性和与上文的语义关联中。其中，词汇语法意义的连续性是"形式关联性"，起指示作用，具体表示为下图：

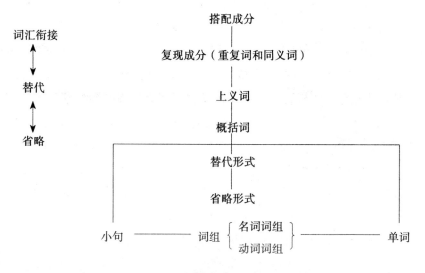

图4-2

替代和省略相互关联，尤其在指称不连续的语境中。在指称意义的连续性中，衔接是"指称关联性"，同样起指示的作用，具体表示图 4-3 所示：

与上文的语义关联是非指示性的，见图 4-4：

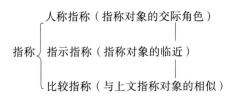

图 4-3

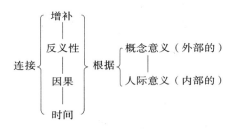

图 4-4

以上是对衔接关系的总结。以这种方式将其归类后，我们再重复一下衔接关系本身与在语言系统中它们的表示方式之间的相异之处或许会有帮助。衔接关系本身可以解释为词汇语法上的词汇语法意义的连续性，当然，也可以是语义上的。后者又可以分为指称的意义连续性和连接的上文语义关联。换言之，衔接类型或者依靠语言系统中的语义关系，或者依靠词汇语法关系。但是，在所有情况下，衔接关系的表达既涉及语义系统，又涉及词汇语法系统，也就是说，既涉及意义上的选择，又涉及其在措辞和结构上的体现。

所以，在语篇中即使衔接是通过纯形式关系来实现的，例如，one 替代一个事物的名词，那么所涉及的选择，不但要包括选择特定事物的意义，而且要包括选择与上文事物一致的意义，总体来说，也是语义选择。那么，相反地，即使在衔接关系为语义关系时，它也必须在词汇语法系统中得到体现。例如，指称意义的一致性是通过第三人称代词的语法系统来表达的。最后，以表 4-7 作为不同类型衔接意义的总结：

表4-7

在语言系统中的体现　　衔接关系的类型	语义系统	词汇语法系统（典型）
连接	增补，反义性 因果和时间关系 外部与内部	话语副词： 副词词组 介词词组
指称	识别： 言语角色 临近 特指（唯一） 指称点	人称代词 指示代词 定冠词 比较级用词
词汇衔接	搭配（词汇语境的相似） 复现（词汇指称的一致）	相同或相关联的词汇项目 相同的词汇项目；同义词； 上义词；概括词
替代	潜在指称的一致 （类别意义） 在实际（实例）的指称 非一致的语境中	动词性的、名词性的 或小句的替代形式 动词性的、名词性的 或小句的省略形式

第四节　衔接与语篇

组篇机制不只涉及衔接，在语言语篇的建构中，衔接关系的确立是一个必要部分，但不是其全部。

用最概括的话来说，组篇机制还存在其他两个成分。一个是句子内部的语篇结构，即把句子及其各部分以把句子与其语境联系起来的方式进行组织；另一个是语篇的"宏观结构"，这种结构使得语篇作为一种特定类型的语篇出现，如对话、叙述、抒情诗、商业信函等等。

一、句子内部的语篇结构

英语句子内部组篇机制的主要成分是主位系统和信息系统，关于这两个系统，韩礼德已在一篇论文中概要论述过。主位系统主要以小句作为信息的组织结构，即从主位和其余部分（如述位）来进行描述的结构，以及以某种方式与这个结构相关的大量的主位变体。下面的例子提供了所涉及的语义范围：

① John's aunt | left him this duckpress.

Theme　　　　| Rheme

（约翰的姨妈|留给她这台烤鸭机）

主位　　　　　|述位

② John | was left this duckpress by his aunt.

Theme| Rheme

（约翰|他的姨妈把这台烤鸭机留下）

主位|述位

③ This duckpress | John's aunt left him.

Theme　　　　　　　|Rheme

(这台烤鸭机　　|是约翰的姨妈留给他的)

主位　　　　　|述位

④ What John's aunt left him | was this duckpress.

Theme：identified　　　　　|Rheme：identifier

（约翰的姨妈留给约翰的　　|是这台烤鸭机）

主位：被识别者　　　　　　|述位：识别者

⑤ The way John got this duckpress | was by a legacy from his aunt.

Theme：identified　　　　　　|Rheme：identifier

（约翰的这台烤鸭机来自　　　|他姨妈的馈赠）

主位：被识别者　　　　　　　|述位：识别者

⑥ Requeathing this duckpress | was what John's aunt did for him.

Theme：identifier　　　　　　|Rheme：identified

（将这台烤鸭机馈赠给约翰　　|是他姨妈为他做的事）

主位：识别者　　　　　　　　|述位：被识别者

信息系统是将语篇组成信息单位的系统。在英语中，它通过语调模式表达出来，因此它只是英语口语的一个特征。在书面英语中，标点符号可以用来表现信息结构，但它不可能完全表现出来，并且大多数的标点符号应用是在信息结构（根据语调加标点）和句子结构（根据语法加标点）之间的折中。英语口语用非常简单的方式来表达信息结构。连接的言语以语调单位不间断的连续为形式，语调单位即我们通常所谓的语调群。每一个语调群都代表讲话者选择的用以进行编码的一条信息，是语篇过程的一个单位。这样，每一条信息单位由两个成分构成，一个为新信息成分，来表示讲话者描述的信息，对于听话者来说，是不可从其他信息源恢复的，另一个为已知信息成分，来表示讲话者描述的信息，对于听话者来说，是可以从语境中的某个信息源得到恢复的，如情境或上文。已知信息成分是非必要的，而新信息成分必然存在于每个信息单位之中。这是因为，如果没有新信息成分，也就不能称其为一个独立的信息单位。

在下面的例子中，信息单位的界限用 ‖ 表示，新信息成分使用小体大写字母来表示：

‖ JOHN'S AUNT LEFT HIM THIS DUCKPRESS ‖

‖ JOHN'S AUNT left him this duckpress ‖

‖ JOHN'S AUNT ‖ left him THIS DUCKPRESS ‖

‖ John WAS LEFT THIS DUCKPRESS ‖ by HIS AUNT ‖

‖ JOHN was left this duckpress ‖ by HIS AUNT ‖

‖ JOHN ‖ WAS LEFT THIS DUCKPRESS BY HIS AUNT ‖

‖ THIS DUCKPRESS ‖ JOHN'S AUNT left him ‖

（约翰的姨妈留给他这台烤鸭机。）

信息结构的各种可能的形式数量确实很多。如果将主位系统与信息系统组合起来，将得出一般小句长度的聚合体，将达到几十个、甚至成千上万个，因为其中的每一个都具有不同的语篇意义，看起来很复杂，很难应付。但我们一旦认识到句子内部这些不同的、数量巨大的语篇结构只是由几个相关却独立的选择结构组合的结果，并且每个选择结构本身都是非常简单的，这样看起来就不是太复杂了。如果只存在 20 种不同的选择结构，每一种只有两种可能的形式，这就已经可以产生上百万种形式了。当然，事情实际上并非那么简单，可能产生的数量要依靠句子的结构来定，所做的选择并非完全独立，理论上可能的组合并非都能够出现，而且并非所有的选择结构都只限于两种选择。但是，正是在这个原则下，句子内部组成结构，起到了体现语篇的作用，并且这种内部的组篇机制是衔接的结构对应部分。无论是衔接，还是句子的内部组篇结构，都不能单独地实现组句成篇的目的。组篇机制就是两者相互作用的产物。

二、话语的组篇机制

组篇机制的第三部分，也就是最后一部分，是话语结构。话语结构指的是更大的结构，它是话语自身的形式特征，这种结构在如下的概念中是固有的，例如，叙述、祈祷、民谣、正式信函、十四行诗、操作说明、电视剧等诸如此类的概念。

我们可以说每个语类都有它自己的话语结构。非正式的、自发的谈话，除了每个句子的内部结构以及句子间的衔接，似乎没有它自己的结构。但是，哈维·萨克斯与伊曼纽尔·斯克格罗夫的研究已经毫无疑问地表明，谈话具有高度的组织结构，有特定的原则来控制话语的轮换，而且，有些具有衔接作用的连接成分的功能之一就是标示出并控制话轮。有几种萨克斯和斯克格罗夫所谓的"相邻对"，即对话中相互关联、相互预设的两个有序序列成分，如问候、邀请或问答序列。会话的话语结构由衔接得到强化，它明确地把相关部分联结起来，使它们之间比不那么相关的部分更紧密。由此，格夫曼得出如下的观察结果："一个轮次内的两句有序言语（即话轮）之间的关系，比在两个轮次的有序对话之间的关系，倾向于更有意义。"

显而易见，其他形式的话语比交谈更具结构性，并且有些话语，尤其是叙述，已在多种不同的语言中做过相当详细的研究。在这里没有必要再不断强调某些成分以某种次序存在对于叙述概念的重要性，记叙文，作为一个语篇，具有典型的组织结构，或若干典型的组织结构之一，并且它是通过遵守这些形式而获得组篇机制的。文学形式，包括"严格"的韵律诗形式——那些在文化上得到确认的，具有高度规范化的形式，例如，格律及韵律格式，即能够确定十分复杂的概念，如十四行诗、抑扬格五音步诗行等的形式，全部都属于话语结构这个一般范畴，它们是组篇机制的某些方面，与句内结构和句间衔接结合起来，提供了文化中完整的组篇机制来源。

三、语言分析的作用

对语篇的语言分析并非是对它的释义，而是一种解释。这一点在文体学中，即对文学语篇的语言分析中十分清楚，虽然经常被误解。对文学作品的语言分析，也不是对语篇意义的解释，而是对为何和如何它具有这种意义做出的解释。

同样，如果语言分析涉及评价，那么对语篇的语言分析不是对语篇自身的评价，而是对如何和为何做出这样的评价的解释。对文学语篇做语言分析，目标在于解释该语篇的意义及做出评价。语言学的作用就是解释，"如何"与"为何"对于读者和听话者来说，语篇具有这样的意义，还有，"如何"与"为何"他们对其进行某种特定的评价。

我们可以从语篇研究的总体上来概括这一点。衔接以及对组篇机制其他方面的分析，大体上不会对语篇的释义添加新内容。然而，它会表明为何语篇有特定的释义，其中包括在任何地方的释义中发生歧义的原因，它将会解释会话推理的本质，会话推理指的是在讲话者不明示的情况下，听话者从语篇中获取的意义，例如，从文化中，参与者的共享经验中以及情境和周围语篇中获取的预设含义。会话推理是语义系统中的组篇或"语篇"成分，它为制造预设提供了特别的语言手段。对衔接的分析也是同样的情况，这种分析不会得出孰为好语篇孰为坏语篇的结果，也不会得出在特定语境中孰为有效衔接孰为无效衔接的结果。但是，分析会得出一些为何你认为它是好语篇或坏语篇的原因，或者为何你有其他想法的原因。

在最后一章，我们就从这个角度出发，提出一些语篇衔接模式的描写方法。其意图在于对组篇机制的这一方面做一个有理有据的、全面的描述，并且通过这一描述，使我们对语篇之所以为语篇的原因有所了解。

第五章　扩展至语境和语用学的语义

第一节　语言衔接与连贯

在以上各章的讨论中，我们始终贯穿一个观点，即对一个有意义的可接受的语篇来说，它在语言各层次（如语义、词汇、句法、语音等）的成分都可表现出某种程度的衔接，从而使说话人在交际过程中所表达的意图贯通整个语篇，达到交际目的。但在特殊情况下，语言成分之间的衔接并不能保证语篇的交际意图总是连贯；另一方面，衔接不太明显的语篇有时却是内容连贯的。这是本章将要讨论的重点。我们不妨先举以下一例：

张大嫂有个女儿。男尊女卑的思想在中国尚未彻底消除。中国正在实现四个现代化。后现代主义是一种文学思潮。

这段话通过"女儿""男""女"；"中国""中国"；"现代（化）"，"（后）现代（主义）"实现了词汇衔接。这些词语又进一步构成了不太严格的主位衔接。尽管每句话都表达一定的语义，但作为整个语篇，意思是不连贯的。说话人在语篇中究竟想表达什么样的中心思想不得而知。

反之，下面列举的衔接关系不是很清楚，意义却仍然是连贯的。

A：How did you like the performance？

B：It was a nice theatre.

A 问 B 对演出的印象如何，B 答的是 It was a nice theatre. 乍听之下，会觉得牛头不对马嘴，答非所问。有趣的是 A 完全能听懂 B 的明褒实贬的用意，B 避而不谈对演出的印象，只对剧场表示好感。如果他不是对演出不满意的话，至少对演出印象不深。

由此可见，"衔接"（cohesion）与"连贯"（coherence）虽有相同的词根"cohere"，可在内涵上有所不同。这也表现在形容词形式的不同，两词对应的形式分别为"cohesive"和"coherent"。衔接所实现的是语言的表层形式和陈述之间的关系，而连贯指交际行为之间的统一关系。以上两个例子还说明，语篇在交际功能上的连贯有赖于语篇产生时的语境知识和语篇使用者的语用知识。由于语篇的连贯实际上是听话人根据语境信息和语用知识来掌握说话人的交际意图，在这个意义上，听话人对语篇的理解越透彻，越能掌握语篇的连贯性。

第二节　语境

"语境"（context）这个词用得较广，有不同内涵，它可以指语篇内部的环境，即"上下文"（linguistic context，co-text）；它可以指语篇产生时的周围情况、事件的性质、参与者的关系、时间、地点、方式等，可称之为"情景语境"（situational context）；它可以指说话人所在的言语社团的历史文化和风俗人情，属该言语社团的人一般都能理解其在语篇中的意义，可称之为"文化语境"（cultural context）。这三者都有助于理解语篇的意义和交际意图，从而使语篇保持连贯性。

一、上下文

众所周知，乔伊斯的作品晦涩难懂，其不成句的跳跃式的行文缺乏连贯，常令人不可卒读。但细心推敲，还是可以从字里行间猜度其大意的。

① A kidney oozed bloodgouts on the willow-patterned dish: the last. ② He stood by the nextdoor girl at the counter. ③ Would she buy it too, calling the items from a slip in her hand. ④ Chapped: washing soda. ⑤ And a pound and a half of Denny's sausages. ⑥ His eyes rested on her vigorous hips. ⑦ Woods his name is. ⑧ Wonder what he does. ⑨ Wife is oldish. ⑩ New Blood. ⑪ No followers allowed.

——乔伊斯《尤利西斯》

乍看之下，例句确实不太连贯，一会儿谈柳条盘里血淋淋的腰子，一会儿谈站在邻居姑娘旁的主人公 Bloom，一会儿是姑娘在念购物单上一个一个采购项目，接着笔锋一转，列举了一大串零零碎碎的概念，如粗糙的双手、肥皂、丹尼斯香肠、丰满的臀部、一个叫作 Woods 的人，等等。要贯通这段话的语义，读者便得分析上下文。从本语段的内容看，读者应理清三条线索：一是作者的客观介绍，二是主人公 Bloom 对周围世界的观察，三是主人公在思想上对周围世界的反映。把这三条线索整理清楚，表示为下表 5-1，并把握其相互关系，全段语义就贯通无遗了：

表5-1

	作者的描写	主人公的观察	主人公的内心活动
①		柳条盘内血淋淋的腰子	（这该是）最后一个了
②	主人公挨着柜台前的邻居姑娘		
③		她正在念手中购物单上的采购项目	她也会买腰子吗?
④		（她的手）有些毛糙	（常用）肥皂（的缘故）
⑤		（她）还要一磅半的丹尼斯香肠	
⑥	主人公的眼睛盯着姑娘丰满的臀部		
⑦			（她东家的）名字叫 Woods
⑧			想想他会干的事（指占有该姑娘）
⑨			（他）老婆岁数已不小
⑩		又是一个血淋淋的腰子	（因此她东家会另找新欢）
⑪			（这东家）不让别人追她

对例句的分析有必要作一些解释。既然要了解主人公的处境和心理来弄清其语义为什么不把它归入情景语境而是放入语言情景来谈呢? 最主要的一点是读者本人没有亲临其境，不可能直接掌握有关语篇产生时的情景语境。这就是说，读者勾画的情景是间接的，是以作者在上下文中提供的信息为根据的。归根结底，这是由读者从上下文重构的语境。

二、情景语境

从严格的意义上讲，情景语境指语篇中，特别是口语语篇中某些上下文无法弄清的意思，需要参考使用语言时所发生的事件、参与者和时空方式等因素才能贯通起来。最常见的例子是有人听到"着火啦！"的呼叫声，这三个字之所以被认为是一个完整的语篇，因为听话人一听到呼叫后立即寻找呼叫声的方位，观察其他人奔走的方向，判断火情的严重程度，最后决定自己的行动。

又如，戏台上演出时有这么一段对话，我们如果作为观众会感到莫名其妙：

甲：四凤！

甲：四凤！

乙：呵，真热。

例句中，甲和乙的对话显然是不连贯的，但如果观众（注意这里说的是"观众"，不是"读者"）知道观看演出的是曹禺写的话剧《雷雨》，那么就可以知道甲是在周家公馆里当差的鲁贵，他在和同在该公馆里帮佣的女儿四凤说话，如果观众再从演员的表情和动作上发现鲁贵的模样令人讨厌，四凤则有意不予搭理，那么，"呵，真热"是四凤有意说给她爹听的，即她故意借口太热而听不见鲁贵的呼唤。意思弄清楚了，语篇的连贯性才能实现。我们在剧场里可观察演员的模样和表情，但作为读者看剧本时无法实现这个条件。这时，剧作家往往在剧本中提供有关情景的信息，使读者能像观众一样理解对话的含义。原著是这样处理的。

贵：四凤！

［四凤装作听不见，依然滤她的汤药。］

贵：四凤！

四：（看了她父亲一眼）呵，真热。（走向右边的柜旁，一把芭蕉扇扇着。）

括号里的词都是有关情境的交代，是台词外的补白，因此它是对情景语境的交代，而不是上下文。

从社会语言学的角度说，情景语境的另一层意义，是一个人应注意在什么时间，什么地点，向什么人，说什么话。不考虑这些因素，说话就会不得体，使对话难以进行，这样的语篇不会是连贯的。例如，周中明对《红楼梦》正本的一段描写和一百二十回程甲本的删改作了比较：

正本：小丫鬟炒豆儿捧了一大盆温水，走至尤氏跟前，只弯腰捧着。银蝶笑道说："一个个没权变的，说一个葫芦就是一个瓢。奶奶不过待咱们宽些，在家里不管怎么样罢了，你就得了意，不管在家出外，当着亲戚也只随便罢了。"尤氏道："你随他去罢，横竖洗了就完事了。"炒豆赶快跪下。尤氏笑道："我们家上下大小的人只会讲外面的假礼假体面，究竟做出来的事都够使了。"

程甲本：（尤氏）说着，一面洗脸，丫头只弯腰捧着脸盆。李纨道："怎么这样没规矩！"那丫头赶着跪下。尤氏笑道："我们家上下大小的人只会讲外面假礼假体面，究竟做出来的事都够使的了。"

正本中的引文从封建礼节来说，让另一个丫鬟银蝶批评炒豆儿，而主子尤氏却很宽厚，是不符合实际情况的。其次，既然主子尤氏已经表示"横竖洗了就完事了"，为什么炒豆儿还要"赶快跪下"呢？那么，她究竟听银蝶的还是听主子的指令呢？相比之下，程甲本的改动把银蝶的话删去，改由李纨来指责丫头。等丫头跪下后，尤氏乘机发泄对大家庭的不满，这完全合乎情理。正如周中明所言，"人物对话，如果不符合人物的身份，不与人物的行动一致，那就必然矛盾百出，叫人不可理解。"所谓"矛盾百出"，所谓"不可理解"，就是语篇的不连贯。

三、文化语境

任何一个语言使用者都属于某个特定的言语社团，每个言语社团都有长期形成的历史、文化、风俗、人情、习语和价值标准。这些必然反映于该言语社团的共词语中。因此，在某些情况下，对语篇的真正理解还得联系最高层次的语境，即历史文化语境。《红楼梦》给我们提供了这样一例。贾宝玉与林黛玉发生口角，后又和好。过后，林黛玉问薛宝钗"听了两出什么戏"，下面是宝钗等人的对话。

宝钗便笑道："我看的是李逵骂了宋江，后来又赔不是。"宝玉便笑道："姐姐通今博古，色色都知道，怎么连这一出戏的名字也不知道，就说了这么一串子。这叫《负荆请罪》。"宝钗笑道："原来这叫作《负荆请罪》！你们通今博古，才知道'负荆请罪'，我们不知道什么是'负荆请罪'。"一句话还未说完，宝玉、林黛玉二人心里有病，听了这话，早把脸羞红了。凤姐于这些上虽不通达，但只看他三人形景便知其意……

在这段引文中，一出戏的名字会使宝玉和黛玉两人脸红耳赤，因为宝玉、黛玉和宝钗都是书香子弟，熟悉"负荆请罪"这一典故，应用于当时的场景，即宝玉和黛玉刚发生一场冲突后又和好，再贴切不过了。这是情景语境和文化语境绝妙的有机结合，才使得语篇得以连贯。凤姐并不知道前一段情景，又不通今博古，只能从后一段的情景——三人的表情来猜度宝钗的话里有文章。

在美国看电视台的肥皂剧，每每演员说上一句俏皮话，观众们当即捧腹大笑。我们这些英语不是母语者往往不得其意，一无表情。这是由于不谙美国的历史文化和风土人情，难以从语篇中获得连贯的语义，表现得便有些木然了。言语社团可大可小，美国年轻人的话对其他阶层的美国人来说，也难得其要领。先看下例：

It was an on-hit kind of afternoon in L.A.A mac daddy was scamming on a fly houchy, while one of his homies was clocking some dead Presidents. Meantime, the rest of the syndicate were trying to kick it, but were being gaffled up by a one time.

—*Los Angeles Times*，92.8.18

例句中有若干生造的词姑且不谈，就是那些常见的词，如 "on-hit" "daddy" "fly" "clocking" "some dead Presidents" "Meantime" "the rest of the Syndicate" "were trying to kick it" "one time" 都使人无法领悟其连贯意义。但如果听者是加利福尼亚州南部十至二十岁年龄段的人便能懂得这段话的意思为：

It was a good day in Los Angeles. A charming young man was flirting with an attractive young female, while one of his friends was at work earning money. At the sametime, the rest of his pals were trying to relax, but were being hassled by a police officer.

第三节 语用知识

为了理解语篇的整体意义，语言使用者还需要积累一定的语用知识，这就是说，说话人能从语句的表层意义暗藏自己的深层意图，听话人则能从其表层意义洞察其深层意图。如果做不到这一点，语篇的连贯性便难以实现。这一小节主要介绍言语行为和合作原则两种理论。

一、言语行为

奥斯汀和塞尔勒等人是最早区分"句子义"（sentence meaning）和"语句义"（utterance meaning）的人。例如"I feel cold"的句子义是"我冷"，但在不同情况下会有不同的语句义，如暗示在场的人"把窗子关掉"，或"把空调温度调高一些"，或"换一个暖和的地方"，或"该回家了"，不一而足。

在这个基础上，他们提出了"言语行为"（speech act）理论，其基本思想是人们说话不是没话找话，而是有目的地通过语言完成若干行为。与句子义对应的是"表述性行为"（locutionary act），说话人完成了一次交际活动。有时，说话人通过表述性行为，要听话人实现自己的某种意图。含有这种"施为力"（illocutionary force）的言语行为叫作"施为性言语行为"（illocutionary act），如所说的话对受话者实现某种效应，这便是"成事性效应"（perlocutionary effect），这时说话人完成了"成事性言语行为"（perlocutionary act）。

言语行为大致可分为五大类，即指令（directives）、承诺（commissives）、表情（expresses）、宣告（declaratives）和表实（representatives）。指令是说话人试图让受话人去做某事，在方式上有请求、乞求、要求、命令、挑战、坚持等；承诺是说话人对某一将要发生的事件承担责任，如许诺、担保、保证、发誓、赌咒等；表情是说话人表达自己的感情，如致歉、祝贺、欢迎、道谢、同情等；宣告是说话人的语句导致事物或情景的外部条件的产生或改变，如给新生儿命名、主持婚礼、辞职、辞退等；表实是说话人对一个陈述的真实性表示自己的信念，如肯定、假设、总结、否认、报告等。我们先看下例：

贵（鄙笑）：这话有理！四块钱，能干什么的，还了点账就乾了。

四（伶俐地）：那回头您跟哥哥要吧。

——曹禺《雷雨》

如果单从表述性言语行为看这段对话是不连贯的。一个说钱还了账后就乾了，并没有出现问女儿要钱的言词，但四凤立即意识到她父亲鲁贵的施为性意图，找个遁词问她要钱。正因为她具有这种语用知识，"伶俐地"让她父亲找她哥哥碰钉子去。这时，她表述的施为性言语行为是"婉拒"。

承诺性言语行为可举罗贯中《三国演义》中刘备、关羽、张飞三人结拜兄弟时的誓言：

三人焚香再拜而说誓曰："念刘备、关羽、张飞，虽然异姓，既结为兄弟，则同心协力，救困扶危，上报国家，下安黎庶，不求同年同月同日生，但愿同年同月同日死，皇天后土，实鉴此心，背义忘恩，天人共戮。"

这个言语行为是由三人同时完成的，每一人向另二人表达自己永不背叛的誓言，但其施为力却是在乱世中同举大事，光复汉室。由于这个誓词完成后，三人的结拜兄弟的关系从此肯定下来，因而也具有宣告的意义。

《红楼梦》中有不少表情性言语行为，有一例是宝玉被贾政打伤之后，袭人和宝钗看望宝玉伤势时说的话：

袭人咬着牙说道："我的娘！怎么下这般的狠手！你但凡听我一句话，也不得到这步地位。幸而没动筋骨，倘或打出个残疾来，可叫人怎么样呢。"

……

宝钗见他睁开眼说话，不像先时，心中也宽慰了好些，便点头叹道："早听人一句话，也不至今日，别说老太太，太太心疼，就是我们看着，心里也疼，"刚说了半句，又忙咽住，自悔说的话急了，不觉的就红了脸。

由于阶级地位的不同，袭人和宝钗的言词尽管都有责备宝玉平时不听规劝的意思，但在分量上却大有不同，前者的词语表现出对贾政心狠手辣的惊讶和不满，后者夹杂着私情蜜意，因而羞得"就红了脸"。不管怎样，两人的话都是表述自己对宝玉的同情，因而都是表情的施为性言语行为。

应当说明的是表述性言语行为并不总是蕴含有施为性言语行为。其次，有些施为性言语行为的能否实现要符合"适宜性条件"（felicity condition），如是否符合准备条件——说话人的权威性，受话人完成某一行动的能力；预期条件——表示欢迎时说话人的脸部表情应是愉快的；真诚条件——说话人对所说的话是认真的，不是胡说八道，口是心非。即使"Will you shut the door？"这句简单的话，其适宜性条件也很丰富且齐全：说话人感到冷或不愿意让外人看到里面的活动；说话人往往有权让某人干某事（一个仆人不会跟主人这么说）；听话人有能力去完成这个行动（不是躺在床上的病人）；门的确是开着的。下例中 Pozzo 只说了一个词"On"，就完成了一个指令性言语行为。

Enter Pozzo and Lucky, Pozzo drives Lucky by means of a rope passed round his neck, so that Lucky is the first to appear, followed by the rope which is long enough to allow him to reach the middle of the stage before Pozzo appears. Lucky carries a heavy bag, a folding stool, picnic basket and a great coat. Pozzo a whip.

Pozzo：（Off.）On！（Crack of whip. Pozzo appears.）

—贝克特《等待戈多》

Pozzo 和 Lucky 是主仆关系，故 Pozzo 能够采用意图为指令的施为性言语行为。通过潜台词所提供的情景，如 Lucky 脖子上套着绳索，背负重物，而 Pozzo 手持皮鞭，都可证明两人的关系。

塞尔勒指出，适宜性条件不仅在言语行为产生前应当考虑，在言语行为产生后仍起作用，如下例所示：

Vladimir：Well, shall we go？

Estragon：Yes, let's go.

（They do not move.）

—贝克特《等待戈多》

在上例中，Vladimir 和 Estragon 都表示要走，这是一个表许诺的言语行为，但最后未见之于行动，因此他们的行动把他们的许诺废除了。对此，我认为这两人表述意图为许诺的言语行为仍应肯定，但因不符合适宜性条件（两人只说不动），未产生成事性效应。

以上的举例都是从语篇中的某一句话的蕴含意义来讨论的，笔者认为有时蕴含意义存在于整个语篇之中。美国黑人牧师马丁·路德·金的著名演说"I have a dream"似乎是诉说自己的梦境，实际上是一个动员令，鼓动他的黑人兄弟和白人进步人士团结起来反对美国现行的虚假民主制度，莎翁作品中安东尼在凯撒葬礼上的悼词，其实质是声讨野心家普鲁托斯的檄文。书面语篇同口语语篇一样，可以表达语用意义，贾谊的《过秦论》和郭沫若的《甲申三百年祭》从整体上来说都属表述性的言语行为，但其施为性言语行为当是劝告，前者是从秦王朝的分崩离析中吸取教训，后者是要国人警惕萧墙之祸，共同抵御日寇侵略。

二、合作原则与蕴含意义

为了使会话能够畅通无阻，意义连贯，哲学家格赖斯认为所谓连贯的语篇是"语篇解释者通过对各个句子之间的关系，以及与次要目标相联系的各个具体关系做出推论，这些次要目标存在于为整个理解过程所需的被推论的意图之中"，他把这叫作会话双方必须遵循的"合作原则"（cooperative principle），具体有四个准则：数量准则（maxim of quantity）提供适量的信息，不多不少；质量准则（maxim of quality）提供的信息符合事实；关系准则（maxim of relation）提供的信息与正在进行的谈话有关；方式准则（maxim of manner——提供的信息简明清晰，井井有条，不含糊。这四条准则对会话参加者可谓不成文法，不然，各吹各的号，各唱各的调，谈话难以进行，势必失去连贯。

以上是格赖斯从正面谈合作原则对语篇连贯的重要性，格赖斯理论的重要意义在于他还提出这个合作原则未被遵循时的负面情况。一种情况是有损于对语篇的理解，谈话受到障碍，应引起说话人的注意，立即补救，以利于交际的正常进行。一种是说话人有意识地违反合作原则，这时听话人应作一系列的推论，捉摸弄清其"蕴含意义"（implicature）。如果说话人想表达的蕴含意义能为听话人理解，那么整个语篇仍然是连贯的。在这个意义上，说话人的蕴含意义相当于受话人的推论。下例中 Hamlet 对 Polonius 的回话连说了三个"Words"，明显地违犯了数量准则，其用心是对 Polonius 的问话感到不耐烦。

Polonius：What do you read, my lord ?

Hamlet：Words, words, words.

——莎士比亚，《哈姆雷特》

《红楼梦》中凤姐为了讨好贾母，故意把钱输给贾母，有这么一段对话：

（凤姐）回头指着贾母素日放钱的一个木箱子笑道："姨妈瞧瞧，那个里头不知玩了我多少去了。这一吊钱，玩不了半个时辰，那里头的钱就招手儿叫他。只等把这一吊也叫进去了，牌也不斗了，老祖宗的气也平了，又有正经事差我办去了。"

凤姐的话违犯了质量准则，因为箱子里的钱不会招手，也不会说话。她把箱子里的钱拟人化无非是逗乐中夹杂着恭维，使贾母顿时高兴。对质量准则的有意违犯是比喻得以产生的理论根据。格赖斯曾举 Romeo 的一段话说明。

Romeo：If I profane with my unworthiest hand. This holy shrine，the gentle sin is this：My lips，two blushing pilgrims，ready stand to smooth that rough touch with a tender kiss.

——莎士比亚《罗密欧与茱莉叶》

Juliet 的手不可能是"神圣的殿堂"，Romeo 这么说是表达他对 Juliet 的一片尊敬和奉献之情。

Riley：（sharply）Give me that tape.

Brown：I haven't got one！

Riley：My patience is not inexhaustible！

——汤姆·斯托帕德《进入自由人》

例句中 Riley 问 Brown 要录像带，其前提是 Brown 有这个录像带，不然他不会贸然发出这个指令。当 Brown 告诉他一盘带子都没有时，Riley 不认为他说的是真话，因而说了"My patience is not inexhaustible！"这句话，从内容上与前二句毫无联系，但其蕴含意义是表示一个旨在威胁的言语行为，忍耐既然不是没有限度的，下一步他就要采取行动了。上边例子提到过的，四凤对她父亲的问话置之不理，但说了一句"呵，真热"的不相干的话也是违犯了关系准则，其蕴含意义是装聋作哑。

下例说明对方式准则的违犯，Fibbs 要了解车间里的情况，Wills 的答话不着边际，最初只是重复 Fibbs 的话，以后又用"I suppose""could""I don't exactly know""seem to"等含糊其词的话搪塞。由于他违犯了方式准则，Fibbs 很不满意，步步追逼，Wills 才勉强谈到一些实情。总之，Wills 内心害怕与 Fibbs 谈厂里的问题。

Fibbs：Well，now，Wills，I hear there's been a little trouble in the factory.

Wills：Yes，I…I suppose you could call it that，Mr Fibbs.

Fibbs：Well，what in heaven's name is it all about？

Wills：Well，I don't exactly know how to put it，Mr Fibbs.

Fibbs：Now come on，Wills，I've got to know what it is，before I can do anything about.

Wills：Well，Mr Fibbs，it's simply a matter that the men have…well，they seem to have taken a turn against some of the products.

——Harold Pinter，*Trouble in the Works*

格赖斯对以上的蕴含意义作"常规性的"（conventional）和"会话性的"（conversational）的区分。常规性的蕴含意义指事物外部的联系，例如：

Jack：Miss Cardew's family solicitors are Messrs. Markby，Markby and Markby.

Lady Bracknell：Markby，Markby and Markby？A firm of the very highest position in their profession. Indeed I am told that one of the Mr Markbys is occasionally to be seen at dinner parties.So far I am satisfied.

——Oscar Wilde，*The Importance of Being Ernest*

Lady Bracknell对Mr Markby持高度评价态度基于他常在宴会席上出现。"Indeed"这个副词的使用也能说明这个态度。由于观众的观点不一定与Lady Bracknell的相同，"Indeed"一词点穿了"我们"和她之间的讽刺式对比。当推导的假设不能归因于像so和indeed等词的常规意义，而涉及的是会话性蕴含意义。这就是说，说话人公开地违犯某个准则，让对话人品味个中含义。

如同奥斯汀·塞尔勒的言语行为模式要求一个适宜性条件一样，格赖斯的合作原则，特别是蕴含意义要求一个"预设"（presupposition）作为深挖蕴含意义的依据，文献中对预设的定义众多，所以肖特将其归纳为三类，即存在性预设（existential presupposition）、语言学预设（linguistic presupposition）和语用学预设（pragmatic presupposition）。存在性预设最早由斯特劳逊提出，解决哲学上有关"The present king of France is wise"这样的命题，即它的预设是"the king of France"是存在的。当预设是真的，这句话才具有真值。这个定义对于解释虚构小说很有用处，我们姑且肯定神灵鬼怪的存在，不然阅读无法进行。语言学预设强调对句子本身内容的肯定，如 "The man that I met yesterday is ill." 含有两个陈述，一是 I met a man yesterday，二是 The man that I met yesterday is ill，因此，整句话是以 "一" 为预设来肯定 "二" 的，但这种语言学预设对语篇的作用不很明显。语用学预设则以直接的语境和直接的社会关系为前提，当上面提到的《等待戈多》的例句中，Pozzo 向 Lucky 吆喝 "On" 时，其预设为说话人在社会身份上应具备发命令的资格。

最后，再强调两点。首先，一个言语行为有时可具有多重蕴含意义，例如，戈尔丁小说《蝇王》中孩子们齐呼 "Kill the pig！Cut his throat！Kill the pig！Bash him in！" 这对大部分稚童来说，并非要真正完成这个指令，只是表述他们相互逗乐的狂热情绪，但对编排这个口号的杰克来说，他早已起了杀心，后来他在罗吉追问之下掩盖不住，流露出要用一个小娃（Use a littlun）作牺牲品的真正意图。其次，并非所有的听话人都能掌握说话人的蕴含意图。在《傲慢与偏见》（Pride and Prejudice）一书中，贝奈特先生早就通过若干施为性言语行为表示，他对妻子插手女儿婚事的不满，但贝奈特夫人还一意孤行，唠唠叨叨地说个不停：

"O Mr. Bennet, you are wanted immediately, we are all in an uproar. You must come and make Lizzy marry Collins, for she vows she will not have him, and if you do not make haste he will change his mind and not have her…,"

"I have not the pleasure of understanding you," said he, when she had finished her speech. "Of what are you talking？"

"Of Mr.Collins and Lizzy.Lizzy declares she will not have Mr.Collins and Mr.Collins begins to say that he will not have Lizzy."

"And what am I to do on the occasion？ …It seems a hopeless business."

"Speak to Lizzy about it yourself." Tell her that you insist upon her marrying him."

第四节　对外语教学的启示

外语教学是一个复杂而系统的工程，很少有人认为它是一件容易的事情。语言学家的建议是否会使外语教学变得更加容易？语言学理论对外语教学有什么现实意义？各种语言教学理论的产生和应用，归根结底取决于教师或教学理论倡导者对语言所做的假设。今天，语言教学理论和方法变得越来越科学，因为不管怎么说，它总是越来越有意识而又明确地建立在语言学理论基础之上。认知语言学作为语言学的一种新范式，其对外语教学的价值是显而易见的。国外出版了一些专著和文集，探讨认知语言学的应用问题。德国著名出版社 Mouton De Gruyter 还出版了认知语言学应用系列丛书。由此可见，认知语言学在外语教学中的应用前景是非常乐观的。

认知语言学是一门关于语言、交际和认知的科学，这三者相互关联，密不可分。认知和语言彼此创造，对认知语言学家来说，语言是人类认知的一部分，语言的研究和教学离不开人类认知。仅从语言学的角度来看，与其他方法相比，认知语言学对语言结构的解释更全面、更透彻，对语言的描述也更加充分。认知语言学认同功能语言学的许多假设，比如言语行为的加工条件，以及语言使用者的交际目的和意图对语言结构的影响等。但与此同时，认知语言学也试图超越这些语言形式上的功能解释，从而进一步说明语言与儿童母语发展期间所形成的概念结构以及成年人外语学习期间所形成的可变化的概念结构之间的相互联系。兰格克指出："无论语言的功能动因多么强大，仅凭动机因素是无法完全精确地预测出语言结构的"。认知语言学的另一大贡献就是明确指出了语言表征之间的互动作用，这种作用可以发挥交际效果，并与认知能力、认知过程、身体经验等一起共同发挥限制作用，最终产生话语。也就是说，语言表征/概念知识、认知能力、认知过程、身体经验、话语功能等都会对话语的产生起制约作用。正是由于语言的结构和话语的产生会受到人类认知的影响，因此，外语教学就不得不考虑人类认知这一重要因素。

认知语言学究竟会给外语教学带来什么样的革命呢？基于以上分析研究，笔者从认知语言学的四个重要特征谈起，即语言的非自主性、意义的核心地位、心理表征的构式性、以用法为基础的特性。这四个重要基本特征表明，认知语言学作为外语教学的基础具有潜在的有效性。

一、语言的非自主性

认知语言学与生成语言学截然不同之处就是承认语言的非自主性，认为语言能力是人的一般认知能力的一部分，语言是人类普遍认知过程的反映，而不是一个独立的自成一体的系统，因此，其描写必须参照认知过程。认知语言学家认为，语言是建立在人类有关现实世界的经验基础之上的，并且反映了人类认知系统对我们所生活的世界（空间的、物理的、社会的）的理解。并且，这些理解为理解其他经验提供了参照框架。这就是认知语言学中所讲的概念隐喻。概念隐喻非常普遍，我们用隐喻思维，同时也用隐喻讲话，例如：

The price of gas is up.

（煤气价格上涨了。）

这里 up 的用法是人类观察世界的认知结果，因为人们通常认为，在现实世界里我们看到数量的增加是垂直方向的增加，就像我们看到杯子里的液体增加时慢慢地上升的样子。这两种经验是紧密联系在一起的。因此，英语里在垂直水平领域中用 up 来表达数量的增加。

语言的非自主性与认知语言学的"认知的承诺"是一脉相承的。认知的承诺强调语言理论的描写应吸收其他学科的大量材料的重要性。这一承诺迫使认知语言学家必须高度重视像认知心理学、发展心理学、心理语言学、人类学、脑科学以及神经科学等学科的研究成果。例如，认知心理学中的"图形－背景分离原则"（figure-ground segregation）最初被用来分析视觉、听觉这样的非语言现象，但它也可以用来分析语言现象。例如：

The book is on the table.

He is in front of the car.

这里的 book 和 he 都是图形，而 table 和 car 是背景。既然语言结构受到我们人类认知的制约和支配，那么在外语教学中就应该重视人类的认知结构和认知规律。我们以隐喻为例，英语中使用时态来转码表达非时间性的信息。例如，隐喻 NOW IS HERE，THEN IS THERE，勾勒出了空间距离远近的现象以及现实世界中语言关于时间的描述。

概念隐喻可以解释许多现象，比如语篇中的时态转换（时态是中国人学习英语较难掌握的概念），即前景化的观点使用现在时，背景化的观点使用过去时。

In November 1859, Charles Darwin's *The Origin of Species*…was published in London. The central idea in this book is the principle of natural selection. In the sixth edition Darwin wrote "The principle of preservation of the survival of the fittest, I have called Natural Selection."

我们知道，现在时所表达的是语篇的焦点，即描述我们世界中慢慢发生的物理经验。通常认为，当前时刻发生的事是人们关注的焦点。同理，那些距离我们较近的物体或发生的事件常常是我们关注的焦点。另一方面，我们之所以谈论近距离的物体，是因为它们在我们的掌控之内。例如，父母想要管住一个两岁大的调皮小孩，他们就会把小孩带在身边，因为物理距离很近。如果不在你的控制范围之内，他就会调皮捣蛋。所谓"将在外军令有所不受"就是这个道理。

其实，人与人之间的交流，就是一个控制与反控制的过程。在很多情况下，我们是用语言而不是物理限制来表达自己的控制权。例如，为了避免有强迫意味，即使不是指过去的时间，人们常常也会用过去时来表达自己的请求或邀请。根据 THEN IS THERE 的隐喻，使用过去时蕴含着当时说话人与听话人距离比较远，因此说话人并不能够向听话人施加物理控制的含义。这也意味着听话人可以自由决定是否接受这种不合理的要求。人们通常会因为可以自由而不是被迫选择某种东西，心情会感到更加愉悦。因此，隐喻中使用过去时态是为了表达礼貌。例如，病人给一位医生的办公室打电话的情景：

Receptionist：Good morning, Doctor X's office.

Patient：Yes, I wanted to ask you a question.

病人在这里是询问病情。虽然该询问发生在现在，但在传统意义上使用过去时有表达礼貌的意思。同样，弗莱希曼认为下面的邀请方式是一种礼貌的表达：

Hi, are you busy ? I was hoping you were free for lunch.

这种用法就是夸克等人所说的"态度过去时"（attitudinal past），即用表示意愿及精神状态的动词，反映讲话人探寻式的态度，而不是过去时间。夸克等人认为，在下列成对的句子中，现在时和过去时都指现在的精神状态，但后者更为礼貌：

Do/Did you want to see me now ?

I wonder/wondered if you could help us.

当然，上面这样的分析不仅适合时态，而且对动词、情态动词、名词、介词等同样适用。

语言的非自主性特征表明，知识之间及各学科之间并没有泾渭分明的界限。传统的外语教学只重视"双基"的训练，即只重视基本知识和听说读写译这五种基本技能，这种重"工具性"而轻"人文性"的外语教学培养出来的学生只相当于一个技工。语言的非自主性特征给我们的外语教育提出了一个更高的要求，那就是"全人教育"（holistic education），它以培养"全人"或"完人"为根本宗旨，意在以健全人格为基础，促成人的全面发展，让个体生命的潜能得到自由、充分、全面、和谐、持续的发展。全人教育的一个重要主张就是关注人生经验，而不是狭隘的"基本技能"，它强调教育是成长、是发现，是视野的开阔，是参与世界、探寻理解和意义，这种对意义和理解的探寻远远超越了传统的课程、课本和标准考试的有限视野。其另一个重要主张就是倡导跨学科互动与知识整合。全人教育者认为，把各种知识人为地割裂开来、各门学科相互孤立，使世界被拆分为无数的碎片，会导致人的片面发展和孤立的思维方式。而实践中侧重职业导向的学校，虽然能提供专业知识的教育，却也只会使人成为一种有用的"机器"，而非一个和谐发展的人。基于此，全人教育倡导学科间的整合学习，侧重以跨学科的整合学习促进人的全面发展。因为没有一个科目、议题或因素能够单独反映或解决当今世界发展的相关课题，只有通过学科之间的互动、影响和渗透，超越学科间的各种限制，才能开拓新知识的学习与研究问题视野，真正将世界还原为一个整体。

今天我们提倡的通识教育就是全人教育理念得以实践的重要载体。例如，在我国的大学教育中，通识教育课程的主体主要由政治理论课、体育课、外语课、计算机课和通识教育选修课（或文化素质教育课）构成，至少占总学分的四分之一。通识教育应与专业教育均衡发展，从而促成全人教育的最终实现。

此外，"全脑教育"其实也是"全人教育"的一部分。人们普遍认为，理解人脑是科学研究中的最后一个堡垒，现代脑科学、神经科学、认知神经科学的发展使人们不断取得对大脑的新的认识。通过大脑，我们可以感知内部和外部世界的各种信息，也可对这些信息进行人类特有的、世界上最高级的加工，如人类的注意、学习、思维、记忆和意识等。外语教育要提高外语人才培养的质量，就必须重视和开发人类大脑的潜能，实现全脑教育。有句俗话说得好："大脑就像降落伞，打开时最有效"。

二、意义的核心地位

生成语言学认为句法是语言的核心，而认知语言学认为意义是语言的核心。从语言使用者的角度来看，后者似乎更为自然合理。当普通人讲话或者听话时，并不是为了纯粹体验使用语法形式时的乐趣，而是为了意义的传达。当然，这并不是说语法在外语教学中不重要，而是有助于我们认识到语法服务于意义，而不是以自身为目的。

意义的核心地位反映在认知语言学尤其是认知语法的基本观点里，即词汇和语法形成一个连续体。一个象征结构（symbolic structure）就是由一个语义结构与一个音系结构配对组成的，语法自身如同词汇一样是有意义的，只不过语法的意义往往比词汇的意义更抽象。当然，这也是一个度的问题，词汇与语法之间并没有清晰的界限。

认知语言学认为，意义是一种心理现象，它存在于概念活动中，据此我们在很多层面（比如生理、心理、社会、文化、情感和想象等）参与到世界之中。更关键的是，我们有能力以不同的方式来感知和描绘同一情景，虽然可能有所偏颇，但并非不能描述这一情景，也就是以某种方式来识解（construe）这一情景。因此，一个语言表达式的意义，只是部分取决于所描述情景的客观属性。当我们观察某一情景的时候，我们实际所看见的取决于我们观看的详细程度，选择看什么，注意观看哪些成分以及从什么角度看，与这些识解现象相对应的术语就是具体性（specificity）、焦点化（focusing）、突显（prominence）和视角（perspective）。这是认知识解的四大维度，下面将从这四个方面谈谈认知识解及其对外语教学的一些启示。

具体性就是精确性和细节，具体反映在词汇层级结构上如下：

thing → creature → insect → fly → fruitfly

thing → creature → bird → bird of prey → hawk → red-tailed hawk

在这个层级结构中，通常有一个基本层级，在该层级上没有必要给出更精确或更概括的描述。对于一个给定的词汇选择，更大的具体性总是可以通过添加修饰语或用更详尽的描述来实现，例如：

Something happened → A person perceived a rodent, → A girl saw a procupine. → An alert little girl wearing glasses caught a brief glimpse of a ferocious procupine with sharp quills.

其实，衡量语言学习成功与否的标准之一就是语言能力超越基本描述水平向更高水平发展。如果一个学生能够写出正确而复杂的英语句子，说明他的语言表达能力强，英语掌握得很好。

焦点化在语言中突出地表现在"图形/背景"这一认知结构中。例如，在运动事件中，相对于静止的环境来说，运动的实体倾向于作为图形。把焦点集中在一个情景中的图形上还是背景上，就会造成用词上的不同。例如，英语中动词 emanate 和 emit 之间的选择：

The light emanated from the beacon.

The beacon emitted light.

动词 emanate 需要图形作主语，而 emit 需要背景作主语。因此，选择第一句，说明焦点是在图形上，而选择第二句，焦点则是在背景上。

"图形/背景"这一认知结构在空间关系中表现得最为明显。例如：

The picture is above the sofa.

The sofa is below the picture.

这两句的真值条件是相等的，但它们之间存在差别：前者是参照沙发（背景）确定图画（图形）的方位，而后者所表达的关系正好相反。

"图形/背景"这一认知结构也体现在时间事件结构里。例如：

He dreamt while he slept.

He slept while he dreamt.

焦点化对外语学习有什么启示呢？在外语学习中英语的倒装句、分裂句、假拟分裂句、话题句、左移位句、右移位句等句法结构的学习都可以用焦点化来阐释。此外，外语的表达如何使自己的信息成为焦点，这也涉及焦点化问题。

语言结构体现出各种不对称性，这些不对称性实际上就是突显问题。突显是转喻的基础。像隐喻一样，转喻也是无处不在：

I'm parked down the street. （I → my car）

She heard the truck. （a truck → sound emitted by a truck）

I phoned my lawyer. （phoned → talked to on the phone）

语言表达的意思并非它所"包含"的词的意义，词仅仅是句义或语义建构的助推器，要理解句子的意义，我们所有的心理资源都要调动起来。

对于转喻的丰富性和灵活性的理解对有效外语教学非常重要，尤其是在高级外语水平上更是如此。这是一个很有价值的教育目标，即使是对母语教学来说也是如此。

识解的另一个重要维度就是视角，它是多层面的。如果概念化就是对情景的观察，那么，视角就是观察安排（viewing arrangement）。观察安排则是观察者与被观察情景之间的整体关系。在观察安排中，最明显的部分就是视点（viewpoint）。

The hill rises gently from the bank of the river.

The hill falls gently to the bank of the river.

这里的两个例句表达相同的命题内容，但它们采用了不同的视点。在第一句中，说话人观察情景时似乎是从下到上的，而在第二句中，却是从上到下的。此外，两句中的运动都是抽象运动，是说话人心中的主观运动。

除了视点这个层面，还有局部视角与全景视角的对比。例如，接下来要举例的一组句子中，第一句从局部视角出发，是一个正在山路上行走的人会说的话，用 this road 定指一个特定时间的特定位置，现在进行时指出随着时间的推移，山路不断变化着在山间的位置；另一方面，第二句则是把整个路和山看成是一个独立的完型（如在看地图的时候），所以是全景视角。用一般现在时表明它们之间的关系是稳定的，与时间无关。

This road is winding through the mountains.（局部视角）

This road winds through the mountains.（全景视角）

识解的重要性清楚地展现出语言的意义并不只是着眼于描述环境的客观性质，同时也着眼于环境是如何被理解的。实际上，我们所讨论的情景往往是一种心理构建，这种心理构建从一开始是没有客观存在的。我们的大多数语言表达本质上是想象的，甚至我们谈论实际发生的事件时也是如此。就上一例而言，两个句子都可以指示路和山的实际全景，但它们都涉及所谓的虚拟运动：虽然路是静止的，但我们用语言表达（如 wind through the mountains）来描述沿着路径运动的情景。例如：

A snake was winding through the grass.（实际运动）

认知语言学把意义置于核心地位，充分说明了意义在语言中的重要性。语言的表达和理解都离不开意义。因此，学习语言最重要的就是学习如何表达和理解意义。但是，一个语言表达式的意义只是部分取决于所描述情景的客观属性，此外还取决于描写该情景的识解方式。因此，在外语学习中，对认知识解的了解是非常必要的。

三、心理表征的构式性

人类的知识究竟是以什么样的形式贮存在大脑中的？这就是知识的表征问题。解决这一问题以及理解大脑活动是如何产生心理经验的，是认知神经科学的基本目标之一。人们普遍认为，人类有两种知识表征系统，即存储形象信息的表象系统和存储言语信息的语义系统。相对而言，语义系统是现代认知心理学研究的重点。迄今为止，有关人脑中语义表征的主要形式有两种重要观点：一是概念表征，一是命题表征。前者认为，人的知识是以有组织的概念形式储存在大脑中的，但一些认知心理学家认为，储存在大脑中的知识的基本单位不是概念，而是事实，即两个或多个概念的结合，这就是命题。

认知语言学认为，知识的表征还具有构式性。构式语法是有关说话人对于语言的知识本质的一种理论。与传统语法一样，构式语法认为语言单位是形式－意义/功能配对，即构式（construction）。根据高柏的观点，构式包含以下几个方面：简单的词汇，如 chair, take, pretty；语法词素及其表现形式，如 verb+past tense, the+noun；由固定词汇组成的成语，如 go to Reno；词汇部分固定的成语，如 jog < someone's > memory；由一些固定成分组成的构式，如 he made his way through the crowd；完全抽象化的构式，如 they gave him an award。

构式是语言组织的基本单位。拜比认为，把构式作为基本的语法分析单位具有两大优势：一方面，在构式里我们可以看到从词汇到语法的连续体，如高柏对构式内容的分析所示；另一方面，构式能够让我们描述具体词汇单位与具体语法结构之间的相互作用，如简单词汇 jog 与 memory 之间的关系以及完全抽象化构式 they gave him an award 中 give 与双宾结构之间的关系。戈德堡也探讨了词语和构式之间的相互作用，她集中研究了英语中三种动词短语结构：不及物动词结构［V PP］（go into the room）、及物动词结构［V NP PP］（put the book on the shell）和双宾语动词结构［V NP NP］（give Peter a book）。高柏观察了儿童和照看他们的成人语言中这些构式的使用率，发现儿童和成人都使用了大量不同的动词，每一种构式中，只有一个动词占据了所有例子中最大的一部分。例如，go 在不及物动词构式中，put 在及物动词构式中，give 在双宾动词构式中，这些动词都代表了这些构式的典型意义，在这三种构式中，构式的出现基本上能够预测出现在其中的动词类型。正是这种相关性和可预测性构成了范畴化的基础，也使构式成为人类知识表征的一个重要方式。由此我们也可以看出语言并非杂乱无章，无规可循，而是一个有规则的复杂系统。词语选择语境，构式选择词汇，语义结构选择句法和词汇实现方式。高柏因此认为，语言之所以是可以学习的，正是因为范畴和其特征的相互作用。

构式语法是研究语言的一种新理论，它打破了词汇和句法之间的界限，明确提出了构式义与词汇义之间的区别及其之间的互动关系，以及强调语言研究的全息观。构式语法认为，研究语言的形式离不开对意义和功能的审视，形式和意义是密不可分的整体，即可学会的形式和意义/功能配对。所有的构式构成了人们的语言知识库不可或缺的部分；人类不是通过天赋能力习得语言的，要掌握的语言输入是非常丰富的，并且习得语言与习得其他知识一样，要借助人类的一般认知能力。目前，心理语言学内部研究加工和研究习得的研究者都对该理论产生了极大兴趣，这是因为他们认为构式语法可能是一门合乎心理学、可供验证的语言学理论。

四、以使用为基础的特性

认知语言学与外语教学非常相关的另一个重要因素就是它基于使用的特性。在20世纪语言学界占主导地位的结构主义理论，倡导把语言的使用与语言结构的抽象知识分离开来，索绪尔是以语言和言语来区别的，而乔姆斯基则是以语言能力和语言行为来区别的。由于人们主要研究语言结构知识，因而很少关注语言使用会对认知结构产生潜在影响这一问题。但经验和常识告诉我们，反复的接触和训练对语言学习者认知结构的发展非常重要，从而使他们能够说出流利而合乎语法的话语。

认知语言学中基于使用的理论认为，语言使用对语言认知表征具有重要的影响。关于语言体验的具体信息会在一定程度上保留在语言中，因而语法其实就可以看成所有关于语言体验的认知结构。这一观点认为语言使用者在体验语言使用标记的同时，在不同程度上对语言标记进行抽象分类，从而创建一个由语音、语义和语用结合起来的巨大网络，该网络不但受语言使用频率的影响，而且包含了关于形式、语义、用词及构式的语境。根据认知语法的观点，语言不仅仅包括一系列生成合格句子的规则，而且是由语言单位总藏（inventory）组成的。一个语言单位就是任何一个语言成分，比如语音、语义、象征单位，这样的单位由于其使用频率的结果被牢固地确立在说话人的心智里，因此组成语言的"单位总藏"是开放式的。使用一种语言就是利用可获得的语言单位总藏，以实现自己当前的需要。学习一门语言就是不断扩展自己的语言单位总藏。从这一点来看，语言学习就是一个终身学习的过程，所谓"活到老，学到老，还有三分学不了"就是这个意思。因此，外语学习的重点应该放在具体的情景中。无论外语学习的本质基础是什么，掌握一门外语需要对常规单位进行精细的以使用为重点的学习。这一点在外语教学上是很有启发意义的，那就是要在情景中教学和学习。

"做中学"（learning by doing）就是一个典型的范例。本杰明·富兰克林曾经说："告诉我，我会忘记；教给我，我会记住；让我参与，我会学会"。富兰克林的话强调了参与的作用，也就是体验的作用，它是高效学习的必要条件。杜威有句名言："一个儿童要学习的最难的课程就是实践课，假如他学不好这门课程，再多的书本知识也补偿不了"。他的实用主义教学思想之一就是"做中学"。西方的一句谚语"一磅的学理，不如一两的实行"，说的也是同样的道理。把教学过程看成是"做"的过程，也是"经验"的过程，即所谓"做中学"和"一切学习都来自经验"。这就是说，只有通过"做"才能获得经验，有了经验，也就有了知识，学到了东西。例如，要想知道甘蔗甜不甜，必须亲口尝一尝，这个过程就是做的过程，是取得经验的过程，也是学习的过程。杜威还认为，只是活动还不能构成经验，如果不把活动与结果有机地结合起来，由动作而生的变化便无任何意义。只有把二者有意识地联系起来，变化才有意义。这样，学习才会有所得。杜威把行知统一起来，这与中国哲学中的"知行合一"有异曲同工之妙，虽然后者主要是指道德意识和道德践履的关系，以及思想意念和实际行动的关系。

"做中学"是体验学习（experiential learning）的核心思想，该理论的目的在于让学习者主动与周围的环境进行互动，促进信息的深入整合。体验学习理论源于杜威的"经验学习"，主要是建立在源于洛克等人经验主义哲学的思想方法基础之上的。不过，把体验学习作为一种独立的学习方式来开发的是毕业于牛津大学的哈恩博士。其实，今天我们提倡的教学实习、顶岗实习、专业学位的教学实践，都是体验学习的一种体现。在这方面，以使用为基础的方法与外语教学的自然方法、体验学习理论都是一脉相承的。

第六章 认知研究中英语语言的构式与组块教学

第一节 语言构式观对语言教学的启示

把构式看作是语言的基本单位，认为语言的意义源自人类与世界互动中的体验和经验，不同的语言结构具有不同的语义值或语用功能，这些都是认知语言学，尤其是构式语法理论分支的重要观点，是对传统语言学派，如形式主义语言学的反驳。形式主义倾向于将语言习得机制看作是先天遗传的语言官能，和其他认知能力无关，与现实世界无关。语言的构式观主要表现在：构式是特定形式与特定功能或意义的配对体；从词项到句式构成一个语言连续体；构式及构式义与人类经验有关。构式的本质在于它是人们对客观世界经验和体验的结构，是抽象的语言表征，反映了现实世界中的世界和结构，概括了语言的基本特征。因此，语言的学习和理解是有赖于个人经验的意义建构，而构式这些形式和意义的匹配正是语言使用过程中的一个重要问题，也是语言教与学领域的一个必须要面对和解决的问题。

一、对有意义教学的要求

语言构式观认为人类所拥有的语言知识大多是那种语言的形式－意义对（包括语素、单词、习语、题元结构和复合结构等）组成的一个构式系统，而不是需要借助内部语言知识才能掌握的非常抽象和复杂的规则系统，学习的过程主要就是将某个语言表达的意义或功能与形式对应起来，像学习单词那样一个一个地学习和概括该语言的构式。语言构式观为语言教学提供了崭新的思路。

（一）有意义教学的内涵

著名认知心理学家皮亚杰一直强调广义认知能力，认为儿童应该先发展认知能力，然后以此为基础学习语言。他提出的发生认识论认为，儿童在与周围环境相互作用的过程中逐步获得对外部世界的认识，而儿童的认知结构是通过同化和顺应过程建构起来，并在"平衡－不平衡－新的平衡"循环中得到丰富、提高和发展的。奥苏贝尔提出的有意义学习，认为有意义学习必须以学习者原有的认知结构为基础，也就是说，新知识的学习必须以学习者头脑中已有的知识为基础，没有一定知识基础的有意义学习是不存在的。因此，在有意义学习中必然存在着原有知识对当前知识学习的影响，即知识学习中的迁移是必然存在的。语言的构式主义与有意义学习存在诸多相通之处，同时对有意义学习提出了新的要求。

根据现代教育学，学习可以划分为有意义学习和机械学习。美国认知教育心理学家奥苏贝尔在 1963 年的著作 *The Psychology of Meaningful Verbal Learning*《意义言语学习心理学》中提出，有意义学习与机械学习在心理机制上和条件上有本质的不同。机械学习的心理机制是联想，其产生的条件是刺激、反应、重复和强化等，其特点是机械模仿、死记硬背、不求甚解，学生得到的是一大堆机械的、孤立的、零散的知识，这种知识没有经过内化，心理学上称其为"假知"，它没有活性，既不能迁移，也不能应用。因此，机械学习只能导致低效，甚至无效。有意义学习的心理机制是同化，其产生的条件在客观上，是学习材料本身有内在的逻辑意义；在主观上，学习者本人应具有有意学习的心理倾向，同时其认知结构中应具备可以用来同化新知识的原有观念，这样新旧知识才能建立起非人为性和实质性的联系，从而实现高效学习。

奥苏贝尔认为，认知结构对新知识获得和保持的影响因素主要有三个：第一，认知结构中对新知识起固定作用的旧知识的可利用性；第二，新知识与同化它的旧知识之间的可辨别性程度；第三，认知结构中起固定作用的旧知识的稳定性和清晰性程度。认知结构中的这三个因素称为认知结构的三个变量。正是认知结构的这三个变量影响着新知识的获得和保持，同时也影响着知识学习的迁移，主要表现在以下几个方面。

首先，对新知识起固定作用的旧知识的可利用性，是影响新知识学习的首要变量。因为，根据有意义语言学习理论，在新知识的学习中，如果学习者的认知结构中没有适当的可利用的旧知识来同化新知识，那么学习只能是机械学习。而机械学习的迁移量最小，有时只能是零。如果学习者认知结构中可利用的旧知识的利用性很低，即可利用的知识不全面、不完整，或者很肤浅，那么，新知识就不能有效地被同化到认知结构中来。即便是勉强地同化了新知识，也影响对新知识意义的理解，新旧知识的结合也不会牢固，新知识或新观念也会很快地被遗忘。

其次，新知识与旧知识的可辨别性也是影响学习迁移的重要变量。因为，如果在认知结构中，新旧知识的可分辨程度很低，或者两者很难分辨，那么，根据认知结构同化论对知识遗忘的解释，新获得的意义的最初可分离强度就很低。这种很低的分离强度很快就会减弱和丧失，使新意义被原来稳定的意义所代替，使新知识很快地发生遗忘。这也影响到旧知识向新知识的有效迁移。

第三，认知结构中起固定作用的旧知识的稳定性和清晰性也是影响学习迁移的重要变量。如果起固定作用的旧知识或旧观念很不稳定或模糊不清，那么它就不能为新知识的学习提供有效的"固定点"，而且也会使新旧知识之间的可分辨性下降，从而影响新知识的学习效果。

（二）构式学习的个人意义性

构式语法的认知基础是框架语义学，它十分重视人类的经验基础和认知图式。所谓图式是指围绕某一个主题组织起来的知识的表征和贮存方式。人的一生要学习和掌握大量的知识，这些知识并不是杂乱无章地贮存在人的大脑中，而是围绕某一主题相互联系起来形成一定的知识单元，这种单元就是图式。比如，我们听到"狗"这个词时，就能很快想起它的性情、生活习性甚至种类和比喻义等很多有关知识。这说明"狗"这个词是与它的外观特征、性情、生活习性等有关知识联系在一起贮存在人的大脑中。

语言的形成和发展与人类经验和认知有密切关系，语言中的构式也是人类对经验中的事物、状态、情境和事件结构的抽象化、概念化、图式化的结果。有的是直接对应于现实中的事物和事件类型，有些则是通过隐喻和概念整合的方式形成。从某种意义上说构式即是一种图式，图式既包含了事物的必要特征，又包括其非必要特征。人们在理解新事物的时候，需要将新事物与已知的概念、过去的经历，即背景知识联系起来，对新事物的理解和解释取决于头脑中已经存在的图式。我们应该更加重视人脑在理解和产生语句时的认知现实，体验及意象图式这些认知模式在人们使用和理解语言时无处不在。因此，在外语教学中，如果输入的信息易于和学习者的认知图式相融合，则更有利于知识结构的重新调整和组合。另一方面，学习者的图式或背景知识越丰富，学习越便捷有效。如一些句式构式与人类经历的事件结构相关联，有此经验或图式的学习者便更容易习得：某人曾经历过母亲没日没夜为自己的远行编毛衣的事情，Mother knitted these two days away 对他来说一定不是难以理解、不可思议的事情，而 V TIME away 构式的其他具体的示例也会易于接受和使用。

人们通常将他们看到、听到、感觉到的经验，按自己的方式进行组织加工，他们所感知的世界，在很大程度上就是自己所构建成的知觉经验。对于经历的事物和事情，人们会根据过去的经验，形成个人的意义。言语活动是一种认知活动，人类既然区别于机器和动物，对现实世界有自己的认识和理解，势必会将个人意义带入语言学习当中来。美国著名认知心理学家奥苏伯尔指出，我们获得概念和原理后，总是寻求通过与我们已知的内容联系起来的方法来保持这种思想，从中"产生意义"，这是成为"有意义学习"的过程。在外语学习过程中，学习者不是被动地接受信息，而是以自己独特的方式理解信息并积极地把新信息同图式表征的旧知识加以联系。简而言之，语言构式的学习具有个人意义性。

（三）有意义及教学情境的创设

首先，学习材料本身不仅要有逻辑意义，还要具有个人意义。也就是说，选择、提供的学习材料除了要有可读性、实用性、趣味性、多样性和全面性之外，一定要考虑到学习者的需求、兴趣和情感。考虑与学习者已有知识经验的合理衔接。

其次，学习活动必须有意义。设计的学习活动要能最大限度地激发学习者的兴趣和吸引学习者的参与，要有利于已有知识的激活和新知识的理解，还要有利于新旧知识的链接。

人类的语言表达受到其认知经验的制约，反过来，生活中的认知经验可以帮助我们理解语言：生活经验中的"复制"概念可以帮助我们理解新词汇"克隆"；有了相关的生活体验，我们不难理解 sleep the trip away 意思就是以睡觉的方式打发掉旅途的时光；steal 和 rob 的不词语法现实既是人类经验的结果又可以利用人类经验加以理解和把握，即人们对偷窃事件，更多关注丢失的东西，而对抢劫事件，则较多关注被抢者。由此，我们认为有意义教学在很大程度上影响着外语教学的有效性，即教学活动是否充分关注学习者的经历和已有的知识结构，是否注重新旧知识的链接。

另外，要充分利用不同学习者认知结构中的可以用来同化新知识的概念、命题、表征、有意义的符号、百科知识及社会经验。最后，强化学习者有意义学习的观念和动机，鼓励学习者进行广泛的阅读、积极参加社会实践活动，丰富自己的图式或百科知识。

二、对词语新义的重新界定

动词在不同构式中不是产生了新的意义，而是构式本身的意义使得整个表达式具有不同的意义。我们认为关于致使移动、有意转移或致使结果的最终解读可以归于不同的构式。英汉构式的研究指引我们避免了许多无中生有的动词意义的设定，提供更精练的语言规则，减轻学习者对词汇意义记忆的压力，以动态地把握语言。请看下面这个句子：

The audience laughed the poor guy off the stage.

（听众大笑，把这个可怜的家伙轰下了舞台。）

英语的致使移动句式 NP.V.NP.PP 具有一个独立、抽象的语义结构"cause to move"。此句中动词 laugh 并没有表达使某物移动的意思，它所表达的主要是施动者的行为，而这种行为和补语之间具有因果关系，通过 laugh 的基本义和句式义的融合便产生了整个句子的意义。再看：

Johnson baked Rose a cake.

（约翰逊为罗丝烤了个蛋糕。）

该句隐含了约翰逊烤了个蛋糕并有意把它送给罗丝。若否认双及物构式意义的存在，我们通常会把句中有意传递的意思归于动词 bake，实际上 bake 自身并无此义。

The-er…，the-er…

定冠词 the 一般位于名词前，这里后接比较级，是英语中一个有标记的构式共变条件式，这种依存条件不是构式中哪一个词汇具有的，而是因为构式本身蕴含的意义"前部分提供条件，后部分是相应结果"。其他词类亦如此。如《现代汉语规范词典》就犯这种错误，误将"一人（出）两块钱"这个"数量结构对应式"表示的"每"的意思，误归到"一"的身上，说这里"一"是表示"每"的代词。谢樱对汉语中"A 得 C 构式"（复杂得多；美得不行；白得自然；看把你美得）进行研究，发现"A 得 C 构式义"是对 A 程度的加深，但是程度加深的动因不是来自补语 C，而是来自构式本身。至于"A 得不行"中的"不行"并不是像有些辞典所认为的那样："不行"在"得"后作补语表程度高。同理，"A 得到家 / 跟什么似的 / 够呛 / 可以 / 厉害"之类中的到家、跟什么似的、够呛、可以、厉害等也不是在"得"后作补语表程度高，程度高的意义来自构式本身。还有例如，"王老五有钱 / 张教授有水平 / 这酒有劲"所表达的很有钱、很有水平和很有劲的意义也是来自构式。

三、从整体上把握语言

构式语法坚持认知语言学的"整体大于部分之和"的完形（Gestalt）原则，主张从大量的经验事实上归纳结构，概括其语义值。也就是说，一个构式就是一个概念、一个完整的认知图式，即一个完形，是整体大于部分之和，整体意义不等于各组成部分的简单相加。构式作为形式和意义或功能的统一体，应该以整体的配对形式储存在人类的大脑中。就词汇语义的研究，十分经典的就是菲尔莫尔和凯拉关于构式 let alone 的研究。let alone 在句子中连接的是将要作比较的两个命题：

① Fred won't order shrimp, let alone Louise, squid.

② Fred won't order shrimp.

③ Louise won't order squid.

认为句子①的意义大于②和③两个句子意义之和，即①句中 Fred 不愿点小虾的事实包括了 Louise 不愿点鱿鱼的事实，前部分包含了比后部分更多更强的信息。从语用的角度解读这个句子，在没有文本命题的前提下 let alone 句难以单独进行交际。

交际中语言的意义是动态的，随具体语境的不同而不同，它也不是其表达式中各词汇意义的简单相加。词汇、句法、语义、语用和语境具有不可分割性，将其割裂开来研究，只会让人走进只见树木不见森林的误区。英语学习者常会碰到这样的问题：明明一个句子中的每个词汇他都懂，就是搞不清人家要表达什么意思。例如：

He bought me a bunch of flower.

（他买了束花送给我。）

如果没有教师特别的解释，母语为汉语者肯定会认为此句意为：他从我这里买了一束花。英语双及物构式 VN1N2 表达"有意地给予"和各词汇意义的整合，由此看来，构式的教学可以减少类似的母语干扰。

They laughed the poor guy out of the room.

（他们大笑，把那个可怜的家伙轰出门去了。）

就这个致使移动句，据调查翻译的结果五花八门，很多学生认为 out of the room 做定语修饰 the poor guy，把这句话理解为：他们对房间外面的那个可怜的家伙不屑一顾。

沈家煊指出，只有把握句式的整体意义，才能解释许多分小类未能解释的语法现象，才能对许多对应的语法现象做出相应的概括。

语言具有非模块性，词库和句法之间，语义和语用之间的界线是模糊的、不明确的。构式可以是词汇构式也可以是句式构式或语篇构式，都是形式和意义／功能的匹配。构式既是语言形式同时又是与语义和语用的结合，所有非整体上的理解和把握都是不完整的。凯拉和菲尔莫尔认为，构式是语言形式和内容的规约结合。例如构式 What's X doing Y？携带的因出现与情境不相匹配、不合常理或不愿看到的情况时表现的惊讶和不满，这个语用信息和 What's X doing Y？的语言形式是约定俗成的。我们可以从下面的表达中体会到：

What's the fly doing in my soup？

What's it doing snowing in August？

What're you doing in my house？

What's it doing complaining at this time？

由此看来，为了寻求形式、意义和功能的统一，达到运用语言实现有效交际的目标，语言教学理应是语音、词汇、句法、语义和语用的有机结合。另外，从构式的语篇功能出发，帮助学习者掌握构式在语篇衔接、连贯和布局谋篇中的作用，有助于他们在阅读活动中对语篇的整体意义的把握，提高对整个语篇的理解能力。

第二节　语言构式教学方式

一、词汇短语和句子构式教学

根据语言的非模块观，语言中所谓的各种类型的构式实际是一个没有严格界线的连续统，它们的区分是模糊的，能产性低的构式相对稳定，比较容易把握。在语言学习中，对意义的有效理解和掌握是灵活运用语言的前提，而任何构式的意义都必须参照具有丰富百科知识的背景框架才能得以确切地理解和把握，构式包含的语义和语用信息，都是语言学习的内容，因此，词汇、短语、习语和句式及语义和语用的教学应该是一个统一的有机结合。在词汇教学中要关注该词的句法及语用特征，可以概括性地说明形容词类的句法功能，即形容词表现的是非时间性的关系，除非跟在系动词后，不能单独用作谓语；在动词教学中，教师有必要在学习者第一次接触该词时就告诉他们 intend、offer、hope、plan、beable 和 manage 只能接不定式，而 admit、appreciate、avoid、consider 和 delay 只能接动名词；提醒学习者注意以下构式的语体风格：die 是中性词，适用于各种语体，它的委婉形式是 pass away，用于正式场合表示对死者的尊重，而俚语 kick the bucket 则显得十分的粗俗，表达对死者的不屑。还有些构式具有语篇连接词的句法功能，有学者指出，有些短语具有宏观组织的功能，如分话题标记、话题转换和话题总结，举例、话题间关系、评价语、限定语、旁述等，具体如：let's start with X, what we'll discuss next is X, all in all, to make a long story short, how about X, the other thing is Y；一部分词汇短语可指明低层信息，是微观组织者，如促进表达流利的手段 as you know, what I really mean is, 指明句子间关系的短语，如 furthermore, while, on the other hand。再如，There be 构式，在 there be 句式中 there be 语法化成固定的语法形式，使得语篇在修辞上具有言简意赅的效果，可以使语篇在结构上更加紧凑，逻辑清晰，从而使语篇成为前后连贯的整体。

高柏指出虽然 hypotenuse 和 right triangle 的定义与同一个背景框架相

连，但这两个概念并不相同，因为框架中被侧重（profiling）的方面不同。很多情况下，构式意义的细微差别就是源于人的不同经验和体验致使概念侧重的不同，概念侧重又导致不同的句法行为，而这些在外语教学中都应该得到足够的重视。如英语中短语 be afraid of 和 be afraid to 是有区别的，而 steal 和 rob 概念框架中因侧重不同而有不同的句法表现：

Benny robbed the old lady/the bank（of one million dollars）.

Benny robbed a million dollars（from the old lady/bank）.

Benny stole money（from the old lady/bank）.

Benny stole the rich（of money）.

Benny stole a penny from the old lady.

Benny robbed the old lady a penny.

教师如何呈现词汇之间的联系及词汇概念所蕴含的语用信息，在很大程度上影响着语言知识在大脑中的存储。这样引导学习者通过基于身体力行的感知和经验来发现语言现象背后的理据，对于语言学习无疑会有事半功倍的效果。

实践证明，构式及构式意义应该成为语言教学的重要内容。曾有教师在大学英语教学中把句子 She will make you a good wife（她会成为你的好妻子）给学生翻译，结果大多数同学都把它翻译成"她能使你成为一个好妻子"。这便是学生的知识结构中没有双及物构式这个概念的结果，所以不会把新的句子归于原来学习过的相同的句式。英语中存在有标记构式有名词性外置结构，WXDY 结构，左孤立结构，论元结构（如及物、不及物、使动、结果、双及物构式等）。相关研究表明，儿童多词语句阶段的学习依靠的就是一个不断发展的、基于语块的槽孔 – 框架形式（slot-and frames patterns），儿童将不同的词语放入"槽孔"，借此框架形式输出语句。构式具有高度的抽象和概括性，每种句式构式犹如一个槽孔 – 框架形式，框架是基本封闭的，槽孔部分则是开放的；框架部分集中反映构式的结构特点和语法意义，槽孔部分是开放的，但要受到框架部分的影响和制约。如英语中的 way 构式的框架表达式（V 是一个非静态动词，OBL 表示一个方向短语）［SUBJi［V［PASSiway］OBL］］，掌握了这一构式，在槽孔里填入不同的词语，便可产出许多句子：

Tom dug his way out of the castle.

She made her way through the crowd.

The manager joked her way into the meeting room.

The old man belched his way out of the restaurant.

又如英语中双及物构式，VN1N2是框架形式，但就V、N1、N2个体而言，它们又是开放的，可以嵌入不同的词语，是所谓的槽孔，当然，嵌入的词语受框架部分的影响和制约，这就是对进入此框架的各部分（如施事和接受者）的语义限制。这些关于双及物构式研究的文章里都有谈到。因此，在教授双及物构式时，一方面结合现实经验，教师分析主语、谓语、间接宾语、直接宾语，或是施事、与事和受事来使学生理解掌握这一结构，另一方面，还要告诉学生句法现实同样也反映了人类认知的基本原则，双及物结构构式意义是"有意地给予性转移"，进入句式的任何实例都是对句式的整体意义的例示，一个表达式的意义是句式语义和词汇语义的整合，从而做到句式形式和意义教学的有机结合。

二、语篇构式教学

以形合（hypotaxis）或意合（parataxis）为主要特征的语篇构式在具体行文上有很大的区别，前者主要是利用具体的连接词和词汇的形态变化来组句成篇，突显语言的形式和结构的完整，后者则主要通过词序和语言内含的意义及逻辑关系来表现句法和语篇层面上的关系，突显语言意义的"神聚"，以语言的神韵统管语言的形式。英语组句成篇主要采用形合法，具体表现在语言形式的显性连接，因此，英语语篇的构成离不开介词、关系词和连接词及大量的形态变化（如动词的数、时、体、态；形容词的原形、比较级和最高级等）。这些特征在以下对应的中英文句子中得到了很好的体现：

It is a point of honor with the customer not to let the shopkeeper guess what it is she really likes and wants until the last moment.（The Middle Eastern Bazaar）

（对顾客来说，到最后才让店主猜到她到底喜欢什么，想要买什么，这是一件荣誉攸关的事情。）

以上是中英语言语篇构式的具体行文特征。此外，语篇构式还表现出不同的体裁和同一体裁下的个体风格。刘国辉也认为构式应考虑语篇层面，如议论文、说明文或散文一般是不同的，即使同是一种文体，构建方式不同，向读者传递的信息也会相异。同时，兰格克指出，在语言结构和语篇之间存在着一种内在的、紧密的关系，语言单位是从"用法事件"中抽象出来的，语言结构本身包含着语篇期望（discourse expectations）。高度抽象和概括的语篇构式可用以预测语篇的潜在语言结构与特征，即什么形式或性质的语言在该语篇的什么地方一定出现，在什么地方不一定会出现，同时它也蕴含了该语篇整体、宏观上的语义、句法和功能特征。各种类型的语篇构式，都具有特定的交际目的，如日记体、诗歌体、小说体、书信体、广告体等语篇结构有其独特的表现形式和交际功能，达到一定的交际目的可以采用不尽相同的语篇构式。为了提升全社会的环保意识，人们可以采用多种不同类型的语篇构式来达到这一目的，比如，可以采用宣传广告、戏剧影视、小说诗歌、漫画幽默、专题报道等。因为语篇构式主要突显功能，在实践应用中，对于语篇结构的具体行文和表现，语言使用者可以根据对事件和情景的不同体验和感受，选择不同的表达方式，进行风格各异的遣词造句和布局谋篇，取得独特的交际效果。不同的语篇构式具有其明显的特征，例如，新闻体语篇构式在内容传递上通常是金字塔（Inverted Pyramid Form）和时间顺序（Chronological style）的方式，即最重要的、最受人关注的新闻内容最先出现；小说体语篇构式有三个要素，即人物形象（Characters）、故事情节（Plots）、具体环境（Scenes），至于情节中故事的开端、发展、高潮、结局的呈现语言使用不必拘泥一定的顺序，可以有自己独特的风格；口语语篇和书面语篇也是有很大区别的，正如人们通常是在比较正式的场合发表演讲，然而演讲稿使用的语篇却不能过于书面化，主要依据听众而定。对英语语篇构式在句法和篇章层面上表现出来的特点进行描述、概括和抽象，结合学习者对所经历的事件类型和事件结构的体验与理解，寻求语言现象背后的认知理据，激活相关的认知图式。如应用文中求职信、简历、邀请函、广告、通知和证明等语篇构式的学习，可以先让学习者根据经验和常识建构起来的认知图式来预测什么内容必须出现，才能达到预定的交际目的，什么内容可以出现也可以不出现，同样能实现交际功能，其他语篇构式的学习亦如此。学习者只有对英语语篇构式在各个层面上的体现有了一个比较深入的感性和理性的了解，才能在阅读过程中对下文意义、写作的意图、写作的思路、作者的观点等进行有效的预见与推测，在英语写作和翻译中做到准确、地道、连贯的表达与行文，以提高跨文化交际能力。

第三节　语言组块的表现形式

一、关于语言组块的思考与检验

根据语言的非模块性，我们认为：一方面，语言组块不仅是短语层面上的，也是句子和语篇层面上的；另一方面，语言组块还可以是形式、意义与功能的全方位的组块。撇开意义和功能，任何纯粹的语言形式的研究和学习都是毫无意义的。

基于以上思考，为进一步探究存在于人们知识结构中语言组块的表现形式，有学者曾对 30 位高校专业英语教师进行了问卷调查。通过问卷，调查了教师们的教龄、学历层次和阅读过的书籍，同时给出 10 项教学内容，要求他们不能查阅任何资料，10 分钟内凭经验或直觉写出他们认为在这些语言内容的教学时重点要讲解的相关信息，由此揭示其知识结构中语言组块的方式。在问卷中，列出的教学内容有：marry；dragon；watergate；individualism；offspring；be charged with；It is the first time…；Your wife is pretty；He is as poor as a church mouse 和英文信函。以上所列出的内容都是"记忆引子"，教师们可以凭借这些"记忆引子"激活其知识结构中相关的其他信息，而这些信息正是各个语言组块的重要组成成分。

从收集到的 30 份问卷来看，教师们的教龄从 1 ～ 38 年不等，学历有专科、本科、硕士和博士。对于以上内容的教学重点，他们列举了诸多方面的信息，从词性到搭配、构词法、语义、语用、近反义、语体、修辞和信件格式，甚至到背景知识、文化内涵和差异、价值观比较等。通过对问卷的整理和分析得出，他们提供的信息可以说明以下问题：对绝大多数教师而言，语言形式与意义是密不可分的整体；对理论和实践基础较好、跨文化交际意识较强的教师，相关的语言形式与其语义、功能和文化内涵已经融合成一个有机的整体，是一个记忆单位（当然在教学实践中，需要根据教学对象，对信息进行取舍）。除此之外，还发现教师的学习和教学经验对于其知识结构中的语言组块形式有很大的影响。

短语和程式语言等作为语言组块，可以以整体的形式进行存储和提取，这一点，在学术界已基本达成共识。以上的调查结果说明了人类的知识结构中还存在超越词组或短语，甚至超越语言层面的语言组块。语音、句法、语义和文化内涵等相关信息可以凝结成一个多向的、有序的整体，也就是说，语言组块包括语言形式上的组块、形式和功能匹配的组块、形式和语义或语用信息的组块、形式和文化内涵的组块等等。接下来从语言层面和超语言层面对语言组块作进一步探讨。

二、语言层面上的组块

在语言层面上，语言组块包括词汇组块、短语组块、句子组块和语篇组块。

词汇和短语层面上的语言组块主要是语言形式和意义的组块，如 land（陆地）和 ground（地面）两个词汇，就其概念的语义框架来看，land 相对 sea（海洋）而言，ground 则与 air（天空）相对，在语言习得时，可以对这两个词汇的音、形、义进行组块；短语 have one's head in the clouds（想法不切实际），birds of a feather（同类的人；一丘之貉），at sixes and sevens（乱七八糟），by and large（总的来说；大体而言），so long（再见），look forward to doing（期盼着）等，各组块都有其自身独特的搭配形式，也有其独特的语义和语用特征，表达式的意义无法从其组成部分推出。在语言习得时，可以对语言形式与语义语用信息进行组块。

句子和语篇层面上的语言组块则主要是语言形式和功能的组块，如 and er...（交际中争取时间的策略），Good morning（具有寒暄的语用功能），What are you doing in my house？（质疑和责问），Let me see（交际中的有声思维），in short（语篇内容的总结）等表达式具有一定的语篇或语用功能。不同类型的语篇具有不同的行文特征，承载着不同的交际功能和效果，如小说、诗歌、新闻等其语篇功能各不相同。新闻体语篇在内容传递上通常是金字塔（Inverted Pyramid Form）和时间顺序（Chronological style）的方式，即最重要的、最受人关注的新闻内容最先出现；小说体语篇有三个要素，即人物形象（Characters）、故事情节（Plots）、具体环境（Scenes）（至于情节中故事的开端、发展、高潮、结局的呈现语言使用不必拘泥一定的顺序，可以有自己独特的风格）。可见，不同的语篇结构具有明显不同的意义和交际功能，在学习阅读和写作时，可以对语篇的行文特征、语用功能打包处理，进行组块。

对语言形式、意义和功能进行组块，在语言使用时，这些信息作为组块提取，可以避免错误，促进流畅的表达：

to serve the people（突显了汉语中不及物动词"服务"，在英语中"serve"为及物动词）；to discriminate against sb（突显了汉语及物动词"歧视"，在英语中"discriminate"为不及物动词）；to accuse sb. of/to charge sb. with/to indict sb. for（固定搭配组块），back and forth，joys and sorrows（突显中英词序相反的特征）；to intend/offer/hope/plan/be able/manage to do sth.，to admit/appreciate/avoid/consider/delay doing sth.（突显不同的动词后的接续的不同）；pass away 用于庄重严肃的场合表明对死者的敬重，而俚语 kick the bucket 则表示对死者的不屑，十分粗俗（形式和语用的组块）；ambition 因搭配而所处不同的语义框架，例如，lofty ambition 为褒义"雄心"，wicked ambition 为贬义"野心"；Nattinger 和 Decarrico 提出的宏观和微观组织者的词汇短语，例如，what we'll discuss next is X，all in all 具有话题转换和话题总结功能，as you know，what I really mean is 是促进表达流利的短语，furthermore，while，on the other hand 为指明句子间关系的短语等。

大多语言组块本身附带一定的语境，有与之相连的情景意义。由于经常与某一特定语境相连，在类似情景下学习者能产生联想。而语境的依附性使词汇组块易于习得和使用。凯拉和菲尔莫尔认为构式是语言形式和语言内容的规约结合。例如构式 What's X doing Y？携带的因出现与情境不相匹配、不合常理或不愿看到的情况时表现的惊讶和不满，这个语用信息和 What's X doing Y？的语言形式是约定俗成的。我们可以从下面的表达中体会到：

What's the fly doing in my soup？

What's it doing snowing in August？

What're you doing in my house？

What's it doing complaining at this time？

在习得该构式时，为了寻求形式、意义和功能的统一，就可以对该构式的语义和其所匹配的语境信息进行组块，最终实现有效交际的目的。

三、超语言层面上的组块

除了语言形式和意义及功能组块以外，语言组块还可以超越语言范畴本身，表现为语言形式和文化内涵的组块。有些语言形式的意义是约定俗成的，有的蕴含了中西文化背景、思维方式及价值观念之间的差异。在语言习得时，对语言形式和其文化内涵（所承载的文化心理、思维方式及价值观念等）进行组块，将其重要信息片段进行打包处理，即信息组块，可以让学习者熟悉该语言使用者的文化心理、价值观念和思维方式等，提高语言运用能力和跨文化交际能力。

中国的农耕文化和西方的商业文化在姓氏上就有所体现，如 Thomas Hardy，T.S.Eliot，Aldous Huxley 都是"教名 + 中名 + 姓"，而中国的名字是先姓后名。姓名的书写顺序从某种程度上反映了西方社会商业文化激烈竞争中强调个体的第一位性，即 individualism（个人主义），中国农耕文化则强调人与人之间相辅相成的关系，即 collectivism（集体主义）；西方文化尊重个人独立的人格和主体意识，认为名字是一个人的灵魂，因而放在第一位置上。Individualism 为西方所崇尚，不像汉文化中该词会让人联想到"出风头""自私自利"等。

不同文化里，动物词汇的内涵意义大不相同。众所周知，"龙"和"凤"在中西文化中具有不同的文化内涵。在我国的传说中，"龙"和"凤"都是神异的动物，与龟和麒麟合称"四灵"。汉民族素以"龙的传人"自称，以"龙的子孙"为豪，成"龙"成"凤"是对子女最大的希望。"龙"和"凤"广泛运用于汉语成语中，如"龙飞凤舞""龙凤呈祥""凤毛麟角"等。在西方，"龙"是罪恶和邪恶的代表，"凤"是再生复活的意思。英语单词 dragon：a creature of evil, the incarnation of Satanic Lucifer or a fierce bad-tempered woman，凶狠的、跋扈的、令人讨厌的女人用英语可表达为 a dragon woman。恶魔撒旦（Satan）被称为 the great dragon。不了解语言所承载的文化内涵，任何的语言习得都不可能是成功的。正如弄懂了 dragon 对应的中文意思是"龙"并不意味着该词的有效习得。因此，在学习英语单词 dragon 时，除了对应的中文意思"龙"以外，还要结合其"罪恶和邪恶"的内涵，把这些元素组块成一个记忆单元。在语言习得时，对语言及其文化内涵进行组块，可以避免交际中的文化障碍和误解。

第四节　语言组块的习得方式

从以上分析来看，对语言进行多方位的组块在理论和实践上具有合理与实用性。刘易斯较为系统地提出词汇教学法（lexical approach）和语块理论（the chunk theory），认为课堂上可以直接进行语块教学，而语言正是由这些有意义的语块组成，语块相互组合便产生了连贯的语篇。根据前面讨论的语言组块可能出现的形式，我们尝试着构建符合认知规律、易于操作的教学语言组块。以优化语言组合和匹配为途径，对一定的语言形式及其意义和功能进行横向信息组合，对不同的语言形式和单位进行纵向的联想、排列，构建起一个相互关联的、有序的、内涵丰富的教学语言组块，能多向展示语言特征，对杂乱无章的信息合理组块。这种语言组块的习得方式，一方面，可以帮助学习者建构更多的认知图式；另一方面，还有利于学习者知识结构的调整和优化，提高语言的综合应用能力。例如，look forward to; survive; marry; prefer to; be used to; used to; ambitious; gain insights; there is no use; enclosed; afford; aptitude; remind 的教学语言组块分别为：

look forward to（doing）sth.; to survive sth.（the earthquake, the flood）/sb.（her children）; to marry sb.; prefer sth. to sth. else; prefer to do sth.; be used to doing sth.; used to do sth.; be ambitious to do sth.;（gain/with）insights into sth.; It/there is no use doing sth.; sth.（my resume）is enclosed or Enclosed are sth.（some examples）; afford（to do）sth.; have an aptitude for doing sth.; remind sb. of sth.。及物和不及物动词、介词和不定式小品词 to 的区别、动宾搭配、介词和副词搭配等是英语学习者感到很棘手的问题，在教学语言组块中需要得到特别的突显。此外，教学语言组块可以帮助学习者有效掌握难以区分的词汇 an imaginary world/friends; imaginative ideas/poets; try every means imaginable; in a respectful way; a respectable family; All men have their respective duties。

前面我们提到，各语言单位之间不是完全独立，而是在形式、意义和功能上具有承继性，形成一个庞大的语义网络，同处于一个相互关联的语言范畴之中的。我们尝试着把 marry 的相关信息组块描绘成图 6-1。

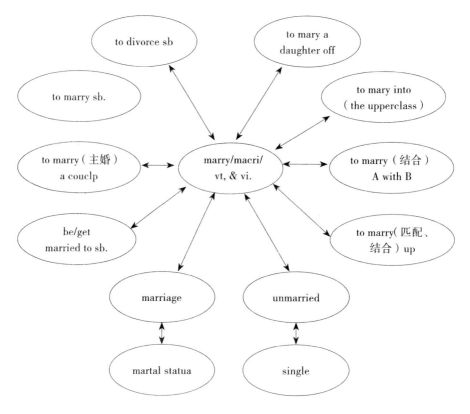

图 6-1　marry 语言组块图

图 6-1 显示的是一个开放图形，是以语言范畴为主的、以词汇 marry 为核心的一定的辐射区域。我们认为，各语言单位都是庞大的语言网络中的节点，并不是孤立的，而是有着千丝万缕的联系，只是联系的紧密程度有所不同。在多年的英语教学中，教师发现有些学生对词性的判别很是糊涂，因此，很有必要在词汇教学中以 to marry sb.；to look forward to doing sth. 方式呈现，其中 to 是识别 marry、look 动词词性的标志，而 marry sb. 表明 marry 是及物动词，to doing sth. 表明 to 是个介词，这样信息打包，可以减少母语的负迁移。如 be afraid of doing sth./be willing to do sth. 中对 be、to do sth. 的组块，同样有助于接受性词汇向产出性词汇的转换。因此，预制组块的掌握有利于学习者语言交际能力的全面提高。

以西方人姓名的表现形式为例，在英语学习过程中，可以建构语言形式和文化内涵的组块，如图 6-2 所示：

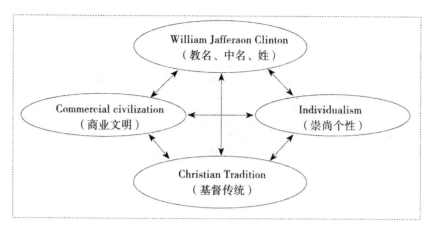

图 6-2 姓名的文化组块图

图 6-2 的虚线框表明这是一个非封闭的、开放型的整体，构成一个语言形式和文化内涵的组块，是人类知识结构网络中的一个节点，西方人的姓名与其崇尚个性、基督教传统和商业文明等信息密切相关，每一个信息都是"记忆引子"，一个成分的出现可以唤醒对其他成分不同程度的联想和记忆。

国外正将二语语块研究的成果应用到外语教学和研究中，第一个动向是试图开发一种可以帮助外语学习者写作的预制语块词典。我们认为，教材和词典的编撰中，词汇和短语呈现的方式应该遵循的原则是：首先对其搭配、语义、句法、语用或文化内涵等典型特征和相关的基本范畴词汇进行信息组块，随着学习者层次的提高，把特殊特征、相关的上下位范畴词包括进来。具体根据读者对象的实际情况而定。

以语言的模块观为依据，提出语言组块可以在语言层面和超语言层面上得以实现，把语言各单位看作是没有明显界限的连续统，对词汇和短语的音、形、义及功能进行信息组块是可行而有益的研究。将词汇、句法、语篇和文化内涵有机结合起来，拓展语言组块的形式，构建多方位的、内涵丰富的语言组块，增加学习者对信息及其间联系的理解与洞悉，有望切实提高语言习得的效果。此外，语言组块在语言习得过程中的地位及其研究成果表明，以信息组块方式呈现词汇及短语的教材和词典的设计势在必行。

第七章　英语词汇及翻译教学的认知研究

　　有批判性和创造性思维的教师总会充分利用新的语言理论和学习理论，充分利用相关学科的研究成果，对自己的教学进行不断的反思，以提高教学效果，达到预期的教学目标。如果词汇教学总是一味地强调单词的读音、拼写和相对应的中文意思等，忽视了词汇的动态性质，把词汇从语境中割裂开来，就会导致死记硬背成为学习者最主要的词汇学习策略。这种教学既是枯燥无味的，也是很不科学的。其实，语言学习不是词汇规则的简单堆砌，而是一个认知过程。语言学习受各种因素影响，其中，人是最活跃、最有能动性、最有创造性的因素。所以，从认知的角度来研究语言及语言教学成为教育心理和语言研究发展的必然，也不失为一条很有前景的研究路子。

第一节　相关认知理论

一、学习的本质

　　人类的一切认识都来源于学习，然而到底什么是学习，学界对这个问题并没有达成共识。从心理学界来看，行为主义研究者巴甫洛夫、沃森和斯金纳等均提出了大致类似、又各不相同的主张，即"刺激—反应理论"，认为学习的过程就是刺激与反应联系的加强；经验主义则把学习看作是个人经验的提取和改造，认为经验的积累会引起行为和思维方式的转变；认知学派代表布鲁纳和奥苏贝尔提出认知结构理论，主张学习并不在于形成刺激与反应之间的联结，而在于主动地形成认知结构，即学习者不是被动地接受和记忆，而是积极主动地对世界进行理解，不断突破原有认知，建构起具有个人意义的认知结构的过程。奥苏贝尔更是认为，学习的实质在于建立新信息与已有认知结构中概念相互作用的意义联接。所谓认知结构，即学生现有知识的数量、清晰度和组织方式，由目前能回忆出来的事实、概念、命题和理论组成。学习过程是认知结构的改变和发展。

对学习本质的不同看法产生了关于学习的不同定义。有学者认为，学习就是个体的学习必须产生一定的结果，包括学习活动所引起的外部行为变化的结果、学习活动引起的头脑内部的认知变化，如形成"认知结构"或"认知图式"以及能力、情绪、态度以及其他行动的反应活动的变化；有学者从学习活动的操作过程的角度去理解学习，强调学习过程中存在着不同的步骤和阶段；还有的学者把学习看作人类的一种认识活动，既包含活动的过程，也包含活动的结果。

二、信息输入和加工

人的大脑天生具有要求和建立事物之间联系的倾向，环境和经验不断向大脑传递信息，信息经由感觉进入大脑，大脑则立即开始对其中的部分刺激进行加工，它涉及了对刺激的直接接收和心理加工，并受到心理状态过去的知识经验、动机及其他因素的影响。在语言学习中，必须接触语料，语言的输入引起大脑的注意，大脑在加工处理信息时，会受到内外因素的影响。一种形式越是频繁地出现，则越可能受到注意，然后被结合到中介语的系统中去。在学习新知识的过程中，大脑寻求以前知识的相似点，每当出现相同或相似的输入时，网络神经对其进行调整，迅速加工，产生预定的输出，建立语言形式和意义的对应关系。一般认为，学习者首先处理输入中有实在内容的词，再处理其他词。词汇的拓展并不是个体词项积累的结果，而是要将所学词语并入神经网络之中。词汇的各种义项之间及各义项和其他知识之间都形成了错综复杂的网络，具有牵一发而动全身的密切关系。短期记忆（short-term memory），又名工作记忆（working memory）提供了这样一个场所：加工信息，组织信息以便储存或遗弃，把以前的信息和其他信息及个体的情感体验联系起来。有研究显示，影响工作记忆内容的一个主要因素是背景知识，一个人掌握的知识越多，就越能很好地组织和吸取新信息。

三、词义扩展的隐喻机制

认知语言学认为，语义结构反映了人们在与现实接触的经验中形成的心理范畴，来源于语言使用者的认知思维。一个词的意义并不是静态的，一成不变的。利奇曾经把词义分为 7 类，可见语义的确定受多种因素的影响。同时他认为，内涵意义、社会意义、情感意义、反映意义、搭配意义都可用联想意义这一名词来概括。为了说明这 5 种意义层次上的交际作用，他提出以经验的相互关联为基础说明思维之间的联系。

隐喻和转喻是我们对抽象范畴概念化强有力的认知工具，隐喻的认知基础是意象图式，它们来源于日常生活的基本经验，在概念域的映射中起着重要作用。隐喻存在于我们日常的思维和行为之中，概念体系本质上就是隐喻性的。意象图式结构和隐喻结构是人类思维的重要组成部分，是人类进行新的联想、形成新经验的基本方式。隐喻作为人类强有力的认知工具，对词义的演变起着十分重要的作用。最能说明问题的就是一词多义现象，各种词义形成该词汇的语义网络。然而，人们并不是凭空、任意地增加一个词的词义，各意义大多通过联想隐喻而成，相互之间多多少少有点联系。

一个词的基本意义向其他意义延伸的过程，是人类认知范畴和概念化的结果，联想和隐喻作为认知方式所起到的作用主要表现为：

第一，隐喻是联结语言和认知的纽带，是我们认识世界和语言发生变化的重要手段。现实生活中一些没有客观相似性，甚至风马牛不相及的事物，认知通过联想将它们联系在一起，于是有了这样生动、形象的表达，例如 Life is a stage.（生活就是一个大舞台。）Time flies！（时间飞逝！）kill this boring hours（消磨无聊的时光）。

第二，隐喻可以扩大人们认识一些尚无名称或尚不知晓的事物的能力。人们通过联想和引申，利用有限的词汇表达了无穷的意义和思想。时代的发展，科技的进步，新的发现、新的事物、新的产品，不一定非得创造一个新词来表达，例如 computer virus(计算机病毒),chip(木屑，石碎片，土豆片)词义发展为电子技术中的集成片，还有 fire wall（防火墙），soft-landing（软着陆），cultural shock（文化休克）。研究发现，通过解释、理解和使用隐喻，扩展我们的理性思维，可培养想象力和创造力。

第三，语言中隐喻的大量存在。据统计，语言中的 70% 的词义是隐喻或源于隐喻。翻开任何一本词典，就会发现每个词条下面都罗列了几个甚至几十个词义，有最基本的基本意义和引申的隐含意义，这些隐含意义大都是通过联想隐喻而成的，相互之间多多少少有点联系。以英语"heart"的一些意义为例，我们不难看出隐喻或转喻在词语由基本意义向隐含意义发展中的作用：

The Princess captured the heart of the nation.

（那位公主获得了全体国民的心。）

I want you to put more heart to your singing.

（我希望你唱歌的时候多带点感情。）

We try to get the heart of the matter.

（我们努力把握问题的实质。）

第二节 对词汇教学的启示

一、词汇教学原则

在了解了学习的实质和相关的认知理论以后，经过不断的实践和反思，笔者试提出以下教学原则。

（一）使用频率高的词汇优先教学原则

教师应从最有用的、使用频率最高的词汇开始，循序渐进，逐步帮助学生扩大词汇量。基本范畴词汇词形简单，音节少，与日常生活息息相关，是人们最常接触的、最熟悉的词汇。一般来说，教学中这些词汇要先于其他词汇。但是，对于动机不同、专业不同的学习者，还是要区别对待，或选择口语化词汇或考虑与专业相关的下属词汇的教学。

（二）重视过去经验知识影响的原则

首先，词义与人的主观经验及世界无限百科知识系统密切相关。认知语言学认为，语言和认知都是在对客观世界的经验上产生的，语言研究应当注重对实际经验的研究，从人的真实感知经验中推测人类思维中概念内容的特点。我们对抽象范畴模型的概念化是以经验为基础的，对词义的描述和理解必须考虑认知过程。

其次，经验知识的积累有利于认知能力的提高，而且已有的经验知识对于新的信息的加工处理至关重要。教学过程中应尽可能对抽象的词汇具体化、形象化，或把它们与学习者现在或过去的经验知识链接起来，或把它们与其感兴趣的话题联系起来，充分激活学习者已有的知识，建立新、旧知识结构的联系，进行知识的不断改组和重新组合，以加强记忆效果。

（三）培养学习者隐喻思维原则

据统计，语言中70%的词义是隐喻的或者源于隐喻。通过对人的认知心理过程的研究和分析，找出语言内在的隐喻性规律，把隐喻性的认知机制运用到词汇的学习中，在不同的语言环境和情境中，采用联想、引申、猜测及推理等认知手段，掌握词汇间的隐喻性联系。通过有意识地解释隐喻，帮助学习者理解和创造隐喻，培养其隐喻性思维，有利于更好地理解和掌握复杂的词汇意义，提高学习效率，达到活学活用的目的。

（四）帮助学习者动态地理解词义原则

记忆词汇不是词汇学习的目的，词汇学习的目的在于对词义的深刻理解以求灵活运用。赵艳芳提到在词汇教学方面，教师应使学生认识到，一个词的意义不是词本身固有的、一成不变的东西，而是源于人在不同的环境中对它的"利用"，这种利用不是任意的，而是来源于人的认知联想，从而形成了一个词的有联系、有规律的多义范畴。人类学家马林诺夫斯基也认为，如果没有语境，词就没有意义。语境是确认和理解隐喻的依据，显然同一词汇在不同的语境下其意义是不同的。语义不仅是动态的，而且具有模糊性和不确定性。不同知识经验的人对同一词汇的意义理解和运用不同。在实际应用中，我们应允许这种模糊性和不确定性的存在。

二、词汇学习策略

外语环境下学习语言的有效性在很大程度上取决于学习者是否能有意识地、科学合理地使用学习策略。认知心理和教育心理学的发展及其研究成果强调了学习策略指导应成为教学活动的必要组成部分，成为重要的教学目标之一。学习策略可以帮助学习者提高语言学习效率，当其他条件相同时，英语学习策略的差异对学习成绩有决定性影响。20世纪70年代以来，研究者开始关注语言学习策略，并进行了一系列的研究。但在对词汇学习策略进行科学的、系统的识别和分类上尚未达成共识。不过，他们的研究取得了一定的成果，针对词汇学习的特点和规律，提出了一些行之有效的策略。尽管促进词汇学习的策略是多种多样的，但适用于不同类型的词汇、不同的学习阶段和不同的学习者的策略是不存在的。以下是我们尝试着从认知的角度提出词汇学习策略。

（一）展开联想记忆，拓宽词汇学习思路

充分利用学习者已有认知结构中的词汇，根据构词法，单词分解成词素，就可以得到词根和词缀。词根和词缀通常具有比较固定的、特别的意义，可以帮助学习者理解记忆词汇，做到举一反三、触类旁通。例如，分析 degradation（de+grada+tion），词根 grad（a）源于拉丁语，意为"步行"（to walk/step），其拉丁语中相应的名词是 gradus，意为"rand，degree"；前缀 de 也来自拉丁语，意为"down，away，off，reversing"；后缀 tion 为名词性标志，表示状态。所以 grade 的名词 degradation 基本意义为"降级；降低"，引申开来便有"贬黜，落魄，堕落"之意。在阅读中，借助隐喻思维，便可推测其作为专业术语"（物理）衰变；（地理）尖削；减退……色彩；（化学）降解；（生物）退化"等意义。英语中类似的例子数不胜数，掌握了一定的构词法知识，在遇到生词时，结合上、下文及其他知识，可大致推测词汇意义，即使是模糊的、不确定的，也有助于阅读上的理解。

展开联想记忆，还可挖出近义词、反义词和形近词，扩大已有词汇的辐射范围，启动认知神经网络系统，加强词汇之间、词汇与其他知识之间的链接，增强记忆效果。如学习词汇 destroy 时，可引导学习者唤醒 ruin，damage，spoil，perish 甚至不及物动词 collapse 等的记忆，顺便提及近义词 impair，exterminate，deface 和形近异义词汇 destructive，instructive，constructive 等。当然，由于学习者的注意力是有限的资源，课堂上需抓住本节的重点，其他一带而过则可。

（二）特殊的词汇——词汇组块（Lexical Chunks）学习策略

词与词在很多方面都是相互联系的，这也是掌握词汇并将其储存在记忆中的方式，语言知识的获得和交际能力的提高是通过扩大学习者的词汇组块、搭配能力和有效掌握最基本词汇和语言结构而获得的。麦卡锡也强调词汇组块学习的重要性。所谓词汇组块即多词词汇单位（multiple word unit）或词汇程式（lexical formulae），是指以整体形式储存在大脑中的一串词，可整体或稍作改动后作为预制块供学习者提取和使用。如固定搭配、惯用法、（半）固定表达法等都可看作词汇组块。词汇组块在语言使用中出现的频率很高。艾利斯认为，最重要的是程式语言与固定意义的表现密切相关，它在最大优化交际能力的同时，可减轻学习者的学习负担，即学习者可以通过记忆预制的（ready-made）表达法来弥补语言储蓄的不足，以创造性地使用语言。外语教学是一种面向意义的活动，词汇短语应该成为语言教学的重要组成部分。英语中有的词汇组块意义是约定俗成的，有的蕴含了中西文化背景、思维方式及价值观念之间的差异，有的具有很强的滋生能力，有的则提供了相对形象、生动的语言环境，在语言输出时，这些预制组块信息提取方便、快捷，可以减少母语的负迁移，表达上不再是支离破碎，而是规范、自然、地道、流畅。例如，to marry sb（汉语"结婚"为不及物动词，英语中"marry"为及物动词），to discriminate against sb（汉语"歧视"为及物动词，英语"discriminate"为不及物动词）；to accuse sb. of/to charge sb. with/to indict sb. for（固定搭配）；back and forth，joys and sorrows（中英词序相反）；to spring up like mushroom 意为"雨后春笋般出现"；to drink like a fish 说明中、西方"牛"和"鱼"与人们生活的密切程度；It's...to do sth. 作为词汇组块，具有很强的滋生能力；I don't know 首先作为不可分析单位储存在记忆中，在需要时可脱口而出，通过并置或插入的方式，又可形成新的结构，例如：

That one I don't know.

I don't know what is this.

I don't understand.

I don't like.

I know this.

I don't know where it is.

（三）培养隐喻思维，加深对词义的理解

根据认知理论，词义的发展和演变是通过认知手段实现的，是人类隐喻思维的结果。隐喻是联结语言和认知的纽带。隐喻思维产生了更加生动、形象的语言表达：

Love is a journey.

（爱情就是一段旅程。）

ups and downs in life

（生命中的起伏沉浮）

a bed of rose

（称心如意的境遇）

kill this boring hours

（消磨无聊的时光）

talks between the East and the West

（东西对话）

be in low spirits

（情绪低落）

再看看 cover 的用法：

She covered her knees with a blanket.

（她把毛毯盖在膝盖上。）

He laughed to cover his nervousness.

（他哈哈大笑以掩饰紧张的心情。）

Her lectures covered the subject thoroughly.

（她演讲中对这个问题阐述得很透彻。）

The firm barely covers its costs；it hasn't made a profit for years.

（该公司几乎入不敷出，已经多年没盈利了。）

Our guns covered every approach to the town.

（我们的炮火控制了通往市区的各条道路。）

从上面的例句可看出，不同的语境中词的内涵意义是不一样的，一个简单的词汇 cover，要做到活学活用还真不容易。正如赵世民教授将汉字"打"解读成"用锤子把钉子敲入"，便可解释"打人""打酒""打毛衣""打电话""打成一片""打的"等用法。粗一看这几个"打"字根本挨不着边，但追根溯源以后，便可寻出词义演变中隐喻思维的轨迹。隐喻理论对语言教学有着积极的指导作用和应用价值。语言教师可以利用隐喻思维来解释语言的变化发展过程，解释词汇意义之间的相互关系。运用形象思维，能更熟练地理解和运用类推、明喻和隐喻的思维方式。

（四）读、写并进，巩固加强，活学活用

在教与学的过程中，我们深切体会到，光懂得词汇的读、写及孤立的字面意义，即便掌握了一定的句型和语法规则，依然是纸上谈兵，无法进入运用自如、地道、自然的境界。这就需要督促和指导学习者进行大量的阅读和写作练习。以促进已有词汇知识的吸收和内化。并通过这些有意识的认知活动，提高英语语言的敏感性，达到词汇活学活用的目的。阅读和写作既是重要的语言技能，又是巩固、加强和发展语言知识的有效手段，它们相互促进、相互依存。一方面，在大量的阅读过程中，反复出现的词汇一次又一次地刺激大脑，引起注意，激活先前的知识，调整知识结构，写作可以并更好地组织这些知识，起到巩固加强的作用。另一方面，大量地道的、自然的语言输入，将从词汇到句子到篇章对学习者灵活运用语言的能力产生潜移默化的影响，包括诸如词汇的细微差别、词汇的文化内涵、词汇适用的文体，以及遣词造句、段落的安排、布局谋篇等。如，同为"可能"之义的"be apt/liable/prone to"等后常接表示贬义的动词，likely后动词则褒贬义均可；英语中 offspring 既指人类的后代，又指动植物的后代或产物，通常作书面语；children 为普通词汇，kids 为口语化词汇。中文的"亚洲四小龙"展现了快速发展的、腾飞的四国，翻成英语"Four Tigers in Asia"则更为英语国家所接受。

在教学中，由于考试时写作分值较阅读低很多，而且写作训练难于操作，见效率不高，因而没有得到足够的重视。越来越多的证据说明，让学习者在写作中探究和运用学过的词句，十分有助于记忆、理解和有效地吸收。因为在写作过程中，学习者要启动已有的知识储备，经过思考、掂量、斟酌，选择确切、得体的词句和文体来表达思想。

词汇是攀登语言高峰的阶梯，为语言技能的形成提供了框架。语言学习不是词汇规则的简单堆砌，而是一个认知过程，因此要重视过去经验知识的影响力，有意识地建立起新旧信息之间的联系。此外，隐喻是人类对于抽象范畴概念化强有力的认知工具，对词义的演变起着十分重要的作用，对语言教学具有积极的指导作用和应用价值。语言教师有必要了解相关学科的研究成果，熟知语言认知心理过程，把握和利用认知规律，利用隐喻思维来解释语言的变化发展过程，找出语言内在的隐喻性规律，解释词汇意义之间的相互关系，以提高词汇教学效果。

第三节　隐喻与翻译

从词源角度看，英语 metaphor（隐喻）一词来自希腊语 metapherein，意思是 transfer（转移）；英语 translate（翻译）一词则来自拉丁语 translatus，意思是 transferred（被转移）。由此可见一斑，隐喻和翻译的原理在许多方面是相通的。隐喻必须涉及两种事物，使用隐喻时要把喻体或载体上的某些特征转移到本体或话题上；翻译则必须涉及两种语言，进行翻译时要把一种语言文字转换为另一种语言文字。

本节题为"隐喻与翻译"，但谈论的内容并不是如何将一种语言文字中的隐喻译成另一种语言文字，而是准备用当代隐喻理论的观点来探讨翻译理论方面的热门话题，试图设想根据认知语言学的哲学基础和隐喻理论，我们应该如何看待翻译界长期争论的一些问题。

认知语言学的当代隐喻理论一反隐喻理论的传统观念，提出隐喻不仅仅是语言修辞手段，而且是一种思维方式，认为隐喻作为一种认知现象，对人类的思维方式、艺术创造、语言使用等产生着广泛而深刻的影响。

翻译理论的传统观念也认为翻译只是语言活动，谈及翻译时想到的也只是两种语言形式的相互转换。诚然，从表面上看翻译只是一种语言活动。然而，词语的恰当处理、句段的合理翻译，乃至篇章上下的有机联系都是浑然一体的。语言和思维有密切联系，只研究语言而不探讨思维不能诠释翻译的本质。学者阎德胜曾撰文指出，"两个民族语言的翻译活动是人的思维活动，翻译的过程是思维活动的过程"，"对翻译活动起着决定作用的是特定语言环境的逻辑研究，而翻译活动的决定因素是思维活动。"

由此可见，隐喻与翻译有许多共同点。要对它们进行深层次的研究，就必须从思维入手，探讨它们的哲学实质，而不仅仅是从语言问题入手。因此，认知语言学的体验主义（experientialism）认识论和当代隐喻理论对翻译研究定然有不少有益的启示。

一、客观主义、主观主义和体验主义的"意义"观

客观主义（objectivism）和主观主义（subjectivism）是在西方哲学史上长期占主导地位的两大思潮。莱考夫和约翰逊从人类思维的隐喻性角度对这两大思潮提出了尖锐的批评，并提出了体验主义的观点。

莱考夫和约翰逊认为，客观主义认为真理是绝对的，过分强调了事物的抽象性、普遍性和不受人们个人情感影响的一面；主观主义则过分强调事物因人而异的一面，认为意义没有自然结构，完全是个人的东西，人

的想象力可以完全不受任何约束。这两大思潮都将人与他所处的环境相分离。莱考夫和约翰逊提出的体验主义则将人视为环境的一部分，认为人不能脱离自然环境而存在，它将注意力集中在人与自然环境以及同其他人的经常性的相互作用上。

根据《现代汉语词典》的释义，翻译是"把一种语言文字的意义用另一种语言文字表达出来"。因此，探究翻译的实质首先应从"意义"入手。

（一）客观主义的"意义"观

客观主义认为意义（meaning）是客观的，人们可以单纯从事物客观上是真还是假这一角度来对意义进行描述。在客观主义者看来，词语有固定的意义。给定语境的某些指引性（indexical）信息，如说话者是谁，听者是谁，说话的时间和地点，以及"这个""那个"所指何物，语言的惯例就可以配给每个句子"客观意义"。因此，句子的意义是一种客观存在，与人对这个句子是否理解毫无关系。莱考夫和约翰逊所举的一个例子很能说明问题：鹦鹉经过训练后可以说出"It's raining"（下雨了），但它根本不理解这个句子的意义。然而，对客观主义者来说，这个句子无论是由人还是由鹦鹉说出，其客观意义都是一样的。当时若正在下雨，此句为真，否则为假。总之，客观主义的所谓"理解"仅限于"理解"条件的真假。

客观主义者认为，自然语言中词语的客观意义是不依赖于人而存在的。意义和词语一样，都是独立存在的物体。意义是语言文字本身固有的属性，这种属性是内在的、固定的、不受外界因素影响的，与人的理解无关。他们认为，"idea"（想法）和"sense"（意思）的区别在于："idea"是主观的，"sense"是客观的。因此，必须说清楚是何人何时的"idea"，而谈到"sense"时则不必，因为它是一种客观的与人的身体结构和想象力毫无关系的意义。

客观主义哲学在语言学领域既表现为经验论传统（empiricist tradition），也表现为唯理论传统（rationalist tradition）。现代美国结构主义语言学家布卢姆菲尔德、哈里斯等人所代表的经验论传统把文本作为科学研究的对象；而欧洲结构主义语言学家雅各布森和美国的沃夫、乔姆斯基等人所代表的唯理论传统则将语言词语视为存在于人脑中的实物。

客观主义认为，因为词语是一种实际物体，它不依赖于人对它的理解，所以对语法的研究就可以不受人对语言理解的限制。乔姆斯基区分语言能力（competence）和语言运用（performance），试图将他的科学语言学的研究范围确定在语言的某一方面，即对语言能力的研究。实际上这就是只局限于对语言系统的抽象原理的认识。对乔姆斯基来说，研究语言时必须对语言的许多方面视而不见，语言学研究的对象不是活生生的人类语言，而仅仅是语法，或更确切地说，只是语法中研究句子成分之间结构关系的那部分句法。

（二）主观主义的"意义"观

主观主义则认为意义不是存在于人体之外的静态之物，它没有固有属性。意义是纯属个人的东西，它没有自然结构，只是个人的直觉、想象、感情、经验和价值。理解话语所需要的物质的、文化的、个人的和人际的语境，也没有自然结构。因此，意义无法自然确切地得到表征，某一事物对某一个人的意义别人是无法完全知道的，是永远不可能转达给另一个人的。

虽然主观主义的唯心主义成分很浓，但它所提出的与客观主义相对立的一些观点却也能给人们一些启示，让人们注意到意义不是独立存在于人体之外的干巴巴的东西，不能完全将人的因素置于意义之外，意义有赖于人对事物的理解、想象和所建立的逻辑上的连贯性。

（三）体验主义的"意义"观

认知语言学在客观主义和主观主义之间架起了一座桥梁，它摒弃了客观主义和主观主义绝对客观和纯粹主观直觉两种极端倾向，提出了主客观相结合的体验主义认识论，认为意义是人的思维模式，它既不是客观的也不是主观的，而是相对于一定自然环境和社会环境的认知和经验由大脑将多维心理模式整合而成的交织体。体验主义认为，理解来自于相互作用，来自于与环境和他人的不断的协商。

二、翻译界的客观主义和主观主义之争

在翻译界，翻译理论也一直在不同对立观点之间的辩论中发展着。在中国，翻译是科学还是艺术，直译好还是意译好，翻译中的文化因素应该归化还是异化，翻译应该从文本出发，还是应该主要考虑"读者反应"，翻译是复制还是再创造等问题，一直是大家争论的热门话题。翻译界对这些问题的争论，跟隐喻理论一样，也主要涉及了客观主义意义观和主观主

义意义观之争。

（一）翻译的"科学"和"艺术"之争

翻译是"科学"还是"艺术"？这是一个翻译界长期争论不休的问题。

如果真有人像张经浩先生所引述的那样，把话说得很绝对："翻译是科学。译文的语言现象和物理现象、化学现象一样都受着一定法则的支配……"可能他所持的是客观主义意义观和翻译观，因为他将语言现象与物理现象和化学现象相提并论。这种看法肯定与认知语言学的观点大相径庭。因为认知语言学认为语言离不开人的理解，而物理现象和化学现象则不依赖于人的意识而存在。

然而，语言现象不能等同于物理现象和化学现象不等于就说明翻译不是科学。《现代汉语词典》对"科学"二字的第一个释义为"反映自然、社会、思维等的客观规律的分科的知识体系"。人们将科学分为自然科学和社会科学，如果说自然科学研究物理现象和化学现象等自然现象，那么社会科学当然要研究翻译这种人类社会重要的思维活动。

有些学者坚决反对翻译是科学的说法，例如张经浩认为，"不但翻译是科学的说法不能成立，而且翻译既是一门技术或艺术又是一门科学的说法也不能成立……翻译不是科学，而是技术或者艺术……科学讲究法规，艺术贵在创造。"许渊冲认为，"科学研究的是 1+1=2；3-2=1；艺术研究的却是 1+1=3；3-2=2。"

由此可见，这些学者之所以坚决反对翻译是科学的提法，是因为他们认为科学就是"1+1=2；3-2=1"之类与人的想象力和创造力无缘的绝对真理，而艺术则是"1+1=3；3-2=2"之类可以完全不受任何法规约束之物。

看来，在被排斥在科学之外这一问题上，翻译与隐喻又有着共同的遭遇。因为"隐喻作为修辞手段，一向为文学家所钟爱，却被科学家所摒弃"。

然而，当代隐喻理论认为隐喻不但是一种语言现象，而且在本质上是人类理解周围世界的一种感知和形成概念的过程。隐喻在日常生活中无处不在，它不但广泛地用于支配人们的判断推理以及人们基于此判断推理之上的行为，而且还被用来产生新视角，找出分析、解决问题的新方法，为科学研究、创造发明开辟新思路。

其实，大多数认为翻译是科学的学者并不反对翻译是艺术的提法，科学和艺术从来就不互相对立，艺术贵在创造，其实科学更离不开创造和创新。如今，我们懂得科学技术是第一生产力，更深深地意识到创新是一个民族的灵魂。须知死守老规矩，不敢凭直觉和想象力闯进未知世界的人是成不了科学家的。一些著名大学已经规定理工科学生必须选修艺术类课程。对此做法，不知那些将科学和艺术截然对立的学者又有何看法？

如果说认知语言学家能够在客观主义和主观主义两种对立的哲学思潮之间架起桥梁，提出主客观相结合的体验主义认识论，我们就更有理由说翻译的语言学派和翻译的文艺学派不应互相排斥，而应兼容共存，因为"科学中有艺术，艺术中有科学"，翻译有科学的一面，又有艺术的一面。

（二）文本意义和作者意图、读者反应

翻译界争论的又一热门话题是翻译是否只应从文本出发，即翻译工作者的任务是确定文本的意义并在译语中找到适当的形式表达出来，或是还要揣摩作者意图？翻译中所必须依据的，也是检验译文时所必须参照和依据的是文本还是读者反应？

探讨这个问题时，有必要先了解一下按照认知语言学的观点，将文本意义和作者意图区分开来甚至对立起来的做法是否合适。

1. 词句意义和说话者意义

在语言学文献中极为常见的一种区分是对词句意义和说话者意义或话语意义的区分。对言语行为理论的发展做出巨大贡献的著名美国语言学家塞尔在《隐喻》一文中说，人们常说在隐喻话语中至少有一个词语的意义发生了改变，这种说法他不能同意。塞尔认为，虽然隐喻话语意义与词句的字面意义肯定不一样，但这并不是因为词语的意义发生了任何变化，而是因为说话者用这些词语的意义表达了其他不同的意思，是因为说话者意义与词句意义不相符。

莱考夫和约翰逊不能同意塞尔的上述看法，因为他们认为隐喻是人类生存主要的和基本的方式，人类语言是隐喻性的，普通、日常的语言中充满了隐喻。将语言分为"照词句本义解释的"（literal）和"隐喻性的"（metaphorical）并认为"可照词句本义解释就不是隐喻"的传统观点是错误的。他们在《我们赖以生存的隐喻》一书中指出：按照言语行为理论家的说法，当一个句子可以按字面意义（原文）理解时，句子的客观意义 M 和说话者意义 M'一致，即 M=M'；当说话者使用了夸张、曲言、暗示、反语，尤其是隐喻等手段时，句子的客观意义就和说话者意义不一致，即 M ≠ M'。这就是说，只有在 M ≠ M' 时隐喻才会出现，而在 M=M' 时就不可能出现隐喻。

莱考夫在《当代隐喻理论》一文中专门写了一节"塞尔的理论"。在这一小节里，莱考夫对塞尔所举的"Sally is a block of ice"一句进行了分析，认为"萨利是一块冰"跟"她为人热情"（She's a warm person），"他对我很冷淡"（He was cool to me）等普通句子一样，其概念隐喻都是 AFFECTION is WARMTH（情是温暖的）。塞尔却认为所有日常普通的语言都可以照字面意义解释，都是非隐喻的。这种看法是错误的，因为我们的语义系统和概念系统基本上都是隐喻性的。

2. 文本意义和作者意图

如果说词句意义和说话者意义本来就密不可分，那么试图把文本意义和作者意图截然区分开来，也肯定是徒劳的。

这就是说，认知语言学的体验主义认识论认为意义是人的思维模式，它不是独立存在于人体之外的绝对的客观之物。因此，我们可以认为，离开文本不可能揣摩出作者意图，但不考虑作者写作时的时代背景以及社会、文化、自然环境，不经过译者、读者根据自己的经验进行解读、理解，也不可能判断出文本的意义。

至于检验译文时所必须参照和依据的是文本还是读者反应，结论是两者当然都必须兼顾，不可偏废。认为文本中的词语有固定意义，只考虑文本，是客观主义；只考虑读者接受，认为"读者决定一切"，"读者有万能的解释权"，尤其是只考虑某个具体读者的反应，因为有一千个读者就有一千个哈姆雷特，译者可以不受任何约束随意想象，爱怎么译就怎么译，那就是典型的主观主义。笔者认为，读者的反应和译文在读者间产生的效果当然要考虑，但考虑的只能是在某一语言文化中绝大多数读者整体的反应，并且必须受文本的制约和限制。

3. 再创造与复制

有人认为，翻译是一种复制，阅读翻译作品就如同雾里看花，意思是翻译不如原作，阅读译文肯定不如阅读原作。其实，即使阅读翻译作品真的如同雾里看花，谁又能断言雾里看花就一定不会别有一番情趣？《辞海》将"雾里看花"释义为"比喻对事情看不真切"，并引用王国维的话"……

雾里看花，终隔一层"。然而，《汉英语林》却收了一条"雾里看花，朵朵奇葩"，并英译为"It was like looking at flowers in a mist——they appear even more beautiful"。

事实上，读者在阅读翻译作品时，有时会有所失，但有时也会有所得，译者发挥译语优势进行补偿并非绝不可能。然而，有的学者坚决反对翻译是艺术再创造的提法，认为"创作是一种创造，翻译是一种复制。但是创作比复制光荣伟大，于是总有不少人想把翻译往创作方面拉。"笔者对此看法不敢苟同。

郭沫若先生曾在20世纪20年代用"媒婆"臂喻翻译，说过"翻译是媒婆，创作是处女，处女应当尊重，媒婆应当稍加遏抑"的话。然而，到了50年代，他就彻底地纠正了自己原先对翻译的意义与目的的偏颇认识，在全国文学翻译工作者会议上讲话时说："翻译是一种创造性的工作，好的翻译等于创作，甚至还可能超过创作。这不是一件平庸的工作，有时候翻译比创作还要困难。创作要有生活体验，翻译却要体验别人所体验的生活。翻译工作者要精通本国的语文，而且要有很好的外文基础，所以它并不比创作容易。"

三、概念合称理论与翻译思维方式

王斌在《概念整合与翻译》一文中曾用"概念整合"模式颇有创意地解释了翻译过程："源语文本及其文化认知图式作为一个输入空间（Input Ⅰ），译语表达形式及其文化认知图式作为另一个输入空间（Input Ⅱ），它们共同投射至第三空间：交织空间（blending space）。在同类空间（generic space）的制约下形成自己的层创结构（emergent structure），产生新的表达形式（译文文本）。"无论是译作的呈现形式，还是翻译过程本身都不可能仅仅是两个认知域（ST，TT）之间的活动，因为虽然译文是由译语文化及其文字所承载，但译文的思想内容却是来自原语文化文本，而且原文不可能自动径直扑向译文文本，它需要一个繁复的加工过程，即译者在原文和译文认知框架制约下的主观选择过程。因此，译文只能是原语文化文本的思想内容与译语文化表现形式在第三个概念域内的整合。

弗柯尼尔和特纳用概念合成理论分析隐喻，取代关于隐喻是"从始发域向目的域映射"的双域模式，更全面充分地显示了当代隐喻理论在揭示隐喻这种思维现象的客观规律方面的重大突破。王斌将概念合成理论用于阐释翻译，则更深刻地揭示了翻译这种思维活动。

用概念合成理论研究具体翻译问题，也常常有助于判断译文的优劣：特纳和弗柯尼尔曾以莎士比亚 *King John*（《约翰王》）剧中第四幕第二场第 108~109 行的两句话说明了这个问题，背景是约翰王派心腹赫伯特去谋杀对王位有同样继承权的亚瑟亲王，因为亚瑟亲王深得法国国王支持，法军（军队）全部开到英格兰来了！这时约翰王正坐在宫中的宝座上，一使者（messenger）上。约翰王对使者说道：

So foul a sky clears not without a storm.

Pour down thy weather.

这样阴沉的天空必须等一场暴风雨来把它廓清的；把你的暴风雨倾吐出来吧。

（朱生豪译）

这样阴沉的天没有一场暴风雨是不会放晴的：把你的暴风雨倾吐下来吧。

（梁实秋译）

按照从始发域向目的域映射的"双域"模式进行分析，阴沉的天空映射为（即隐喻）使者恐惧的神情，暴风雨映射为（即隐喻）法军抵境的坏消息，下雨映射为（即隐喻）倾吐坏消息，等等。这种"双域"模式的映射方式是为大家所熟悉的。然而，这两句话的讽刺意味和约翰王当时的紧张心理却是"双域"模式所反映不了的。当我们进一步将"始发"和"目的"这两个空间作为输入空间Ⅰ和输入空间Ⅱ同时投射到合成空间中，就可以看出：始发域中的 sky 映射为目的域中的 messenger，即用阴沉的天空隐喻使者恐惧的神情；然后第一个输入空间中的 sky 和第二个输入空间中的 messenger 同时投射到合成空间中，新形成的这个成分则同时具有 messenger 和 sky 的双重特点——作为"使者"，他肯定在约翰王之下，可能正对着约翰王下跪；作为"天空"，不管从字面上看或从隐喻意义上讲却又绝对在约翰王之上。由于这双重特点，约翰王对跪在下面的使者说"Pour down thy weather"就不那么令人难以理解了。莎士比亚仅用这么两句话就让高坐在摇摇欲坠的宝座上的约翰王这一篡位者的紧张心理暴露无遗，然而这一妙笔未经特纳和弗柯尼尔用概念合成理论加以分析，人们却往往难以注意到。莎剧的翻译大师朱生豪看来也忽略了这一点，因为他将"pour down"译为"倾吐出来吧"似乎就没能把 THE MESSENGER IS THE SKY 这一概念隐喻和约翰王既要发号施令却又感到力不从心、大势已去的矛盾心理完全表达出来。相比之下，梁实秋将其译为"倾吐下来吧"就显得更为传神。

第四节　翻译中的"部分功能对等"与"功能相似"

奈达博士在 1964 年出版的《翻译科学初探》一书中提出了两种不同类型的对等：形式对等（formal equivalence）和动态对等（dynamic equivalence）。后来他又把"动态对等"改为"功能对等"（functional equivalence）。这"对等"理论在我国译学界引起了很大反响。

本来，奈达的"对等"理论与严复的"信、达、雅"标准并没有质的区别。首先，他们都非常重视接受者。奈达的"动态对等"原则要求译文"接受者和译文之间的关系，应该与原文接受者和原文信息之间的关系基本相同"。严复在《天演论·译例言》中提出"信、达、雅"时将"信"摆在首位，但又明确指出"顾信矣不达，虽译犹不译也"，并认为"译者将全文神理融会于心，则下笔抒词，自善互备"。也就是说，他的"信、达、雅"原则要求译者用接受者所易于接受的通顺晓畅的语言忠实地将原文的意思传达给译文读者。其次，"对等"和"信、达、雅"都是翻译标准的上限，正如金隄先生所说，"不论是'信达雅'或是'等值'或是'神似'，指的都是理想的目标"。

然而，奈达理论的推崇者们至少认为"对等"原则在以下两个方面优于"信达雅"标准：一是"对等"理论比"信达雅"原则更明确、更具科学性；二是"动态对等"概念对"直译与自由译之争，提供了一个令人信服的答案"；使准确和通顺"不是鱼和熊掌"，"二者必须兼而有之"。

本节拟就这两方面的问题进行一些探讨：一是如何理解"对等"理论；二是"功能对等"作为翻译的上限标准，是否还应有些与之相对应的下限标准，如"部分功能对等"（partial functional equivalence）或"功能相似"（functional similarity）。

一、"对等"与"等效"

金隄先生在《等效翻译探索》一书中认为："对等是一个科学描述性的概念，比文艺派喜欢用的'忠实''信'客观一些……'对等'不涉及译者的态度，概念比较明确一些……（严复）实质上已经意识到等效问题。然而他没有把这点意识发展成为明确的指导原则，理论上形成一个漏洞……"。劳陇先生也认为，"严复的'信、达、雅'说，实际上并没有构成完整的翻译理论。他老先生当日写《译例言》那篇文章，也并不有志为翻译理论家，他只是根据他翻译《天演论》的经验，谈谈自己的心得体会而已。……奈达博士似乎比严老先生就要高明一些，或者说，明确一些了。"总之，许多推崇"功能对等"理论的学者都认为它比"信、达、雅"更明确、更科学。

然而，这一"明确""科学"的概念到底要求如何"对等"，怎么检验对等不对等？对此问题，我国译学界尚存在着许多疑问和争论。

现在许多学者将奈达的 equivalence 译成"等值"，并认为他是最受人注意的西方等值论学者。然而，"何为值？""什么叫等值？"译学界许多人都提出了疑问。董史良先生认为："equivalence 在自然科学中译为'等值'，是指'量值'或'效应'大小方面的'等'。在某些学科中也就只译为'类''代'而已。西方人把它应用到翻译中，传入我国后不知怎么地译为'等值'。于是就有人便在'等值'上做文章。……在翻译中就存在'不可译'的现象。这其中何曾有那么多的'等值'可言？"由此可见，译学界对"等值"这一译法或提法是存有异议的。

至于"等效翻译"，则是金隄先生的提法。金隄先生在《等效翻译探索》一书中对奈达的"动态对等"或"功能对等"做了充分肯定，但又对奈达的一些说法提出批评，并提出了自己的"等效"概念："……奈达谈信息和接受者之间的关系时，有时提译文对接受者的作用（impact），有时提接受者对译文的反应（response），并不加以区别。其他理论家也有类似情况，可是奈达还进一步突出反应。例如，《翻译的理论与实践》一书对动态对等下定义就是从反应角度下的，并且还进一步强调，译文仅仅使接受者理解是不够的，还必须能使他们'以行动做出反应。'……每个接受者如何反应、如何行动，还牵涉许多个人的主客观因素，我们研究翻译的过程似乎没有必要涉及，因此，我们这里的'效果'，只包括信息对接受者的作用（即接受者的感受），不包括接受者的反应。"

　　奈达在《翻译的理论与实践》一书中从反应角度给动态对等下定义，确实有失偏颇。瞿秋白曾在《苦力的翻译》一文中引了在《小说日报》刊载的一篇波兰小说中的片段：一个坐轿子的外国人要中国苦力再抬得快一点，他对"西崽"说"我给他们每人二两银子"，而"西崽"却"翻译"成外国人发火了，说再不快抬就要到衙门去告状。秋白尖锐地说，"这些轿夫苦力的确请到了一个'好'翻译。虽然这个翻译是西崽，他却译得很顺，虽然这个翻译译得很错，可是他译得很顺。"但是，这样的翻译"苦力实在不需要他"！"苦力"听到"告状"跟听到"给他们每人二两银子"的感受肯定是不一样的。但若只强调听者的反应，难道假如听到"要到衙门告状"，苦力们的反应跟听到"给二两银子"一样都是"快抬"，这句话就译得与原话"功能对等"了吗？

　　然而，金隄先生提出的"等效"概念，"只包括信息对接受者的作用（即接受者的感受），不包括接受者的反应"也不够全面。如果说"每个接受者如何反应，如何行动，还牵涉到许多个人因素"，那么同一话语对每个接受者的作用（即每个接受者的反应）难道就都一样，不牵涉到个人因素了吗？

　　根据奥斯汀的言语行为理论，即言语行为三分说，说话人说出一个句子总是同时表现出三种言语行为：言内行为即"言之发"（locutionary act），言外行为即"示言外之力"（illocutionary act）和言后行为即"收言后之果"（perlocutionary act）。显然，译者若只注重原文的言内行为，译文往往会只拘泥于"形式对等"，由于社会文化背景不同，在译文里原文的言外之意，往往无法得到准确转达，意思往往会被扭曲。"功能对等"给我们的启示就在于应注意译文对接受者的作用和接受者的反应，即注意使译文能示接近于原文的言外之力，取得与原文相似的言后之果。

　　总之，真正的"对等"应该是译文和原文在语篇的三种言语行为上的"对等"。按照金隄先生"效果"概念的提法，"等效"应该是指"效果对等"。根据《现代汉语词典》的解释，"效"就是"效果、功用"，而"效果"是"由某种力量、做法或因素产生的后果"。由此看来，金隄先生说的"我们这里的'效果'，只包括信息对接受者的作用（即接受者的感受），而不包括接受者的反应"，在措辞上似乎就有点不够严密。"效果"一词《汉英词典》译为"effect，result"，这就是说，"效"（effect）指的是语篇所示的言外之力，"果"（result）则指言后之果。因此，真正的"等效"就是"效果对等"，译成英语应是"equivalent effect and result"，而不只是"equivalent effect"。

二、"部分功能对等"与"功能相似"

"信、达、雅"是"译事三难"，是翻译的上限标准。在很多情况下，人们都认为"信"和"达"不可兼得，因此会有"信而不顺"和"顺而不信"之争。对此问题，鲁迅先生在20世纪30年代就对"顺而不信"大张挞伐，旗帜鲜明地提出"宁信而不顺"的原则。

金隄先生在《等效翻译探索》一书中认为，"等效翻译"为解决"信"与"顺"的矛盾找到了一把金钥匙。他在该书第三部分"准确与通顺的关系"中专门写了一章，题为"不是鱼和熊掌"，认为准确和通顺不可割裂，"二者不可兼得"原来是一个错觉，应"明确地提出要求：既要准确，又要通顺，二者必须兼而有之"。

对此，我们认为有必要提出这样一些问题："信、达、雅"是"译事三难"，那么"功能对等"是难还是易？它是否为"直译和自由译之争，提供了一个令人信服的答案？"是否有了"功能对等"这一原则，准确和通顺的矛盾就迎刃而解了？它是否也需要一个下限标准？

其实，要做到在三种言语行为上的对等，或者如王佐良教授所说，"真正的对等应该是在各自文化里的含义、作用、范围、情感色彩、影响等等都相当"，实在不容易。

"功能对等"（或"等效翻译"）把目标预设得太高，仿佛在目的语中原来就存在了原语篇的"对等"语篇，只待人们去寻找。其实，真正能严格做到"功能对等"的情况并不多，在多数情况下，人们往往只能退而求其次，在两种语言（尤其是在汉语和西方语言）之间找到部分功能对等或功能相似的近似说法。也就是说，"功能对等"如果没有诸如"部分功能对等"或"功能相似"的下限标准，人们一旦找不到真正"对等"的说法，就要转而相信"不可译论"。

例如，外贸的装船单据"bill of lading"实际上有三个作用：第一，船主开出的收据；第二，船主和托运人之间的运输合同；第三，物权凭证，在货物到达目的港后凭此单据可提货。然而，"bill of lading"译成汉语时只译出其第三个作用（当然也是最重要的作用）——"提单"，其他两个作用根本没法译出。因此，二者之间实际上只有"部分功能对等"。

一般说来，译文若能与原文"功能对等"，也就能做到"信"与"达"，但有时也不尽然。从一些已被广泛接受的词语的译法可以看出，寻找"对等说法"的标准与"信"的标准有时也会难以兼顾。例如，英语的"Royal"一词译成中文都成了"皇家"，如"the Royal Society"译成"（英国）皇家协会"等。英国的君主是国王或女王，而中国封建社会的君主则是皇帝，"王"只是一种最高爵位。之所以将 Royal 译为"皇家"，显然是因为英国的国王或女王是同日本的天皇或中国以前的皇帝"对等"的，若译为"王家"则恐有降格之嫌。但这样译并不"信"，有时也会产生误导，使中国读者以为英国也有"皇帝"。

有时由于对译文的准确性即"信"的要求非常高，译者只好在译文中把原文的词语照录，或在做了"功能相似"的翻译后再把原文加括号置于其后，这种做法英语叫 transference，有别于 translation。汉译时人们还常常先采用谐音译，然后再将原文置于括号内。鲁迅先生的杂文中就常采用这种方法，如"费厄泼赖"（Fairplay）等，这种 transference 尤其在学术论文中经常使用，便于读者准确理解原文，检索原材料，深入进行研究，但显然谈不上在两种语言中"功能对等"。实际上，为了准确，即使在非常接近的两种西方语言中，也往往因为找不到真正"功能对等"的词而需要借词。例如，"吨"法语是 tonne，相应的英语词就是 ton。然而，法语的 tonne 表示 1000 公斤，而英语的 ton 虽可以也是 1000 公斤，但美国人见到 ton 时往往会想到"美吨"（即"短吨"short ton，等于 2000 磅，约 907.2 公斤）；英国人则会以为是英吨（即"长吨"long ton，等于 2240 磅，约 1016 公斤）。因此，为了不引起歧义，欲表示 1000 公斤，有时还得说成 metric ton，或借用法语词 tonne。因此，法语词 tonne 也进入了英语词典。

有些在不同的西方语言中完全"对等"的词，在汉语中则只能找到"部分功能对等"的说法。例如，英语的 tomato 一词译成法语是 tomate，两个词意思完全相同，且"功能对等"，而译成汉语则有两个名称——"西红柿"和"番茄"。有人可能会不假思索地说，"西红柿"就是"番茄"，

"番茄"就是"西红柿",它们都是 tomato 的对等词。然而,实际情况是,"西红柿"和"番茄"两个词本身就不对等。在美国,顾客到商店买东西一般都得另外上税,但有的州规定,一些基本生活必需品可以免税,如买蔬菜不上税,买水果则必须上税。因此,tomato 到底是蔬菜还是水果就牵涉到要不要上税,成了一个法律问题。据说,1893 年,在美国的最高法院里,人们还搬出词典来确定到底 tomato 是蔬菜还是水果。从原型范畴理论角度看,这个问题之所以会这么复杂,是因为 tomato 正好处于水果和蔬菜两个不同范畴交界的模糊地带。也就是说,在"蔬菜"和"水果"两个范畴里,tomato 都是非典型成员。*Longman Dictionary of Contemporary English* 对 tomato 一词的释义为 "(a type of) soft fleshy juicy red fruit eaten raw or cooked as a vegetable"——既可以当水果生吃,又可以当蔬菜煮——"水果"和"蔬菜"两个词都用上了。对这个问题,我们感兴趣的是,tomato 译成法语不必介入"蔬菜""水果"之争,而译成汉语却得介入。因为"西红柿"中的"柿"是水果,而"番茄"中的"茄"则是蔬菜。不管将 tomato 译为"西红柿"还是"番茄",都只能是"部分功能对等"。

曾有全国英语专业八级考试英译汉考题的第一句话为:"For my sons there is of course the rural bounty of fresh-grown vegetables, line-caught fish and the shared riches of neighbours' orchards and gardens." 这句话中的 "gardens" 一词,究竟是"花园"还是"菜地",翻译界的专家们争得不亦乐乎。据张亚伦介绍,他们参加评阅试卷工作时,全国英语专业八级考试领导小组提供的一份"参考译文"质量不尽如人意,有几处明显误译,还有多处或用词不当或译文不符合汉语习惯,评阅英译汉项目的八位教师只好"八仙过海,各显神通"。"参考译文"将这句话译为,"对我的儿子们来说,乡村当然有足够的新鲜成熟的蔬菜,垂钓的鱼,以及邻里果园和花园里可供分享的丰硕果实。"张亚伦对句中"the shared riches of neighbours'orchards and gardens"的译文评论道:"'邻里果园和花园里可供分享的丰硕果实'有语病:果园里可以有'丰硕果实',而花园里只能有'鲜花''花卉'之类,这是词与词之间的搭配不当。"李运兴在其"改进后的参考译文"中将此句译为:"对我的几个儿子来说,乡下有新鲜的蔬菜吃,有鱼钓,还可以分享邻居花园和果园中的乐趣。"陈小慰则提出:将 and the shared riches of neighbours'orchards and gardens(还能分享邻里菜园和果园里的丰盛瓜果）译作"还有邻居花园和果园里可以共享的丰富鲜花和果实"，是"不知 garden 还有'菜园'之意"。后来出版的英语专业八级考试试题详解和现在网上搜索到的一些译文，也都将此句的"garden"一词译为"菜地"。

　　Longman Dictionary of Contemporary English 将 garden 释义为"a piece of land，often near a house，on which flowers and vegetables may be grown"，即在 garden 中可种花也可种菜。如果根据 *Webster's Ninth New Collegiate Dictionary* 的释义"a plot of ground where herbs，fruits，flowers,or vegetables are cultivated"，garden 中连草本植物和水果都可以种。*Collins Cobuild Essential English Dictionary* 说得更明白，"a garden is a piece of land next to someone's house where they grow flowers，vegetables，or other plants，and which often includes a lawn"。因此，"garden"实际上就是房前屋后的一块地，花草蔬菜都可以种。英语 garden 一词，与汉语的"花园"或"菜地"都只能是部分对等，这才使得专家们对考题句中 garden 一词的汉译有如此多的争议。实际上，美国人在自家的 garden 中种一些瓜果蔬菜是司空见惯之事。据 2011 年 6 月 22 日《广州日报》报道，"越来越多美国人如今为节省家庭开支，喜欢在自家花园内种植蔬菜和瓜果"。报上还配发了"第一夫人米歇尔也在白宫内种菜"的资料图。《新京报》在 2009 年 3 月 22 日就有同样的报道，并刊发了"20 日，米歇尔带领一群小学生在白宫南草坪翻土，准备种菜"的图片。有意思的是，白宫南草坪位于白宫正门前面，美国总统或白宫发言人常在此处发表讲话，开记者招待会，南草坪也是举行隆重仪式欢迎外国领导人对美国进行国事访问的地方。米歇尔翻土种菜的地方，应该是在南草坪的某个角落，这个地方看来也可称为 garden 了。再看看上例全国英语专业八级考试考题中的那句话，笔者认为句中的 garden 无论译为"花园"还是"菜地"，garden 中应该会种有"鲜花"，因为句子前半部分已提及乡下有新鲜蔬菜（fresh-grown vegetables），此处谈的如果又只是菜地里种蔬菜，就未免太单调啰嗦了，谈谈鲜花则能更好地显示出乡间的美景。

　　王佐良曾指出，在翻译工作里，也必须注意语言与社会场合的关系。"例如翻译请帖、通知、布告、规章、病历与病情公告之类的'应用文体'，译者应该知道在译文里怎样寻找到相等的内行的格式和说法。'油漆未干'必须译成英文的 Wet paint，而不应是'The paint is not dry'之类的外行话"。"换言之，在这些地方就不能照汉语字面直译，而必须要寻找适合于英语国家同样场合的'对等说法'。"

然而，由于社会文化、风俗习惯以及各国不同法规之间的差异，翻译此类"应用文体"时，有时采用一些"功能相似"的说法，也是无可厚非的。例如，我国的交通标语"一慢二看三通过"，吴光华主编的《汉英大词典》直译为"slow down，look around，and cross"，而《英语学习》1986 年第 8 期发表的伊槟的《商标、告示及其他》一文则认为："'一慢二看三通过'就是'STOP'。并不是叫车子就此停下不动，而是要求先停下来，再起步，这样就可保证免于撞车。这标志常见于小路进入大路或与大路交叉的地方，鲜明醒目。咱们的一二三式歌诀，韵味很足，惜乎等到看清楚这七个字，车子怕早已冲过头去。"显然，两种译法各有得有失。《汉英大词典》的译法虽准确地把原文的形式和意思用英语表达出来，但略显冗长，比七个中文字还更难以看清楚，而且在英语国家也没有这种"slow down，look around，and cross"的交通标志。和它最接近的说法确实是"STOP"。英语国家中的"STOP"标志当然不能译为"停"，因为"STOP"标志要求开车人先把车停稳，看清楚另一条路上有没有过往车辆或行人，等别人通过后再开车，与我们的"一慢二看三通过"确实很相似。不同之处在于，在没有红绿灯的路口，开车人一看到"STOP"标志，即使周围并无别的车辆或行人，也必须把车刹稳后再开，否则就算违反交通规则。而我国在这种情况下则没有必须把车停稳的要求。因此，虽然"一慢二看三通过"和"STOP"给接受者的"感受"差不多，都是"礼让""注意交通安全"等，"反应"也很相似，但它们毕竟只是"功能相似"，而不是"功能对等"。

当然，我们所说的"部分功能对等"，指的是最基本、最重要部分的对等。如 bill of lading 中作为可提货的物权凭证这最重要的部分与"提单"对等。我们所说的"功能相似"，也应是最基本、最主要特征的相似。在寻找"对等"或"相似"说法时，要特别警惕"假朋友"（false friend），切不可望文生义。例如，把"金砖"译成"gold brick"就属于这类错误。因为现在英美人说 gold brick 指的都是"假金砖""赝品"。显然，在翻译时多考虑"功能相似"的译法，将有助于避免因逐字死译产生的偏差。例如，我国几乎所有词典都将"挂号信"译成"registered letter"，其实美国英语中与"挂号信"功能相似的说法应该是"certified mail"，而与"registered mail"功能对等的说法则是"保价信"。

本小节只从一些译法入手，对"功能对等"或"等效翻译"进行了初步探讨。这一节中所举的一些例子说明，"对等""等效"与"信、达、雅"标准一样都是译事之大难。在使用不同语言的国家中，由于社会、经济、文化、宗教等诸多方面存在着很大差异，要在两种语言中找到真正"功能对等"的表达法实属不易。这一点在汉语和西方语言的对译方面尤其明显。

文中所举的许多词语的译法已被广泛接受，成了固定译法。其实它们也只是"部分功能对等"或"功能相似"，并非完全"功能对等"。只有意识到这一点，对译文才能有个切合实际的合理的评判标准，译者在"山重水复疑无路"时，才可能找到"柳暗花明又一村"。

总之，不管人们对"功能对等"理论的看法如何，"功能对等"还是给了我们一些不可否认的重要启示：翻译工作者在掌握两种语言的同时，还要掌握好两种不同文化和其他必要的知识，多考虑寻找在另一种语言中最接近的"对等"或"相似"说法，翻译时才能左右逢源。

参 考 文 献

[1][瑞士] 索绪尔 . 普通语言学教程 [M]. 高名凯译 . 北京：商务印书馆，
　　2001.

[2] 赵艳芳 . 认知语言学概论 [M]. 上海：上海外语教育出版社，2001.

[3] 束定芳 . 认知语义学 [M]. 上海：上海外语教育出版社，2008.

[4] 束定芳 . 隐喻学研究 [M]. 上海：上海外语教育出版社，2000.

[5] 赵艳芳 . 语言的隐喻认知结构——《我们赖以生存的隐喻》评介 [J]. 外语
　　教学与研究，1995（3）.

[6] 刘正光，刘润清 . 语言非范畴化理论的意义 [J]. 外语教学与研究，2005(1).

[7] 蔡曙光 . 言语行为和语用逻辑 [M]. 北京：中国社会科学出版社，1998.

[8] 陈波 . 奎因哲学研究——从逻辑和语言的观点看[M]. 北京：生活·读书·新
　　知三联书店，1998.

[9] 陈嘉映 . 语言哲学 [M]. 北京：北京大学出版社，2003.

[10][美] 戴浩一 . 以认知为基础的汉语功能语法刍议 [J]. 叶蜚声译 . 国外语
　　言学，1990（4）.

[11] 杜文礼 . 语言的象似性探微 [J]. 四川外语学院学报，1996（1）.

[12] 顾曰国 . 当代语言学的波形发展主义之一：语言、符号、社会 [J]. 当代
　　语言学，2010（3）.

[13] 何兆熊 . 新编语用学概要 [M]. 上海：上海外语教育出版社，2000.

[14] 胡壮麟 . 语法隐喻 [J]. 外语教学与研究，1996（4）.

[15] 王寅 . 英语语义学教程 [M]. 北京：高等教育出版社，2011.

[16] 王寅 . 认知语言学的翻译观 [J]. 中国翻译，2005（5）.

[17] 王寅 . 构式语法研究 [M]. 上海：上海外语教育出版社，2011.

[18] 王寅 . 中西语义理论对比研究初探——基于体验哲学和认知语言学的思
　　考 [M]. 北京：高等教育出版社，2007.

[19] 张维友 . 英语词汇学教程 [M]. 武汉：华中师范大学出版社，2004.

[20] 朱达秋 . 模糊语与语用功能 [J]. 四川外语学院学报，1997（1）.

[21] 白解红.当代英汉词语的认知语义研究 [M].北京：外语教学与研究出版社，2009.

[22] 程琪龙.致使概念语义结构的认知研究 [J].现代外语，2001（2）.

[23] 邓云华，石毓智.论构式语法理论的进步与局限 [J].外语教学与研究，2007（5）.

[24] 高远，李福印.乔治·莱考夫认知语言学十讲 [M].北京：外语教学与研究出版社，2007.

[25] 桂诗春.外语教学的认知基础 [J].外语教学与研究，2005（4）.

[26] 胡壮麟.认知隐喻学 [M].北京：北京大学出版社，2004.

[27] 刘正光.语言非范畴化——语言范畴化理论的重要组成部分 [M].上海：上海外语教育出版社，2006.

[28] 陆俭明.词语句法语义的多功能性对构式语法理论的解释 [J].外国语，2004（2）.

[29] 石毓智.语法的认知语义基础 [M].南昌：江西教育出版社，2000.

[30] 许菊.母语迁移的认知理据 [J].中南民族大学学报，2005（1）.

[31] 姚梅林.当前外语词汇学习策略的教学研究趋向 [J].北京师范大学学报，2000（5）.

[32] 金隄.等效翻译探索 [M].北京：中国对外翻译出版公司，1989.

[33] 李运兴.英汉语篇翻译 [M].北京：清华大学出版社，1998.

[34] 林肖瑜.隐喻的抽象思维功能 [J].现代外语，1994（4）.

[35] 许渊冲.文学翻译：1+1=3[J].外国语，1990（1）.